初中综合实践活动的设计与实施

郭 军 著

北京工业大学出版社

图书在版编目（CIP）数据

初中综合实践活动的设计与实施 / 郭军著. — 北京：北京工业大学出版社，2022.12
ISBN 978-7-5639-8545-6

Ⅰ. ①初… Ⅱ. ①郭… Ⅲ. ①活动课程－课程设计－初中 Ⅳ. ① G632.3

中国版本图书馆 CIP 数据核字（2022）第 249210 号

初中综合实践活动的设计与实施
CHUZHONG ZONGHE SHIJIAN HUODONG DE SHEJI YU SHISHI

著　　者：	郭　军
责任编辑：	郭志霄
封面设计：	知更壹点
出版发行：	北京工业大学出版社
	（北京市朝阳区平乐园 100 号　邮编：100124）
	010-67391722（传真）　bgdcbs@sina.com
经销单位：	全国各地新华书店
承印单位：	北京银宝丰印刷设计有限公司
开　　本：	710 毫米 ×1000 毫米　1/16
印　　张：	14
字　　数：	280 千字
版　　次：	2022 年 12 月第 1 版
印　　次：	2022 年 12 月第 1 次印刷
标准书号：	ISBN 978-7-5639-8545-6
定　　价：	72.00 元

版权所有　翻印必究

（如发现印装质量问题，请寄本社发行部调换 010-67391106）

作者简介

郭军，男，土家族。重庆市秀山县民族中学任教，中学高级教师，重庆市骨干教师，秀山县骨干校长。教科研能力突出，所撰写的论文多次获市级一、二、三等奖，多篇文章发表在《西南大学学报》等全国公开刊物上，主研完成县级课题2个、市级课题2个。

前　言

2017年，教育部印发《中小学综合实践活动课程指导纲要》，明确了初中综合实践活动课程的性质、目标、内容、方式等内容。随着我国基础教育的不断深化，综合性实践课程逐渐成为新的课程形态。作为一项必修课，综合实践活动课程的引进意味着人们对教学目的和教育价值进行了重新定位，是中国基础教育课程改革的一个重大突破，也是中国教育改革的一个重要标志。综合实践活动课程对未来的科学技术与工业发展、中华民族文化的传承与复兴都有着十分重要的意义。本书顺应教育课程改革和教师培养的现实需要，以初中教育培养目标和教学特点为依据，较为系统地介绍了新形势下初中综合实践活动课程的设计与实施。

全书共八章。第一章是绪论，介绍了综合实践活动课程的内涵与特点、综合实践活动课程的基本理念与价值、综合实践活动课程与学科课程的关系；第二章是国内外综合实践活动课程发展史，介绍了我国综合实践活动课程的产生、我国综合实践活动课程的发展史、国外综合实践活动课程的发展史、英美等国的综合实践活动课程；第三章是综合实践活动课程的目标设计，介绍了课程目标与教学目标的相关概念，综合实践活动课程的课程目标与教学目标；第四章是初中综合实践活动课程实施研究，介绍了研究设计与过程、样本表现、研究结论及问题分析、对策与建议；第五章是初中综合实践活动样本课程设计研究，介绍了样本课程开发、样本课程实施、科技创新类样本课程开发、德育样本课程开发；第六章是初中历史综合实践活动课程的教学设计，介绍了初中历史综合实践活动课程的可行性分析、初中历史实践性教学的现状调查与分析、初中历史教学与综合实践活动课程理念有效结合的策略、初中历史教学与综合实践活动课程理念有效结合的效果分析；第七章是初中地理综合实践活动课程的设计应用，介绍了地理综合实践活动课程概述、初中地理综合实践活动课程的现状调查与分析、地理综合实践活动课程设计、案例应用及分析；第八章是初中语文综合实践活动课程的形成性评价，介绍了初中语文综合实践活动课程形成性评价的意义、初中语文综合实践活动课程形成性评价的现状、初中语文综合实践活动课程形成性评价的实施策略。

在撰写本书过程中，笔者参阅了大量相关资料，吸取了许多有益的内容，在此向涉及的专家、学者表示真诚的感谢！

由于笔者水平有限，书中难免有不足之处，恳请读者予以批评指正，以臻完善。

郭　军

2022 年 6 月

目 录

第一章 绪 论 ··· 1
  第一节 综合实践活动课程的内涵与特点 ·················· 1
  第二节 综合实践活动课程的基本理念与价值 ·············· 3
  第三节 综合实践活动课程与学科课程的关系 ·············· 7

第二章 国内外综合实践活动课程发展史 ······················· 10
  第一节 我国综合实践活动课程的产生 ····················· 10
  第二节 我国综合实践活动课程的发展史 ··················· 12
  第三节 国外综合实践活动课程的发展史 ··················· 14
  第四节 英美等国的综合实践活动课程 ····················· 15

第三章 综合实践活动课程的目标设计 ··························· 18
  第一节 课程目标与教学目标的相关概念 ··················· 18
  第二节 综合实践活动课程的课程目标与教学目标 ·········· 22

第四章 初中综合实践活动课程实施研究 ························ 29
  第一节 研究设计与过程 ····································· 29
  第二节 样本表现 ·· 33
  第三节 研究结论及问题分析 ································ 52
  第四节 对策与建议 ·· 61

第五章 初中综合实践活动样本课程设计研究 ··················· 67
  第一节 样本课程开发 ······································· 67

1

第二节　样本课程实施 ································· 96
　　第三节　科技创新类样本课程开发 ······················· 102
　　第四节　德育样本课程开发 ··························· 105

第六章　初中历史综合实践活动课程的教学设计 ················ 109
　　第一节　初中历史综合实践活动课程的可行性分析 ············ 109
　　第二节　初中历史实践性教学的现状调查与分析 ············· 113
　　第三节　初中历史教学与综合实践活动课程理念有效结合的策略 ······ 122
　　第四节　初中历史教学与综合实践活动课程理念有效结合的效果分析 ··· 126

第七章　初中地理综合实践活动课程的设计应用 ················ 139
　　第一节　地理综合实践活动课程概述 ····················· 139
　　第二节　初中地理综合实践活动课程的现状调查与分析 ········· 142
　　第三节　地理综合实践活动课程设计 ····················· 151
　　第四节　案例应用及分析 ····························· 170

第八章　初中语文综合实践活动课程的形成性评价 ··············· 178
　　第一节　初中语文综合实践活动课程形成性评价的意义 ········· 178
　　第二节　初中语文综合实践活动课程形成性评价的现状 ········· 185
　　第三节　初中语文综合实践活动课程形成性评价的实施策略 ······ 193

参考文献 ··· 213

后　　记 ··· 216

第一章 绪 论

综合实践活动课程是指学生在教师的指导下进行综合性学习活动。综合实践活动课程是以学生体验为基础，结合学生生活和社会实际开展的教学活动。综合实践活动课程是一门跨学科的综合性实践活动课程，具有严密的知识体系和技能体系。综合实践活动课程以主题化的方式整合课程资源，以学生的经验、社会现实、社会需求和问题为中心开展有效的实践活动，以培养学生发现问题、解决问题、思考和应用的能力。

第一节 综合实践活动课程的内涵与特点

改革开放以来，我国基础教育取得了辉煌成就。为了进一步促进基础教育的发展，提高学生的综合素质，2001年6月8日，教育部印发《基础教育课程改革纲要（试行）》，强调"改变过于注重书本知识的现状，加强课程内容与学生生活以及现代社会和科技发展的联系，关注学生的学习兴趣和经验，精选终身学习必备的基础知识和技能"。综合实践活动课程是对我国课外活动、活动课程、实践性课程的继承、规范和发展，与培养学生的创新精神、实践技能和社会责任意识相一致。2017年9月25日，教育部印发《中小学综合实践活动课程指导纲要》，对综合实践活动课程的性质、基本概念、目标、内容、活动模式、规划与实施、管理与保障、课程开发等方面进行了清晰而简洁的阐述。

一、综合实践活动课程的内涵

自2001年我国启动新一轮基础教育课程改革以来，综合实践活动课程就承载了创新课程形态、转变教与学方式、促进学生综合素质提升的重要教育功能。2017年教育部印发的《中小学综合实践活动课程指导纲要》提到，综合实践活动是从学生的真实生活和发展需要出发，从生活情境中发现问题，转化为活动主题，通过探究、服务、制作、体验等方式，培养学生综合素质的跨学科实践性课程。该课程由地方统筹管理和指导，具体内容以学校开发为主，自小学一年级至高中三年级全面实施。

可以说，综合实践活动课程实质上是对生命的认识与创造，强调学生的自主学习和主动实践，是学生发展个性、培养创新精神和技能的有效途径。综合实践活动课程是一种与学科课程有所区别的活动性课程，重视学生体验的获取，强调学生的创新能力、实践能力、社会责任意识等综合素质的培养。

综合实践活动课程的重点不在于学生所掌握的知识，而在于学生在参与活动的过程中，其技能在哪些领域有所发展，学生的兴趣是否被激发，以及他们的创造力与社会责任感是否有所提升。综合实践活动课程开展的目的是使学生能够把知识和生活联系在一起，把知识变成实际的行为运用到实际生活中。

二、综合实践活动课程的特点

（一）实践性

综合实践活动课程的实践性是指课程基于学生的实际生活，注重学生的亲身体验，能够在实际具体的环境中带领学生进行一系列的实践活动，以此来培养学生发现问题和解决问题的能力，增强其实践能力。

在教学实践中，教师应该弄清楚三个方面的问题。首先，综合实践活动课程的形式多种多样，不限于问题研究、经验学习、社会参与学习、工作技术实践等。其次，真正的学习并不是简单的模仿和被动的作答。学生应积极参加选择主题、制订计划、选择内容及执行评价等一系列的活动。综合实践活动课程的最终目的是通过个体的经验与实践来实现对生活的独立探索，从而实现认知的升华，增强综合能力。

（二）整合性

整合性是综合实践活动课程的一个重要特点。综合实践活动课程的整合性是指以整体观念看待学习与实践，整合资源与方式，注重学生经历和体验，以达到促进学生整体素质提高的目的。

（三）开放性

综合实践活动课程结合学生的现实情况和社会需求进行开放式设计。其开放性主要体现在以下几个方面：第一，课程内容广泛，包含了学生与自然、学生与自我、学生与社会之间的关系。第二，课程的执行形式多种多样，有实地探访、服务访问、实验调查、作品制作等。第三，教学活动受限较小，并不局限于密闭课堂。第四，活动收获和评价具有开放性。学生通常可以获得多方面的成长。

（四）自主性

综合实践活动课程是学生自主学习的重要途径。综合实践活动课程强调尊重学生的兴趣，学生可以自主选择学习目标、学习内容、学习过程和实施方式，自己制订活动计划、活动内容、活动成果展示方式等。教师要充分发挥学生的实际动手能力，不干预他们的实际操作，给他们更大的探索空间。

（五）生成性

综合实践活动课程注重学生的实际体验，能够促进学生认识与技巧的提升，使他们的情感与价值观念得到升华。而要实现这一目的，实践过程就显得特别重要，因为实践具有生成性。这也是综合实践活动课程与学科课程区别开来的一种特殊的价值。

第二节　综合实践活动课程的基本理念与价值

一、综合实践活动课程的基本理念

综合实践活动课程具有强调主体地位、回归生活、重视实践的基本理念。

（一）强调主体地位

综合实践活动课程以学生的兴趣为导向，并需要学校加以保障。这主要表现在两个方面：一是强调学生是活动的主体，课程要以学生的生命体验为中心；二是突出学校在综合实践活动课程中的主体地位，即学校要重视综合实践活动课程，做好教学保障。

1. 突出学生在活动中的主体地位

要突出学生在活动中的地位，就需要以学生为实施主体。综合实践活动课程是一种体验式、实践性的教学活动，是通过个人的实践与体验来开展的。在综合实践活动课程中，应充分利用学生的主体性，引导学生自主地选择活动主题、设定目标、实施过程、评估结果等。教师要引导学生"自己做"，而不是告诉学生"如何做"。

学生在学习过程中，可以根据自己的规划和安排来解决问题，因而综合实践活动课程可以促进学生的人格发展，并提高学生的实际操作能力。例如，某位教师在与学生交流的过程中确定了关于无公害蔬菜的主题活动，选择这一主题的原因是班级上一位学生的亲戚发生了食物中毒事件。由于该班学生大部分来自农村，对蔬菜种植较为了解，因此，大家一致同意将"无公害蔬菜"作为一项研究课题。确定了研究方向后，大家展开了讨论。有些学生提出了"何谓无公害蔬菜"的问题，大家对此发表了自己的看法：有的说是没有打农药的菜，有的说是没有被虫咬的菜，有的说是大棚里种的各种蔬菜。随后班长在教师的引导下制订了一个研究方案。在经过课堂讨论和全体学生同意之后，大家开始讨论总体的工作分工。小组的组长就着手组织这个项目，制订了行动方案，并且对项目进行记录。在一个月的实践期间，学生们遇到了很多意料之外的问题。经过小组讨论，学生们按照各自的兴趣组成了新的小主题研究组，开始进行更深层的探究。

总而言之，综合实践活动课程下的师生关系不同于传统教学，突出了学生的主体地位，而主体性的改变是顺应时代趋势的，是由教师与学生在综合实践活动课程中的角色定位决定的。

2. 突出学校在课程中的主体地位

学校是综合实践活动的主体，是贯彻国家、地方教育主管部门有关综合实践活动课程的指导思想和制度安排的保障。学校需自主安排综合实践活动，并确定具体的实践活动时间。

首先，学校要把综合实践活动课程纳入现行的教学计划，以保证教学系统的实施、教师的分配、学生的时间安排及资源的利用。这些措施明确了课程设置以及教师的职责，为学校注入生机。

其次，学校要充分发挥教师的作用，重视学生的心理需求，指导教师组织各类活动，为教师提供必要的帮助和资源支持，推动综合实践活动课程的形成，充分发挥学校在课程教学中主体地位的作用。

但是，从发展的角度来看，一般学校综合实践活动课程的教师都是由学科教师担任的，只有少数学校才会有专门的教师。这说明当前综合实践活动课程教学队伍的现状并不理想。因此，要重视学校在综合实践中的作用，绝不能纸上谈兵，需要在教学活动中进行全面落实。

（二）回归生活

综合实践活动课程是以学生的生命体验为主要内容的一门课程，不过于重视学科间的系统化、逻辑性，而以多种形式面向学生的现实生活，以促进学生全方位的发展。也就是说,回归生活是综合实践活动课程的一个重要理念。

1. 生活是教育的基础和目的

从广义上说,所有的实践活动都是生活的一部分,而生活是人生存与发展的根本。教育是从人的生存与发展出发的,如果没有人的生命需求,教育也就失去了生存与发展的意义。人们的生活观念、生活方式的变化会引起人们对教育的需求发生变化。作为关注人成长的教育,只有回到现实生活情境中去,才能真正地帮助人们融入生活,从而实现教育的价值。以上论述说明了教育的根本原理:教育是生活的基础,生活是教育的动力和来源,二者是密不可分的。在这一背景下,"回归生活"这一理念为综合实践活动课程提供了理论依据和实践依据。实践表明,生活能自然地把活动主题传递给学生,能有效地激发学生的学习兴趣和调动学生的积极性。

实践活动是一笔很有价值的资产,能够使我们走进生活、认识社会、开阔眼界,使我们获得真实的知识。在实践的过程中,我们能学到从书本上不能学到的东西,也能学到在课堂上学不到的东西。在实践中,我们学会了了解他人和被人了解,从而使我们成熟、稳定、自信,敢于"飞翔"。

2. 在活动中懂得教育与生活的关系

生活是一面镜子,是人生教育的重要内容。每一个人都通过社会来了解生活的意义和生活的内涵。

丰富的生活资源可以为个体的成长提供全面的学习机会,但是生活终究是一种分散的体验,教育的重要性无法用生活的形式来代替。综合实践活动课程通过完整、系统、可操作的流程,搭建了生活与教育的联系。通过综合实践,学生可以获得很多有价值的体验,这些体验在教室里是学不到的:学习怎样与别人交流、协作,并一起做好各种事情;了解怎样建立一个详尽的活动方案;学会在遭遇挫折时,怎样去寻求其他的办法;学习如何在生活中存活并实践。这些珍贵的体验将陪伴着学生今后的生活,提升他们解决问题的能力。

(三)重视实践

综合实践活动课程突出学生在实践中的学习方法,这一点有别于学科课程。

1. 多样化选择实践形式

综合实践活动课程的开发与实施,突出了学生的研究意愿、勤奋和实践的勇气,注重学生实践的体会。学生的实践形式主要有四种:一是探究式学习。其研究范围涵盖了对自然现象和社会现象的研究,是一种以学生为中心,根据科学研究的基本原则，运用相关方法进行研究和解决问题的方式。二是在实践中进行设计学习。设计实践包括产品设计、服务设计、系统设计等。三是社会调研体验。社会调研的范围涵盖了历史文化遗产、社会现实和生产方式。在社会交往中，学生能够积累更多的知识，从而对社会物质文化、精神文化和体制文化进行认知、理解、体验和感知。四是实践性的社会参与。其内容包括非营利、生产性劳动，要求学生参与到一般的社会实践中去，参与到具体的社会活动中去。

需要指出的是，不论采取哪一种实践形式，都要以实践的目的为中心，让学生在与自然和社会的交往中，获得对自然、社会和自身的一般认识，并在实践中获得珍贵的体验。

2. 注重从实践中学习

作为一项实践性学习活动，综合实践活动课程应当在实践过程中阐明以下主题。

（1）直接经验与间接经验的关系

综合实践活动课程注重实践性，但不能忽略文本的学习。文本是先辈知识和经验的呈现，文本学习是一种间接的学习方式。教师要了解直接经验与间接经验的关系，引导学生在实践中提出问题，并运用有效的文字资料进行间接学习。

（2）在反思中成长

综合实践活动课程的教学不能仅仅是模仿，要通过恰当的方法让学生了解实践的含义，从而达到教学目标。对教师而言，实践的最终价值是指导学生进行总结与反思，使学生真正地融入实际活动、融入生活。

二、综合实践活动课程的价值

综合实践活动课程是一种全新的教学方式，它与学科课程的区别之一在于它的独特性。

（一）综合实践活动课程是课程价值观的深层变革

综合实践活动课程提倡对"活动课程""艺术课程"进行新的认识，从而达到理性和非理性认识的统一。在现实生活中，学科知识具有系统化、逻辑化的特点，学生所学到的知识很多时候难以应用到实际生活中去，"学校知识"与"生活知识"存在脱节现象。在此背景下，要对学生进行敏锐的观察和准确的评估是较为困难的。

综合实践活动课程的出现，弥补了传统教学方法的缺陷，搭建了"知识"与

"智慧"的新途径。通过综合实践活动课程，学生能够发现直接体验的正确性，对学习产生浓厚的兴趣，不断地对自然、社会、自我之间的关系进行新的认识，提出新的问题，并用恰当的方法来解决问题，达到知识、情感、意志、行动的统一。可以说，知识与智慧的融合是综合实践活动课程的重要价值。

（二）综合实践活动课程是学科走向现实的真实诉求

要真正认识到综合实践活动课程的重要意义，就必须从事实逻辑中明确其价值取向。

1. 学生走向真实生活情境的需求

综合实践活动课程是结合当今社会和学生的实际状况而设置的一门与学科课程有所区别的课程，旨在提升学生在实际生活中的体验和自我发展。学科课程侧重于以系统化的科学知识体系来建构学生对自我、自然、社会等的认识，而综合实践活动课程为学生创造了多种体验的机会。

2. 教育工作者的价值选择需求

在新时代不断发展与进步的背景下，要提倡优质教育，转变传统的应试教育。在综合实践活动课程的教学过程中，如何确定主题、开展实施、进行总结和评估活动，是值得思考的问题。教育工作者必须思考怎样才能使学生的利益最大化，这是课程评价的一个重要准则。

3. 学校课程体系的有效建设需求

学科课程改革和综合实践活动课程改革都是学校课程改革的重要内容。把握好二者之间的关系并将二者有机结合，能够提高学校的教学效果。也就是说，全面开展综合实践活动课程，既有利于学校的课程建设，也有利于学科课程的重组，还有利于学生的成长进步。

第三节　综合实践活动课程与学科课程的关系

综合实践活动课程与学科课程之间既有区别又有关联，互为补充，为教育与教学服务。

一、综合实践活动课程与学科课程的区别

学科课程具有固定的逻辑和系统，立足于间接经验（知识）的学习与获得，

符合学生发展阶段的特征,注重科学的体系。人们对于间接经验的学习,通常是借助文化符号系统或者观察他人行动来思维和想象事物关系来实现的。这个学习过程有损耗活动信息或者误读活动信息的可能,使学习者接受和感受的经验出现偏差。而综合实践活动课程没有固定的逻辑和系统,它致力于直接经验的体验。它以学生的经验作为课程资源,通过让学生参加活动来直接认识事物,也就是通过学生的亲身活动直接获取经验。这种经验与学科课程中知识的学习不同,是学生通过自身的活动亲自获取的。这种求知活动会激发人的兴趣、情感、直觉和体验等,让生命的激情与心灵的感悟充满其中,让学习变得更加生动、有趣。具体来说,由于课程性质的不同,二者在课程核心、课程目标、课程内容、课程中心、教学过程、形式方法、考核评价、培养目标等方面有所区别,如表1-1所示。

表1-1 综合实践活动课程与学科课程的区别

项目	综合实践活动课程	学科课程
课程核心	学生(运用已经取得的经验和知识去解决现实的问题)	学科知识(努力获取知识)
课程目标	提升学生的综合素质,发展学生的核心素养,特别是实践能力、创新精神、社会责任感,教授学生研究学问的方法	学科知识的获取,知识准确性和有效性的获取,研究学问方法的获取
课程内容	学生的生活世界(注重学生与自然、社会、自我的关系)	科学知识领域(注重知识间的逻辑)
课程中心	以学生为中心,学生是主体,自主进行活动,教师是指导者	以教师为中心,教师是课程的主体,学生是被动的接受者
教学过程	自主、合作、探究,注重学生亲力亲为、亲身体验	体现学科体系的严密性与学术性
形式方法	课堂活动形式多样,基本上以活动为主,包括考察探究、社会服务、设计制作和职业体验等多种活动方式	以课堂教学为主,注重教师的教授
考核评价	多元评价与综合考察,充分肯定学生活动方式和问题解决策略的多样性,对学生的活动过程和结果进行综合评价	单一评价,重结果、轻过程,偏重量化评价、选拔甄别
培养目标	使学生"成人",使其成为全面发展的人	使学生"成才",使其成为专业的人才

通过表1-1的比较分析可知，两类课程有着各自的特点：学科课程更注重系统、高效的知识传递，但是过于注重书本的知识，缺乏生活化；综合实践活动课程更注重学生综合素质的提升，发挥学生主动学习的积极性，但是在知识的传递方面有所欠缺。

二、综合实践活动课程与学科课程的联系

综合实践活动课程与学科课程同是"三级课程体系"中的国家级课程。综合实践活动课程与学科课程都是为了实现教育目的而开设的课程，特别是在新课程体系中，二者的学习方式都是以"自主、合作、探究"为主的。综合实践活动课程面向学生的生活世界，以学生的生活经验来组织课程内容，通过直接经验的获取来提升学生的素质，可以说，生活是综合实践活动课程的出发点。与此同时，生活也是学科课程的出发点。因为学科课程的科学知识体系同样源于生活，学科课程的科学世界是建立在生活世界基础之上的，学科从生活中诞生并改变生活。从这个角度来说，生活是综合实践活动课程和学科课程共同的根基。虽然综合实践活动课程是对直接经验的学习与获取，但这种课程的学习能够帮助学生进入学科课程的学习。在综合实践活动课程中，学生运用已经掌握的经验和学过的知识来解决现实中的问题，这样可加深对于知识的理解和掌握，以及激发学生努力汲取新知识的动力。强调综合实践活动课程的地位，并不是要反对学科课程的存在，更不是要把二者对立起来。实际上，在教学中，要以学生直接经验的获取为主线，引导学生努力探寻间接经验，二者相辅相成，共同架构起学生个体学习的完整体系。

综上，综合实践活动课程作为国家级课程，具有权威性的地位。综合实践活动课程回归了教育的本质，创新了课程形态，改变了学生的学习方式。综合实践活动课程与学科课程既有区别又有联系。由于课程性质的不同，二者在课程核心、课程目标、课程内容、课程中心等方面都存在着不同。不过二者都以生活为根基，且通过综合实践活动课程的实施，可以帮助学生更好地进入学科课程体系的学习。

第二章　国内外综合实践活动课程发展史

梳理综合实践活动课程发展史，有利于我们深入认识综合实践活动课程的地位、把握综合实践活动课程的特征。

第一节　我国综合实践活动课程的产生

一、我国综合实践活动课程产生的社会背景

学生的学习生活应该是自由、轻松、和谐的，学校要充分发挥学生自主学习的特性，充分实现"学校适应学生"的理念。众所周知，由于各种主观和客观因素的存在，要想成为这样的学校有一定的难度，但是，新的课程形态——综合实践活动课程的出现，使现代学校的学习生活也可以是一种自由、轻松、和谐的学习生活。综合实践活动课程从学生的真实生活和发展需要出发，引导他们探索与自然、社会、自我的关系，来收获实际的生活体验，提升自身的综合素质。从本质上来说，课程是帮助学生达到教育目的的手段，教育目的都是需要通过课程来实现的，而成熟与完善的课程体系一直是各国教育探索与追求的目标。和其他国家一样，我国目前相对成熟的课程体系也在根据社会的发展不断地进行调整与完善。目前，我国的基础教育课程体系主要以学科课程为主，因为学科课程体系本身的特质决定了其能够帮助学生迅速地在短时间内掌握科学文化知识、获得智力的发展。信息社会与知识社会的到来对于人们的关键能力和核心素养提出了新的要求，使人们开始对目前已有的学科课程体系进行反思并重构课程体系，于是各国开始发展和建设综合性、整合性、实践性和活动性的课程。虽然各国对于此类课程的称谓不同，但是重视与关注程度是一样的。

为了紧跟世界教育潮流和全面推进素质教育，21世纪初期，我国实施了新一轮的基础教育课程改革，其特色是《基础教育课程改革纲要（试行）》，综合

实践活动课程就是在这样的社会背景下出现的一门高度综合的实践性课程。它也是在第七次课改（1986—1996）中的"活动课程"基础上发展而来的。它的出现是我国基础教育课程应对当前社会发展变化的必然现象。

二、我国综合实践活动课程产生的理论基础

（一）卢梭的自然主义教育主张

18世纪，法国的启蒙思想家、哲学家、教育家、文学家卢梭（1712—1778）提出了"自然主义"的教育主张。卢梭在其名著《爱弥儿》一书中强调了儿童兴趣的重要性，主张在教育教学中要使儿童感官成为其理性的向导，引导儿童通过观察、体验来学习，重视儿童的直接经验的作用，而直接经验的学习往往能够弥补对于间接经验学习的缺陷。卢梭"自然主义"教育思想的核心如下：把儿童当儿童看，教育必须适应儿童的身心发展。虽然教育实施的主体教师是成人，具有成人的学习观点，但是在教育教学中，其教学对象一直是儿童，而在实际教学中，教师往往会忘记这个事实。儿童的学习与成人的学习存在着很大的差别，对儿童进行教育必须顺应自然的要求，顺应人的自然本性。成人的说教式教育并不适合儿童，儿童更适合的是直接经验的学习（这与综合实践活动课程的直接经验学习正好一致）。卢梭强调儿童的学习应该从生活中、从各种活动中进行，强调"儿童应通过做事来学习"，通过做事来学习是儿童获取知识的最基本途径（也就是综合实践活动课程中的"做中学"）。儿童获取知识不应该仅仅从课本上，更应该从自然和世界中获取。

（二）杜威的实用主义理论

美国哲学家、教育家、心理学家杜威（1859—1952）强调学习的主动性，特别重视智能的培养。杜威认为，教育不应从外面硬加到学生身上，学生本身的主动性是非常强大的，教师的主要作用是激发学生主动学习的特性；学生本身具有非凡的智力与能力，教师应使学生的固有能力得到挖掘和发展；每个学生都有自己的个性与特长，教育教学中要注意让学生的个性自由发展；学生的直接经验学习的重要性要远远大于间接经验的学习，要重视学生从直接经验中学习，重视学生的操作实践，要在"做中学"。

（三）罗杰斯的人本主义理论

20世纪50年代，美国人本主义心理学（也就是现象学心理学）的杰出代表

罗杰斯（1902—1987）强调教育的目标应该是培养能够适应社会变化和会学习的人。他指出："只有学会如何学习和学会适应变化的人才是可靠的人、有教养的人。现代世界中，变化是唯一可以作为确定教育目标的依据。"根据其观点，教育的目标是致力于培养具有自主性、建设性和创造性的人，所以学生的学习应该是一个有意义的心理反应过程，而不是机械的知识记忆教育；教育应该激发学生内在的潜能，而不是僵硬、固化的塑造；教育应该是学生主动对具有价值的经验的获取，而不是教师的强行灌输。在快速变化的社会里，唯一能够增强确定感的是学会学习，因此要改变课堂教学模式，从过去的"以教师为中心"转变为"以学生为中心"。学生要发挥自己的主导和主动作用；学习的活动应该由教师和学生共同构建与完成；教师不再是单纯的传授者，而应该是导师和激励者；要重视学习过程，而不仅仅是学习结果；学习的评估主体是学生，而不是教师；教师要创造宽松、积极的学习环境和氛围，要尊重学生的兴趣与情感。人本主义理论应用在教育中，强调对学生价值的引导、发现与创造，突出体验学习、情感陶冶，注重课程结构的多元化与弹性化，这些都是综合实践活动课程在开发与实践中的要点。

（四）陶行知的生活教育理论

我国杰出的教育家陶行知（1891—1946，曾师从美国实用主义教育家杜威）的生活教育理论对我国综合实践活动课程的产生和发展起到了极大的推动作用。陶行知认为，教育与生活为一体，而不是分开的，即使是学科课程的学习，也应该与生活联系在一起。以生活教育理论为基础的综合实践活动课程重视学生的自主探究和亲身体验，突出"人人都可以是老师，人人都可以是学生"，认为在社会这个大的教育场所里处处是知识、学问和本领。"教学做合一"是指教的方法、学的方法、做的方法三者是个整体，相辅相成；教的方法要根据学的方法，学的方法要根据做的方法；要在"做"中获得知识，既要劳力也要劳心；最好的课堂不在教室里，而在生活里，社会与自然是最好的教育课堂。

第二节　我国综合实践活动课程的发展史

虽然我国是在 21 世纪初才开始正式提出综合实践活动课程，但是综合实践活动课程在我国是有着深厚的思想基础和较长的准备阶段。

一、综合实践活动课程教育思想的萌芽阶段

虽然综合实践活动课程这门课程出现的时间不长,但是综合实践活动课程这门课程的教育思想是古已有之的。如我国伟大的教育家、思想家孔子(公元前551—公元前479)就强调启发教育的作用,他曾经说过"不愤不启,不悱不发",可知教育要掌握时机、因势利导,要激发学生"自主探究"的兴趣,进而培养学生自主探究的能力。我国最早的专门论述教育和教学问题的论著《学记》中曾经提到的"大学之教也,时教必有正业,退息必有居学",也蕴藏了综合实践活动课程的思想,体现了综合实践活动课程的必要性——在学校有按照时序进行的正式的课业(学科课程),课下或者离校的时候有课外实践活动和游艺活动。

二、综合实践活动课程的准备阶段

信息化时代和知识社会的到来对于人的素质和能力要求发生了根本性的变革。众所周知,教育(特别是学校教育)是培养人才的主要途径。随着知识经济时代的发展,人才培养的要求也随之发生变化。包括我国在内的多个国家都在进行教育改革,发展人的情感、智力、身体和心理的潜力,以适应时代的发展,适应世界的发展,培养有国际竞争力的人才。这种面向未来的教育改革与以往的教育改革相比,重在教学方式、学习方式的变革。

三、综合实践活动课程的探索阶段

20世纪90年代初期,学校开办了各种活动班。1992年8月6日,国家教委印发《九年义务教育全日制小学、初级中学课程计划(试行)》,首次提出"综合实践活动课程"。同年11月16日印发的《国家教育委员会关于组织实施〈九年义务教育全日制小学、初级中学课程方案(试行)〉的意见》中,明确提出要把"综合实践活动课程"列入学校规划。综合实践活动课程以学生为中心,充分运用学生所学知识,进行多种形式的教学活动,具有实践性、自主性、创造性和非纪律性等特征,主要课程有社会实践、科技、文学、艺术、运动、健身等。为了充分落实"活动课程",1996年初,教育部发布了相关通知,在此期间,"综合实践活动课程"逐渐成为教育理论与实践中的一个热门话题。对于综合实践活动课程的研究不仅在基础教育中展开,而且在教师培训、职业培训等多种形式的学习中也都有关于综合实践活动课程的研究与探讨。在这一阶段,综合实践活动课程被正式融入基础教育中。

四、综合实践活动课程的确立阶段

进入 21 世纪，人类面临着经济全球化、一体化以及信息技术的快速发展这样一个前所未有的社会环境，开始了方方面面的深刻思考与变革行动。21 世纪对于人才的需求发生了根本的转变，作为人才培养的主要途径的教育也面临着新的历史境遇。在新世纪，教育需要培养什么样的人才来适应信息知识社会的发展，以及教育特别是基础教育应该如何改革和完善，是我国教育界和社会学界共同面对的问题。在此背景下，2001 年国务院做出了基础教育改革与发展的决策。课程改革的一个重要内容就是对基础教育课程体系、课程结构、课程内容进行重新设计，以适应 21 世纪的素质教育和人才培养需求。《基础教育课程改革纲要（试行）》是教育部于 2001 年 6 月 8 日发布的。其中最显著的一点是，综合实践活动课程被确定为有史以来第一门必修课程。在这个阶段，综合实践活动课程的课程名称被正式确立下来，它的课程内容、课程目标也初步有了明确的规定。

五、综合实践活动课程的发展阶段

教育部于 2017 年 9 月 25 日印发了《中小学综合实践活动课程指导纲要》。这一指导纲要明确提出了与综合实践活动课程发展有关的几个主要问题，包括课程的性质与基本概念、课程目标、课程内容与方法、学校实践活动课程的规划与实施，以及实践活动课程在基础教育课程体系中的作用等。我国综合实践活动课程的开展以指导纲要为指引，步入了新的发展时期。

第三节　国外综合实践活动课程的发展史

一、国外综合实践活动课程的思想与理论萌芽阶段（20 世纪以前）

18 世纪，法国启蒙思想家、哲学家、教育家卢梭对自然主义的教育思想进行了阐述，认为儿童应当通过生活和各种各样的活动来学习，强调"儿童要从实践活动中学到东西"。卢梭认为，通过实践来学习是一个儿童获得知识的最根本的方法，因此鼓励学生学习自然与世界，并以生活与自然为教学材料。瑞士教育家裴斯泰洛齐（1746—1827）指出，课程应当立足于儿童本身，按照能力的内在规律，培养人类的内在潜能，并以道德的形式来促进各种能力的协调、均衡发展。

二、国外综合实践活动课程的探索阶段（20世纪初至20世纪80年代）

20世纪初期，德国的"联合教育"和美国的"活动课程"运动在二三十年代达到了高峰。20世纪初期，德国的"多学科教学"以教授知识为主，而忽略了专业能力的培养。联合教育强调以学生的兴趣与爱好为中心来组织学习资源和活动。当代活动课程论思想的最有力的倡导者和奠基人、美国实用主义教育家杜威提出了"活动课程"建设，强调教学应该立足于孩子的利益和需求，关注他们的活动，并以改变他们的体验为目标。之后，美国出现了一系列的核心课程，其中包括社会、科学、艺术和人文。第二次世界大战之前，有关此类课程的研究在社会上得到了普遍的重视与实践。20世纪60年代以后，英国实行了一种"统合教学日"，学生可以自主学习，探究自己的课题，在多种课本和教材的情况下，进行一系列的专题研究。在1973年布劳顿的报告发表后，英国"实践活动"的概念被"非正规教育"所影响，且在英国的小学里，以儿童为中心的教育得以普及。

三、国外综合实践活动课程的发展阶段（20世纪90年代至今）

自20世纪90年代起，学科的分化和新的学科逐渐形成，学科的整体发展趋向日益广泛，跨学科、交叉学科、边缘学科兴起。学习综合性、实践性和积极意义的课程可以帮助学生克服对各种学科知识的孤立思考，建立一个整体的世界观；引导学生通过探究不同学科的内在联系，发掘新的知识；促进学生开阔认识视野，增强综合能力，并能全面地解决问题。因此，各国都积极发展这种综合、实用和积极的课程。尽管各国对此类课程的命名不尽相同，但都强调课程与生活、学生、自然与社会之间的关系，以提高学生的综合素质与能力。当前，各国已有很多与此相关的课程，如尝试将地质学、自然地理、人文地理、历史地理结合到生物科学中，将有关的专业知识整合到一个新的综合性学科中。可以说，各国的课程开发与执行情况不尽相同，但对此课程的关注与重视是全球教育界的共识。

第四节　英美等国的综合实践活动课程

美国、英国、法国、日本等国在基础课程改革中，均注重开设综合实践活动课程。

一、美国的综合实践活动课程

由于没有统一的教育行政主管机构，因此美国对于综合性、实践性、活动性的这一课程，没有做统一的规定，但是美国各州都根据具体的教育情况，设计了具体的综合实践性活动的课程，概括起来主要有以下三种。

自然与社会研究（Studies of Science, Technology and Society）课程，又称"STS课程"，类似于我国以"考察探究"为主的综合实践活动课程，是一门综合性、实践性的美国中学课程，具体包括"自然探究""社会科学""社会学习"。其中，社会科学的基本学习活动方式为主题探索性研究，从自然、经济、政治、文化、环境、职业等方面确定不同的主题，并通过调查研究、问题研讨等方式进行探究学习。这种学习方式不仅能提高学生的探究能力，而且能提高学生的求知欲、科学精神、社会责任感、综合实践能力。

设计学习（Project or Design Learning）课程，又称"PDL课程"，类似于我国以"设计制作"为主的综合实践活动课程。与"STS课程"相比，"PDL课程"更注重学生自主设计与实践操作（如综合艺术设计、应用设计、产品设计、活动设计等），注重培养学生解决实际问题的能力。

社会参与式学习（Social Participating Learning）课程与我国综合实践活动课程类似，注重社会生活领域的参与性，倡导学生通过各种社会参与活动（包括参加养老院活动、社会公益活动）、社会调查、考察访问（包括访问政府首脑或地方政府官员）进行学习。

二、英国的综合实践活动课程

英国的课程体系中也没有统一的综合性、实践性、活动性的课程，它的这种形态课程的开展和实施与美国相似，主要集中在两类课程：社会研究（Social Studies）课程和设计学习课程。在社会研究课程方面，提倡学生选择社会上普遍关注和重视的问题进行研究，包括突出的政治、精神、道德、社会或文化等问题。设计学习则主要包括综合艺术设计、信息与交流技术等方面的自主探究学习。

三、法国的综合实践活动课程

法国课程体系中存在着一种综合性、实践性、活动性课程性质的课程，即"综合学习"。本课程强调以学生兴趣为出发点，探讨并研究与学生生活相关的主题。"综合学习"的研究应跨越两个或更多学科领域，综合运用多学科知识和技能进行研究。学生在"综合学习"中需要灵活运用多种活动方式，如接受、探究、应用等。

四、日本的综合实践活动课程

日本的课程研究和实践是从 20 世纪 80 年代开始的，其特征是综合实践活动课程。日本在"职业整合辅导"的指导下，对此进行了关注。日本中小学的"特殊活动"是一种专门的教学活动，包含传统学校活动、学生活动和课堂指导活动。日本文化厅在 1998 年 12 月及 1999 年 3 月颁布的《学习指导纲要》中加入了"综合学习时间"。"全面学习"课程的增多，使日本中小学的课程结构发生了变化，由"必修课""道德""特殊活动"三个方面向"必修课程""品德""特殊活动""综合学习时间"进行了调整。"综合学习时间"与中国的综合实践活动课程相似，注重学生的兴趣，从学生的实际生活和发展需要出发，挖掘出他们存在的问题，并把这些问题转化为活动的主题。在教学过程中，注重培养学生的学习态度，引导学生主动地进行问题的解决，使学生能够正确地掌握科学的学习方式和思考方式。其教学方式主要有"综合经验学习"和"专题探究"两种，其模式与中国综合实践活动课程中的调研活动有异曲同工之妙。"综合学习时间"旨在通过理解、体验、感受和探索自然与社会提升学生的综合能力和社会责任感。

第三章 综合实践活动课程的目标设计

综合实践是一门活动课程,没有课程标准、统编教材,是一门国家规定、地方管理、学校开发实施的必修课程。它不同于普通学科,其属于能力本位的课程。综合实践活动课程具有综合性、探究性、实践性的特点,教师需要带领学生明确此类课程的教学目标,采用合适的方式开展教学。

第一节 课程目标与教学目标的相关概念

一切人类活动,包括教育活动在内,都具有目的性。课程是教学活动的中心,是实现教育目的的途径。人才培养的目标要通过课程来实现,也就是教育目的的具体体现。综合实践活动课程是课程教学的重要组成部分,实施该课程的目的是使学生在知识、技能、素质等方面达到基本标准和要求。准确地设定教学目标,保证教学活动的顺利进行,既是课程设计与实施的出发点,也是课程的目的。也就是说,课程设计、开发、组织和实施的出发点,是课程目标的确定。

一、相关概念辨析

对于课程目标的理解和界定不能孤立进行,而必须结合教育目的和培养目标进行。课程目标是课程内容、教学目标确定的基础;培养目标是各个学校对于教育目的的具体化;教育目的是一个国家教育工作的出发点和归宿;教学目标是细化了的课程目标。

(一)教育目的

人类的一切实践活动都要有目的,目的贯穿实践活动过程的始终。教育活动的目的非常重要,因为它是一个国家所有教育工作的出发点和归宿,也是指导这个国家各级各类学校制定培养目标的重要依据。教育目的是由社会发展和个体自身发展的需要所决定的。教育目的具有较高的普遍性,为各级各类学校制定培养目标留下了较大的弹性空间。每个学校会根据国家整体的教育目的,以及自己地区、学校的特点和发展的实际情况,来制定自己学校的培养目标。

(二)培养目标

如上所述,培养目标是指学校根据国家的教育目的,结合所在地区的实际情况,以及自己学校的发展特点和需要制定的,它是国家教育目的的具体化。因为每个学校都有自己的特点,所以各个学校的培养目标也会有所不同。在国家教育目的的总体框架下,各个学校制定自己的培养目标,这些不同学校的培养目标与国家教育目的之间的关系是局部和整体、特殊和普遍的关系。学校培养目标是基于具体的社会需求,并视学校类别和受教育者的水平而定的,学校培养目标的实现要靠其所设置的课程来达成。

(三)课程目标

课程目标是指课程本身要实现的具体目标和意图,即学生完成该门课程后所应该达到的知识、能力与素质的基本标准与要求。课程目标是指导课程编制的核心关键,是课程内容、教学目标和教学方法确定的基础。课程目标的确定要在确定教育目的与学校培养目标的基础上进行,同时还要确定课程目标的来源以及课程目标的取向,最后再开始表述课程目标。课程目标不是单一的,而是众多目标的有机组合,各个目标之间有所联系,共同作用于课程。年级之间的课程目标是连续而统一的,高年级的课程目标建立在低年级的课程目标的基础之上。课程目标是分层次的,由不同维度的目标构成。课程目标的确定是一个复杂而又具有创造性的过程,是充分发挥课程编制者智慧的结果。

(四)教学目标

教学目标要清楚地表明学生将会在课堂上产生怎样的改变,是指在课堂上对学生的期望学习结果,是教与学在教学过程中相互影响的目标,是一种可操作的目标。在教学中,教学目标扮演着举足轻重的角色,教学活动以教学目标为指导,以提高教学效果为目的。从教育目的、培养目标、课程目标和教学目标的含义上来看,它们之间存在层级关系,我们可以用图3-1来表现它们之间的层级关系。

图 3-1　教育目的、培养目标、课程目标、教学目标的层次关系

二、课程目标的确定依据

课程目标的确定不是一蹴而就的事情，需要课程编制者的精心考虑与细致打磨，是一个统一的价值判断。课程目标确定的基础是明确了对课程目标的某些基本的哲学假定，并依据特定的事实和集体的思考。总的来说，课程目标确定需要遵循以下三个原则。

（一）学生发展的需要

学生时期是人的发展阶段中的特殊阶段，这个阶段要充分满足学生的发展，为其走向社会做好充足的准备。学生的成长发展是一个极其复杂的系统工程。满足学生的发展需要，就是要满足学生的现实生活需要和终身发展的需要，这是课程目标制定的根本依据。课程目标要以"满足学生发展需要"为核心，重视每一位学生的综合发展，这是制定课程目标的根本。在制定课程目标时，要从学生利益出发，从根本上解决问题。只有把学生的发展作为课程目标，才能真正认识课程的价值，使之回归到教学的本源。

（二）社会发展的需要

课程实施的对象是学生，学生不是独立存在的个体，他们生活在社会中，并与社会发生着各种各样的联系。当代社会的发展对于学生的成长不断地提出新的要求。当代社会是一个快速变化的社会，可持续发展、经济全球化、信息化和知识化是这个社会的标签，这些社会标签对学校教育和学生的学习与生活产生了深刻的影响。21世纪的社会要求新时代的学生具有信息收集与处理的能力、交流与合作的能力、自主获取知识的能力，以及终身学习的观念等。课程编制者在制定课程目标时，要充分考虑这些新的社会要求，将社会发展需要体现在课程中。

（三）科学技术发展的需要

当今世界科学技术的发展突飞猛进，科学技术既是人们认识自然、改造社会以及自我完善的有效手段，也是人们在当今社会发展中需要掌握的知识与技能。现代科学技术发展迅速，其基本趋势是分化与综合：新学科、新知识不断出现，学科门类越来越细；学科之间的联系日益密切，交叉学科和边缘学科不断产生，综合性越来越强。科学技术的迅猛发展直接影响着课程的形态和课程内容的组织，学生必须适应科学技术的发展，培养自己运用知识解决问题的能力、创新精神和创新能力。以科学技术的发展需要作为课程目标制定的依据，才能使课程的知识结构满足科学技术发展对于学生的培养要求。

三、课程目标与教学目标的区别与联系

（一）课程目标与教学目标的区别

第一，含义不同。课程目标是指课程本身要实现的具体目标和意图，学生完成该门课程后所应该达到的知识、能力与素质的基本标准与要求。课程目标是指导课程编制的核心关键，是课程内容、教学目标和教学方法确定的基础。而教学目标是通过一个特定教学过程（如一节课、一个主题综合实践活动课程过程或者综合实践活动课程中的一个具体课时活动）实现的。教学目标是学生经过一个教学过程的学习结果，学生的这个学习结果可以是某种知识、技能，也可以是某种观念、态度的形成或获得。

第二，指导对象和范围不同。课程目标指导整个课程，而教学目标只指导某一教学过程。两者的指导范围大小有差异。

第三，具体程度不同。课程目标较为抽象，是一门课程整体完成后所要实现目的的概括性描述，不做具体性要求；而教学目标则较为具体，是对一个特定教学过程（如一节课、一个主题综合实践活动过程或者主题综合实践活动课程中的一个具体课时活动）的教学上的具体要求。

第四，实施主体不同。课程目标的实施主体包括教育主管部门、课程指导机构、教师培训基地、教材与教学参考书的编写者与审核者、学校专业教师与辅导员以及所有课程教育的全体学生；教学目标的实施主体仅包括专业教师、辅导员和全体受教育者。相对于教学目标而言，课程目标的实施主体范围较广。

第五，灵活程度不同。课程目标往往是国家教育主管部门组织有关专家讨论、推敲的结果，一旦确定就不能轻易更改；而教学目标往往由教师根据自身的理解和实际教学情况决定，在某一堂课甚至某一教学环节中，教学目标可灵活调整。

（二）课程目标与教学目标的联系

教学目标是对课程目标进行分析与提炼后呈现的一小部分。在完成了各个小课程的教学目标之后，才能达到课程目标。在学校里，课程是最重要的，课程目标对日常的教学工作起到了引导作用。教师要达到这一目标，需要采用合适的教学方法、制定合适的教学目标。课程目标和教学目标都以课程标准的范畴为基础，以各科目的教学内容为基础，并与学校的培养目标相适应且都服务于培养社会主义接班人这一整体的国家育人总目标。虽然课程目标与教学目标存在着诸多差异（含义、指导对象范围、具体程度、实施主体、灵活程度不同），但是二者都是教学活动的出发点与目的，在课程实施、课程设计、内容编排、教学方向确定等方面有着举足轻重的地位。总之，课程目标和教学目标既有联系又有区别。教师要正确认识课程目标和教学目标的关系。

第二节　综合实践活动课程的课程目标与教学目标

一、综合实践活动课程的课程目标取向

课程目标取向是指陈述课程目标的形式，也就是说，用何种形式来陈述课程目标。综合实践活动课程目标受其课程性质影响，其目标取向有三种：行为目标取向、生成性目标取向、表现性目标取向。

（一）行为目标取向

行为取向的课程目标是以可操作的、具体的行为对课程目标进行陈述。不同于书本知识，学生在该课程中通过大量的实践了解自然、社会，认识自我。综合实践活动能够为学生提供一定的行为观察目标。同时，综合实践活动课程注重专业知识的运用，并在综合实践活动中加以整合、重组和完善。在综合实践活动课程中，专业知识的获取也是一种行为目标。此外，在综合实践活动课程中，还开设了情感、态度、价值观等隐性课程目标，可以通过其外显的行为目标进行描述。

综合实践活动课程的行为性目标关注的不仅仅是知识的获取，更多的是学生对自然、社会和自我体验的获取。它通过问题设计，从问题出发引出活动，活动目标更关注的不是客观性的知识，而是学生如何利用已学到的知识去解决现实问题。

（二）生成性目标取向

生成性目标是随着教学过程的发展而形成的。生成性目标的重点是学习过程，而不是行为目标。教师和学生在教学实践中的体验和价值观念会随着教学环境的变化而有所改变。课程设计要充分考虑学生的兴趣与能力，注重学生的适应性与自主性的培养。综合实践活动课程的教学重点是培养积极、开放的一代，鼓励学生根据自身发展需要自主选择活动主题，积极参与活动，体验生活，实践价值观。在实践过程中，学生可以根据自己的实际需要动态调整教学内容、组织方式、过程和步骤，从而使学生的实践活动更加深入。

（三）表现性目标取向

表现性目标指的是学生在不同教学环境中个性与创造性的表现，注重学生创新思维与批判思维的培养。综合实践活动课程从学生的真实需要和成长发展出发，面向学生的生活世界，培养学生的综合素质，特别是学生的实践能力、创新精神和社会责任感，这些都突出了综合实践活动课程的开放性。

二、综合实践活动课程的课程目标规定

课程目标是整个课程编制过程中最为重要的指导准则与核心要素。在2001年颁布的《基础教育课程改革纲要（试行）》中，没有对综合实践活动课程的课程目标做明确的规定，但是从规定中可以提炼出它的目标：它是为了提升学生生活理解力与创造力而开设的。在2017年颁布的《中小学综合实践活动课程指导纲要》中，明确规定了综合实践活动课程的课程目标。

（一）总体目标

综合实践活动课程的总体目标是对于学生完成综合实践活动课程所应该达到的目标的总体规定和描述。《中小学综合实践活动课程指导纲要》中规定，综合实践活动课程的主要目标是使学生能够从个人生活、社会生活、与自然的接触中获得丰富的实践经验，形成并逐步提升对自然、社会、自我之间内在联系的整体认识，具有价值体认、责任担当、问题解决、创新物化等方面的意识和能力。

（二）学段目标

在2017年发布的《中小学综合实践活动课程指导纲要》中，分别列出了小学、初中和高中三个学段的综合实践活动课程的学段目标。综合实践活动课程的学段

目标是对于小学、初中和高中各个不同学段的学生，在完成本学段的综合实践活动课程所要达到目标的规定与描述。虽然每个学段的目标都是分为四个方面，即价值体认、责任担当、问题解决和创意物化，但是在四个目标方面，又因为学生的年龄和认知能力的不同有着不同的要求。

小学阶段的具体目标：①价值体认：通过亲历、参与少先队活动、场馆活动和主题教育活动，参观爱国主义教育基地等，获得有积极意义的价值体验。理解并遵守公共空间的基本行为规范，初步形成集体思想、组织观念，培养对中国共产党的朴素感情，为自己是中国人感到自豪。②责任担当：围绕日常生活开展服务活动，能处理生活中的基本事务，初步养成自理能力、自立精神、热爱生活的态度，具有积极参与学校和社区生活的意愿。③问题解决：能在教师的引导下，结合学校、家庭生活中的现象，发现并提出自己感兴趣的问题。能将问题转化为研究小课题，体验课题研究的过程与方法，提出自己的想法，形成对问题的初步解释。④创意物化：通过动手操作实践，初步掌握手工设计与制作的基本技能；学会运用信息技术，设计并制作有一定创意的数字作品。运用常见、简单的信息技术解决实际问题，服务于学习和生活。

初中阶段的具体目标：①价值体认：积极参加班团队活动、场馆体验、红色之旅等，亲历社会实践，加深有积极意义的价值体验。能主动分享体验和感受，与老师、同伴交流思想认识，形成国家认同，热爱中国共产党。通过职业体验活动，发展兴趣专长，形成积极的劳动观念和态度，具有初步的生涯规划意识和能力。②责任担当：观察周围的生活环境，围绕家庭、学校、社区的需要开展服务活动，增强服务意识，养成独立的生活习惯；愿意参与学校服务活动，增强服务学校的行动能力；初步形成探究社区问题的意识，愿意参与社区服务，初步形成对自我、学校、社区负责任的态度和社会公德意识，初步具备法治观念。③问题解决：能关注自然、社会、生活中的现象，深入思考并提出有价值的问题，将问题转化为有价值的研究课题，学会运用科学方法开展研究。能主动运用所学知识理解与解决问题，并做出基于证据的解释，形成基本符合规范的研究报告或其他形式的研究成果。④创意物化：运用一定的操作技能解决生活中的问题，将一定的想法或创意付诸实践，通过设计、制作或装配等，制作和不断改进较为复杂的制品或用品，发展实践创新意识和审美意识，提高创意实现能力。通过信息技术的学习实践，提高利用信息技术进行分析和解决问题的能力以及数字化产品的设计与制作能力。

高中阶段的具体目标：①价值体认：通过自觉参加班团活动、走访模范人物、研学旅行、职业体验活动，组织社团活动，深化社会规则体验、国家认同、文化自信，初步体悟个人成长与职业世界、社会进步、国家发展和人类命运共同体的关系，增强根据自身兴趣专长进行生涯规划和职业选择的能力，强化对中国共产党的认识和感情，具有中国特色社会主义共同理想和国际视野。②责任担当：关心他人、社区和社会发展，能持续地参与社区服务与社会实践活动，关注社区及社会存在的主要问题，热心参与志愿者活动和公益活动，增强社会责任意识和法治观念，形成主动服务他人、服务社会的情怀，理解并践行社会公德，提高社会服务能力。③问题解决：能对个人感兴趣的领域开展广泛的实践探索，提出具有一定新意和深度的问题，综合运用知识分析问题，用科学方法开展研究，增强解决实际问题的能力。能及时对研究过程及研究结果进行审视、反思并优化调整，建构基于证据的、具有说服力的解释，形成比较规范的研究报告或其他形式的研究成果。④创意物化：积极参与动手操作实践，熟练掌握多种操作技能，综合运用技能解决生活中的复杂问题。增强创意设计、动手操作、技术应用和物化能力。形成在实践操作中学习的意识，提高综合解决问题的能力。

三、综合实践活动课程的教学目标确定

教学目标应当根据综合实践活动课程的总体目标和学段目标来界定，并结合学校所在地区、学校自身、实施活动的年级、班级以及学生的特点进行确定。

（一）教学目标确定的原则

1. 教学目标的全面性

综合实践活动课程目标的设计要具有全面性，具体体现在能力、情感和知识的全面性上。综合实践活动课程的着眼点是学生能力的培养，这种能力应该是全面的。在学生解决问题能力培养上，应该包括独立思考和操作能力、研究和探索能力、创新与创造能力、学习能力、人际沟通与交往能力等21世纪人才必备的关键能力。全面发展的人是综合实践活动课程追求的培养目标，因此综合实践活动课程的目标也要注重情感维度目标的全面性，包括学生的求知欲、社会责任感、合作意识、创新精神等。综合实践活动课程与学科课程不同，应避免仅从知识学习的角度出发去设计课程，同时要注意综合实践活动课程依旧是知识获取的一种

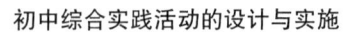

有效方式，只是这里获取的知识类型有些不同，不过获取知识的全面性要求是一样的，包括经验性知识、综合性知识和方法性知识等。

2. 教学目标的具体化

综合实践活动课程目标的设计经常出现"普遍性目标"的现象，这是因为在设计活动目标的时候过于高度概括，只给了一些总体目标的要求，如有的主题目标的设计是此实践活动的目的在于让学生认识社会，培养学生的创造力与实际能力，并具备优良的个性品质。对于具体的主题综合实践活动来说，这就是一种"普遍性目标"，需要教师在具体的活动开发与实施过程中，对其进行再度设计，将其具体化、个别化和情境化。

（二）教学目标确定的注意事项

在确定具体的综合实践活动课程目标的时候，需要注意以下几点。

1. 体现目标的层次性

由于综合实践活动课程的主体是学生，学生在知识基础、能力、兴趣等方面存在着差异，在活动中的表现和发展也不同，因此教师在设计活动目标的时候，应该注意目标的层次性，这样有利于引导和调控综合实践活动课程，并对学生进行正确的评价。

2. 突出重点目标

在主题综合实践活动课程的目标体系中，目标的设置应该有所侧重：重点的活动目标要突出；在权重的分配上，要向重点的活动目标倾斜。

3. 关注生成目标

综合实践活动课程总体目标的实现有赖于具体活动的实施，但是在具体活动的实施中又会生成新的活动目标，这些生成目标是随着学生主题活动的不断深化而生成的。综合实践活动课程鼓励学生主动生成新的活动目标，不断深化活动主题。

4. 注重目标的整体性

整个主题综合实践活动课程的目标虽然是分开陈述的，但是这些目标是一个有机的整体，相互联系、共同作用，以实现综合实践活动课程的育人目的。

5. 学生是目标表述的主体

综合实践活动课程的主体是学生，因此活动目标的表述主体也应该是学生。

6.目标的表述一定要清晰、具体与明确

在活动目标的表述中，一定不要使用一些模棱两可、有歧义或者难以评价的表述，如"掌握信息收集和获取的能力"的目标描述就会让学生在活动中不知道如何进行，在评价中不知如何评价，但是如果将其改成"掌握使用搜索引擎的方法与技巧"，相对来说，活动目标就比较具体，可操作性也会更强一些。

（三）教学目标的设计

1.确定目标的构成

综合实践活动课程的目标有总体目标、各层次目标。这两个层面的目标是统一的，由一般层面到更为明确的层面，体现了上层和下层的联系。主题活动的总体目标是指参加活动的学生达到的各种标准和要求。综合实践活动课程以主题形式开展。在确定了主题和总体目标后，可以列出分层级目标。

2.对主题目标进行教学设计

对于综合实践活动课程指导教师来说，主题活动方案中教学目标的设计对于保障主题活动的顺利进行尤为重要。一个主题综合实践活动课程的内容可以被无限地扩展和延伸。教师在制定主题综合实践活动课程方案时，应该对于通过这个主题综合实践活动课程，学生所能达成的目标有一个清晰的认知（包括为什么要研究这个主题、主题的延展程度、学生预期能够从中收获什么等）。而对于分层级目标的设计是一个围绕总目标不断解析的过程，是不断细化总目标的过程，把比较宽泛的方针与实现它们的教学策略进行了结合，以某种形式较好地表达了教学策略。不同学段、不同年级的综合实践活动课程的实施具有不同层次的教学目标，综合实践活动课程指导教师在确定活动目标的时候，要弄清活动对象的学段和年级，这样才能更好地确定教学目标的层级。

一般来说，主题活动目标的教学设计包含以下基本步骤：①分析学生在进行这个主题活动之前，对该主题的了解和认知程度，为该主题进行过哪些准备；②依据"学校综合实践活动课程总体实施方案"和"学校学年（或学期）活动计划与实施方案"的主要任务和目标，确定活动目标的层次与结构；③按照主题活动的主要任务对活动目标进行表述，包括学生应该发展的能力、获得的情感、掌握的技能，或者是某种体验的获得；④确定与目标相应的评价方式，用以检测目标的实现与达成度。

3. 目标的具体化、情境化和个性化

主题活动目标具体体现为"普遍目标""行为目标""生成目标""表达目标"。教师在设计目标时，要让学生了解其活动操作方式的要求。在综合实践活动课程的目标设计中，尽量不要出现放之四海而皆准的目标设计，如"学会合作""增强信息收集与处理的能力"等，这样简单的表述会降低学生的学习兴趣和积极性。综合实践活动课程虽然经常是团体进行，但是也应鼓励学生个体单独进行，因此，对于独立进行主题综合实践活动课程的学生，活动目标可在教师指导下由学生独立完成，这体现了活动目标的个性化。

第四章　初中综合实践活动课程实施研究

实践是学生将学科知识与生活结合的重要方式，能够增加学生对于学科知识的整合，提高学生对于知识的理解与掌握水平。综合实践活动课程通过一些具体的具有实践性的教学模式来开展教学，不同学科的综合实践活动课程有相同之处也有不同之处。例如，语文学科的实践偏重于学生的口语交际方面，数学学科的实践偏重于学生的逻辑思维能力的培养，英语学科的实践偏重于学生的听读写多方面应用能力的培养。本章对山西省J中学综合实践活动课程实施情况的研究，研究者在得出结论的同时，提出了改进建议。

第一节　研究设计与过程

一、研究设计

（一）研究思路

在J中学综合实践活动课程研究中，研究者采用了文献研究、实地调查、问卷调查等方式开展研究，并从课程设置、活动组织、课程管理与保障、课程评估四个方面进行了论述，对综合实践活动课程实施过程中的问题进行了分析，提出了相应的对策。

一是文献研究法。研究者通过对知网、政府官方网站、新闻网站的大量期刊、论文、指南、规章、新闻报道等方面进行研究，对综合实践活动课程的产生与发展、实施的政策背景、实施的具体事例等进行了分析和整理。

二是实地调查法。研究者以J中学为例进行了调查。研究者首先观察活动的组织、师生表现、课程管理等；在此基础上，对参与综合实践活动课程的师生进行访谈，以了解其对本课程的认识与体会；最后，对综合实践活动课程的开展情况进行问卷调查。

三是问卷调查法。研究者对 J 中学开展了问卷调查，详细了解了学生对综合实践活动课程的看法。研究者通过对调研的资料进行整理和分析，对 J 中学综合实践活动课程实施存在的问题进行了回顾和归纳，并提出了切实可行的意见，以期推动初中综合实践活动课程发展。

（二）研究对象

本研究的研究对象是 J 中学。选取它作为研究对象的理由有二：一方面，由于学校地处城乡交界处，学生大多为农民工子女。学生视野较狭窄，基础知识较薄弱，学习能力较差，需要全面提高学生综合素质。另一方面，校长 W 也在不断探索教育理念。在研究时，J 中学开设了三大类课程：基础课程、专业课程和综合实践课程。基础课程包括国家指定的文化课，专业课程包括卫生与健康、语文与人文、自我修养、艺术与美学、自治，综合实践活动课程包括调查与探索、设计与制作、职业体验。

总体而言，样本学校整体素质有待提高，课程改革正在进行中。通过对样本学校综合实践活动课程的实证分析，可以促进样本学校综合实践活动课程的深入开展，消除实施障碍，促进学生全面发展，提高学校绩效。

（三）研究内容

本研究从课程设置、活动组织、课程管理与保障、课程评价四个层面对 J 中学实施综合实践活动课程的情况进行了调查分析。

第一，综合实践活动课程设置情况。研究从主题、内容和课程设置三个层面探讨了样本学校课程设置情况，并分析了实施效果。研究对象是学校综合实践活动课程。

第二，开展综合实践活动课程的组织情况。研究采用了问卷调查、访谈和观察等方法，从组织层面、师生沟通层面、信息技术层面进行分析，以了解学校的教学组织流程、师生互动、信息技术应用等情况。研究对象是参与综合实践活动的师生。

第三，管理和保障综合实践活动课程的情况。研究通过调查、观察、文献收集等方法，了解学校实施机构、人员、教师分布、课程管理方式等方面的资料，了解学校课程管理制度及保障措施。研究对象是样本学校校长和参与综合实践活动课程的教师。

第四，评估综合实践活动课程的情况。研究通过搜集优秀学生的作品、观察师生活动、访谈师生，获取相关资料，检验评价的主题、方法和内容。

（四）研究方法和工具

本研究运用文献研究、实地调查、问卷调查等方法，对样本学校综合实践活动课程的实施状况进行了全面的分析。

1. 文献研究法

文献研究法是一种广泛应用于教育领域的研究方法。研究者从不同角度收集、分析、总结研究对象的文章，以了解当前的研究状况。在研究中，研究者分三个层次开展了文献研究。

（1）文献理论

研究者着重分析了近十年来知网上与综合性实践性课程相关的文献，了解其发展趋势，在此基础上，寻求研究创新，明确研究内容和方法。

（2）政策文件

研究者通过中国教育部网站、综合实践活动课程网站等网站查询了综合实践活动课程相关准则和相关法规，了解了综合实践活动课程开展的政治背景和自身特点。

（3）教材

研究者要求校长、课程研发总监及教师为学生提供综合实践活动课程教材，如课程、作业等，帮助学生了解综合实践活动课程的实施和管理。

2. 实地调查法

实地调查法是指研究者深入调查对象的工作与生活，通过观察、访谈获得第一手资料，探索教育现象本质。就教育研究而言，实地考察可以使研究者了解被调查者本质、挖掘被调查者本质、揭示问题根源，从而得出更好的解决方案。在本研究中，实地研究过程主要表现为以下两种方式。

（1）观察

首先，研究者考察了学校的环境，初步了解了学校的设施和文化氛围。其次，研究者通过观察校长的日常工作了解了校长的领导风格和作风。研究者通过对课程研发总监日常工作的观察，深入了解了课程研发部门的工作内容和综合实践活动课程管理。最后，研究者通过实地考察了解了综合实践活动课程的组织情况。

（2）采访

首先，研究者采访了学校的校长，了解了学校的办学理念、管理方式以及校长本人对综合实践活动课程的认识。其次，研究者采访了课程研发总监、副校长，了解了他们对综合实践活动课程的认识与体会，并探讨了综合实践活动课程的实

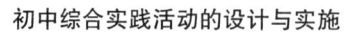

施情况。最后，研究者与参加综合实践活动课程的学生进行了访谈，了解了学生对综合实践活动课程的感受。

3. 问卷调查法

问卷调查法是国内外社会调查中较为广泛使用的一种方法。问卷是指为统计和调查所用的、表述一定主题内多项问题的工具。问卷调查法是研究者用这种控制式的测量对所研究的问题进行度量，从而搜集到可靠资料的一种方法。

为补充现场调研的不足，获取更多的资料，本研究亦采取了问卷调查的方式进行资料搜集。

（1）编制综合实践活动课程调查问卷

调查内容包括：第一部分，调查对象的性别、年级、班级、课程、成绩；第二部分，从教学内容的选择和开发两方面探讨J中学综合实践活动课程的编写；第三部分，主要从组织、教师指导、信息技术等方面分析J中学综合实践活动课程的实施；第四部分，以学生体验为切入点，分析综合实践活动课程的实施效果。

（2）修正调查问卷内容

研究者在专家的指导下，对问卷进行了初步的调查，并对问卷的各项内容进行了修正。

（3）正式启用

本研究采用人口普查的方式，对参与综合实践活动课程的学生进行问卷调查。

二、研究过程

本研究采用文献研究、实地调查、问卷调查等方式，调查了样本学校综合实践活动课程的实施状况。

（一）研究准备阶段

本研究在2020年8月初至2020年8月底为研究准备阶段，以"综合实践活动课程"为研究对象，对其内涵、发展过程及国内外研究状况做了初步探讨。研究者通过中国教育部网站和综合实践课程网站查询实施背景、当地实施案例、指南和规章等内容，在此基础上，在专家的指导下，对本课题的研究目标和内容做了初步的探讨。

（二）实地研究阶段

研究者在2020年9月至2020年12月间进行了实地考察。9月初，研究者选择J中学作为研究样本，主动与取样学校校长联系取得相关研究资格。在9月至

10月期间，研究者积极与样本学校师生交流，如每周三随课程研发总监检查与聆听，观察样本学校综合实训课程与师生互动，检阅教师教学计划，挑选作业。在11月至12月，研究者通过与教师的日常交流，了解到教师在开展综合实践活动课程过程中遇到的一些问题。2020年底，研究者将调查问卷发给参加综合实践活动课程的学生，获得了有关综合实践活动课程的一些资料。

（三）资料整理阶段

本研究在2021年1月为研究资料整理阶段，对资料进行整理分析。具体内容如下：首先，将观察到的访谈资料归类。其次，审查回传问卷，剔除无效问卷。最后，将有效问卷输入分析系统，对平均值、频率、百分比、交叉表进行统计分析。

（四）撰写阶段

研究者于2021年2月至3月完成研究撰写。

第二节　样本表现

一、样本学校综合实践活动课程实施状况

本研究从课程设置、活动组织、管理保障、课程评价四个层面描述和分析了样本学校实施综合实践活动课程的情况。

为全面获取信息，在实地研究阶段，研究者重点开展了以下工作：第一，观察样本学校综合实践活动课程实施情况，以校内活动为主，观察时数共计26学时。其中，重点观察了"植物种植与栽培"课程的实施情况。第二，采访参与综合实践活动课程的师生，其中教师群体11名，包括学校领导3名、指导教师8名，学生群体10名，包括男生代表3名、女生代表7名。第三，对196名学生开展了问卷调查，其中男生135名、女生61名。

（一）课程设置状况

课程设置一般包括课程类别、时间表以及课程的目的与内容。综合实践活动课程的设置情况，体现了其最根本的发展状况。

1.活动主题

样本学校从教学指导书中推荐的活动主题中，选取了考察探究、职业体验、设计制作三种类型。在开设的项目（见表4-1）中，考察探究类的项目有7个，

包括植物种植与栽培、当地老年人生活状况调查、环境污染问题研究（一）、环境污染问题研究（二）、带着课题去旅行、家乡传统文化研究（一）、家乡传统文化研究（二）。职业体验类有2个项目，一个是策划校园文化，另一个是模拟法庭。在设计制作类型中，设定了机模项目制作、制作我的动画片2个项目。

表4-1　J中学综合实践活动课程开设情况

活动主题	活动类型
策划校园文化	职业体验类
植物种植与栽培	考察探究类
当地老年人生活状况调查	考察探究类
模拟法庭	职业体验类
环境污染问题研究（一）	考察探究类
环境污染问题研究（二）	考察探究类
制作我的动画片	设计制作类
带着课题去旅行	考察探究类
家乡传统文化研究（一）	考察探究类
家乡传统文化研究（二）	考察探究类
机模项目制作	设计制作类

调查结果显示，《中小学综合实践活动课程指导纲要》提出了4个专题章节，样本学校选择了3个。

> 校长W：在制定课程时应考虑学生、教师的特点及学校的具体情况。这些课程的教学方式并不是个人化的，但可以通过调查或社会服务等多种方式来进行。比如，环境污染研究课程，可以让学生捡垃圾，做一些公益活动，还可以让学生去汾河取水，做水质检测，以此来提高学生的环保意识。

2.活动内容

《中小学综合实践活动课程指导纲要》明确提出，综合实践活动课程的内容要呈现自主性、整合性、开放性、实践性和连续性。自主性是指尊重学生的自觉性，使学生能够主动参与各种活动的选择与发展。整合性指的是活动内容要与社会和自然相结合。开放性是指活动内容能够突破学科限制，渗透到学生日常生活中。实践性是指在教学内容上注重学生实际操作能力的培养。连续性是根据学生身心发展规律由浅到深进行总体规划。综合实践活动课程在实践中的应用主要表现为自主性、开放性、整合性和连续性。

（1）活动内容的自主性

关于活动内容的自主性，问卷调查发现，55.6%的学生选择"完全不符合""不太符合"，15.9%的学生选择"不确定"，28.5%的学生选择"完全符合""基本符合"。从表4-2可以看出，在样本学校，超过一半的学生没有参与活动内容的开发。

表4-2 "我们与教师一起设计综合实践活动课程内容"的统计结果

选择项	人数/人	百分比/%	有效百分比/%	累积百分比/%
完全不符合	39	27.1	27.1	27.1
不太符合	41	28.5	28.5	55.6
不确定	23	15.9	15.9	71.5
基本符合	22	15.3	15.3	86.8
完全符合	19	13.2	13.2	100.0
合计	144	100.0	100.0	—

在与教师讨论"自主学习"时，研究者发现，样本学校综合实践活动课程的内容是由代课教师自行安排的，学生很少参加。

（2）活动内容的开放性

通过问卷调查发现，关于综合实践活动课程内容是否与生活相贴近，有80.6%的学生选择了"完全符合""基本符合"，有7.6%的学生选择了"不确定"，有11.8%的学生选择了"完全不符合""不太符合"（见表4-3）。由此可知，样本学校约有80%的学生认为综合实践活动课程内容与生活相贴近。

表4-3 "综合实践活动课程内容与生活相贴近"的统计结果

选择项	人数/人	百分比/%	有效百分比/%	累积百分比/%
完全不符合	5	3.5	3.5	3.5

续表

选择项	人数/人	百分比/%	有效百分比/%	累积百分比/%
不太符合	12	8.3	8.3	11.8
不确定	11	7.6	7.6	19.4
基本符合	60	41.7	41.7	61.1
完全符合	56	38.9	38.9	100.0
合计	144	100.0	100.0	—

以"环境污染问题研究（一）"课程为案例，教师从活动的背景出发，将"家居生活垃圾"与"环保议题"紧密结合，设计了"家庭废物袋使用之研究"的开放活动；在教学的过程中，教师可以通过与家庭的互动，培养学生的环保意识和责任心。

【课例4-1】

"环境污染问题研究（一）"活动设计片段

一、活动背景

塑料袋会对环境产生危害。为唤起人们的环保意识，减少塑料垃圾对环境的污染，我们开展了此次活动。

二、活动目标

知识目标：学会制作统计图和统计表。

能力目标：学会搜集资料、整理资料、编写调查报告、解决问题。

情感目标：①通过本次活动能够增进对大自然的热爱；②能够形成合作意识，学会资源共享；③树立家庭成员意识，培养家庭责任感。

三、活动过程

（一）活动准备阶段

首先，教师播放相关视频，激发学生的学习兴趣和学习动机。其次，教师介绍塑料垃圾的产生过程及对环境的影响。最后，教师让学生自行搜集资料，了解塑料垃圾的危害及处理方法。

（二）调查研究阶段

组织学生对家庭使用塑料袋进行调查，并制作成统计图表。

（三）展示交流阶段

①学生将自己的作品上交，教师进行评选。

②小组选出代表进行汇报：自己怎么开展的调查、调查的结果以及调查的感受等。

通过上述课例可知，教师在教学活动设计中，可将主题知识与学生日常生活相结合，提高学生学习兴趣。例如，物理学很单调，学生较难理解，因此，教师在设计教学活动的时候，可以把重点放在教材中的"电"上，让学生每天查看电表，记录分析，以提高学生对电的认识和学习兴趣。在上述课例中，学生可以整理有关他们日常使用的垃圾袋及每月使用情况的统计资料，并做成图表，这可以提高学生的应用意识和环保意识。

（3）活动内容的整合性

研究者在实地考察了样本学校的综合实践活动课程后得出，有些课程能够与社会、自然环境相融合，如"植物种植与栽培""当地老年人生活状况调查""环境污染问题研究""家乡传统文化研究""带着课题去旅行"和"策划校园文化"等。在这一领域，"环境污染问题研究"尤为突出，能够将学科、生命与自然有机结合。三名教师分别在三个方面进行了研究：土壤污染、水污染和大气污染。本课程不但使学生更好地了解了科学与文化，而且涵养了学生的道德情操。

【课例 4-2】

"环境污染问题研究（二）"活动设计片段

一、活动背景

一方面，我校学生的知识基础比较薄弱，需要走出课堂，走进自然，走进社会，通过实际操作来加深对知识的理解。另一方面，本课程的指导教师是生物教师 Z、物理教师 D、化学教师 W。为提高学生的学习能力，使指导教师充分发挥自己的学科优势，本课程分为土壤污染调查、水污染调查和大气污染调查三个方面。

二、活动目标

①使学生了解环保的重要性，树立环保意识；

②让学生了解当前环境污染的严重性；

③培养学生良好的行为习惯，保护环境，从我做起。

三、活动过程

（一）第一阶段：土壤污染调查研究

教师 D 讲解土壤污染现状及严重性，播放录像。然后指导学生从地上捡垃圾。最后，让学生写出自己的感想。

（二）第二阶段：水污染调查研究

教师 Z 带领学生到汾河实地考察，采集水样。然后用显微镜对生物实验室中

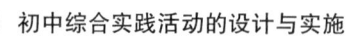

的水样进行观察，发现水中有杂质。最后学生完成调查报告。

（三）第三阶段：大气污染调查研究

教师 W 讲解大气污染的成因及现状。然后学生自行搜集资料，了解当前大气污染治理方法。最后，学生们整理资料，写出活动感受，互相交流。

部分课程在教学内容选择上存在偏重个别学科知识的倾向，而忽视了学科、社会与自然的融合。比如"机模项目制作""制作我的动画片"等。以"制作我的动画片"为例，教师只是照搬了一些信息技术课程的内容，并没有涉及其他方面。

【课例 4-3】

"制作我的动画片"活动实录片段

一、活动时间

2021 年 11 月 21 日

二、活动地点

机房

三、活动过程

（一）第一节课

教师 H 介绍使用 Flash 制作软件，学生观看和操作。另外两位教师负责教室纪律。学生主要是听讲、记笔记。

（二）第二节课

教师把学生分成小组，指导学生小组合作，在网上搜集资料，制作简单的动画。大部分学生参与讨论并上网搜集资料，个别学生讨论时不发言、上网时玩游戏。

调查结果显示，"制作我的动画片"实践课程与信息技术课并无分别。教师所传授的知识与学生平常所学习的内容一样。

（4）活动内容的连续性

研究者经过资料查阅发现，"策划校园文化"的主要内容仍然是设计班级的标志、国旗，并安排学生计划学校的各种活动。"当地老年人生活状况调查"的主要内容依然包括了解调查方式，了解老年人的生活状态。"带着课题去旅行"依然是调查分析汾河。"制作我的动画片"仍处于学习阶段。"机模项目制作"依然是了解和制作机器人。对"家乡传统文化"的研究，内容虽有变化，但未形成连续性。只有"植物种植与栽培"这门课程才能保证教学内容的连续性，如2021 年上半年为"了解植物"，下半年为"种植植物"。

3. 课时安排

充分的课时是实现综合实践活动课程的课程目标的重要保障。按照国家的相关规定，初中时期必须保证一周有两节综合实践活动课。

总的来说，样本学校在课时安排上达到了国家的标准。在2020年的后半年，样本学校举办了3次考试（分布在3个星期）。除了这3个星期以外，综合实践活动课程持续了13个星期，每星期2次，重点是每个星期三下午的五、六节课。综合实践活动课程的内容不同，教师在教学中的资源使用情况也不同。部分教师充分利用了学校的教学资源，开展了"制作我的动画片""模拟法庭"和"策划校园文化"等活动。在学校的教学计划之外，部分教师也在节假日、周末带领学生到汾河公园、尧庙等场所开展"环境污染问题研究"和"家乡传统文化研究"等活动（见表4-4）。

表4-4 综合实践活动课程室外活动频数统计

活动主题	室外活动次数/次
当地老年人生活状况调查	4
环境污染问题研究（一）	2
环境污染问题研究（二）	4
家乡传统文化研究（一）	4
家乡传统文化研究（二）	1
带着课题去旅行	1
植物种植与栽培	6
总计	22

（二）活动组织状况

活动组织是课程实施的核心内容，其核心是教师如何影响学生的教育。活动组织状况直接影响综合实践活动课程的实施。本研究主要对样本学校综合实践活动课程的组织方式、师生交流和信息技术应用三个层面进行了了解。

1. 组织方式

研究者通过问卷调查发现，关于"活动过程不同于平时的上课讲授"，有68%的学生选择了"完全符合""基本符合"，有32%的学生选择了"完全不符合""不太符合""不确定"（见表4-5）。由此可知，样本学校约有70%的学生认为综合实践活动课程在实施过程中不同于平时的上课讲授。

表4-5 "活动过程不同于平时的上课讲授"的统计结果

选择项	人数/人	百分比/%	有效百分比/%	累积百分比/%
完全不符合	7	4.9	4.9	4.9
不太符合	18	12.5	12.5	17.4
不确定	21	14.6	14.6	32
基本符合	50	34.7	34.7	66.7
完全符合	48	33.3	33.3	100.0
合计	144	100.0	100.0	—

研究者通过对教师进行关于课程组织方式的访谈和观察了解到：样本学校部分综合实践活动课程能够采用动手实践的组织方式，如"策划校园文化""机模项目制作""植物种植与栽培""带着课题去旅行""环境污染问题研究""当地老年人生活状况调查"和"制作我的动画片"等。部分综合实践活动课程由于各种原因仍然采用传统的讲授教学法，如"家乡传统文化研究""模拟法庭"等。

> 教师F：我指导的是植物种植与栽培课程，打算让学生通过种植植物了解植物的种子和生长的条件，还想着后期让学生做植物标本。
>
> 教师G：我指导的是家乡传统文化研究，所以得先给学生讲解必要的历史知识，等他们记住了下节课再去实地观察，这样感受深。
>
> 教师Y：我指导的是模拟法庭，学生对法庭之前一点接触都没有，啥也不知道，如果直接让他们角色扮演，他们根本做不来，只能先把最基础的知识告诉他们，才能让他们慢慢试着做这些活动。

2. 师生交流

本研究从师生问题讨论和教师指导两个方面对课程实施中师生互动的情况进行了了解。

（1）师生问题讨论

研究者通过问卷调查发现，关于"在活动过程中我经常与老师讨论问题"，有50.7%的学生选择了"不确定""完全不符合""不太符合"，有49.3%的学生选择了"完全符合""基本符合"（见表4-6）。由此可知，样本学校约有50%的学生不能够做到积极主动地与教师讨论问题，在活动过程中比较被动。

表4-6 "在活动过程中我经常与老师讨论问题"的统计结果

选择项	人数/人	百分比/%	有效百分比/%	累积百分比/%
完全不符合	18	12.5	12.5	12.5
不太符合	16	11.1	11.1	23.6
不确定	39	27.1	27.1	50.7
基本符合	40	27.8	27.8	78.5
完全符合	31	21.5	21.5	100.0
合计	144	100.0	100.0	—

调查结果表明：在与教师的交流中，样本学校的学生往往不愿与教师进行交流，而是与周围的学生进行交流。

> 研究者：你们是否在参加综合实践活动课程时与老师进行交流？
> 学生B：我经常和同学们商量，但有时同学们也说不清楚，于是就把问题放在那里了。（他尴尬地抓了抓头发。）
> 学生F：还有我！同学们都能把话说得很明白，不用找老师。

（2）教师指导

研究者通过问卷调查发现：关于"在活动过程中老师能够及时给予指导和帮助"，有88.9%的学生选择了"完全符合""基本符合"，有4.2%的学生选择了"不太符合"，6.9%的学生选择了"不确定"，没有学生选择"完全不符合"（见表4-7）。这表明，样本学校的综合实践活动课程在实施过程中，绝大部分的教师能够及时给予学生指导。

表 4-7 "在活动过程中老师能够及时给予指导和帮助"的统计结果

选择项	人数 / 人	百分比 /%	有效百分比 /%	累积百分比 /%
完全不符合	0	0	0	0
不太符合	6	4.2	4.2	4.2
不确定	10	6.9	6.9	11.1
基本符合	38	26.4	26.4	37.5
完全符合	90	62.5	62.5	100.0
合计	144	100.0	100.0	—

在对"适时辅导"问题的教师访谈中，教师认为，学生自主学习能力较差，知识积累少，要进行大量的讲解和辅导。

3. 信息技术的使用

教育部明确提出要大力推广信息技术在教育领域的应用，鼓励学生运用信息技术解决问题，自主学习。信息技术可以突破时空的限制，帮助学生获取更多资源，提升效率。在综合实践活动课程实施过程中，信息技术的应用会产生不同的效果。

研究者通过问卷调查发现，关于"在活动过程中运用到了信息技术"，选择"不确定""完全不符合""不太符合"的学生占 23.6%，选择"基本符合""完全符合"的学生占 76.4%（见表 4-8）。这表明，大多数学生通过信息技术可以解决学习过程中遇到的问题，只有一小部分学生无法运用信息技术。

表 4-8 "在活动过程中运用到了信息技术"的统计结果

选择项	人数 / 人	百分比 /%	有效百分比 /%	累积百分比 /%
完全不符合	6	4.2	4.2	4.2
不太符合	10	6.9	6.9	11.1
不确定	18	12.5	12.5	23.6
基本符合	40	27.8	27.8	51.4
完全符合	70	48.6	48.6	100.0
合计	144	100.0	100.0	—

> 教师W：学生们在做实地调查前，一定要查阅资料。有时候，我们老师会在学生没有手机的情况下，让他们利用老师的计算机来上网查找资料。但是，由于缺乏校方的监管，使网络资源无法有效地被使用。

（三）管理保障状况

课程管理与保障的作用在于矫正教学过程中的偏差，保障教学活动的顺利进行。综合实践活动课程的实施，需要有效的管理与保障，才能使其进一步发展、实现标准化。

1. 实施机构和人员

要使综合实践活动课程得到有序、深入的发展，就必须建立起一套科学的组织与管理制度，以保证全体学生的充分参与。样本学校的综合实践活动课程以校长为中心，由上到下实施。校长负责总体概念、宏观调控和整体管理；课程研发部门总监是综合实践活动课程的主要负责人，负责统筹和监督综合实践活动课程的开展；教师指导各自所负责的各项活动，并按照专业知识，为学生设计和执行这些活动。

2. 师资配置

师资配置是指为保证教学活动的正常开展所需的人员配备。在综合实践活动课程的实施中，师资配置的重点是为实践性教学而配备人员，其具体表现为教师的数量与素质。

（1）教师的数量

在样本学校中，开展综合实践活动课程的教师数量较少，主要表现为：一方面，从教师的选择上，仅有少量的教师参与实践活动；另一方面，教师可以自由地进行轮班，在大量的实践活动中，教师和学校的需求是不一致的。

在选择教师方面，样本学校根据教师的工作量、职称等因素，选取了学校资源较少的教师开展综合实践活动课程。目前，该校共有105位教师，其中29位参与了实践活动的教学，占全部教师的27.62%。该校校长相信，这样的师资配置对教师的成长是有益的。

在教师配置方面，样本学校聘请校外教师负责"机模项目制作"，三位教师负责其他课程。为什么某些课程只有一位教师，而有些课程有四位教师（见表4-9）？课程研发总监表示，"植物种植与栽培"原有三位教师，且前有两位生病。

初中综合实践活动的设计与实施

"带着课题去旅行"原有三位教师，其中一位因怀孕而请假，另外两位教师因此产生矛盾，因此其中一位教师被调至主管班（负责"策划校园文化"）。之后，研究者对这位调岗教师进行了特殊的访谈与观察，结果发现，他并没有参与到"策划校园文化"的实际工作中，只负责搜集资料、维持校纪。

表 4-9　综合实践活动课程师生分配情况

活动主题	指导教师人数 / 人	学生人数 / 人
策划校园文化	4	18
植物种植与栽培	1	18
当地老年人生活状况调查	3	18
模拟法庭	3	18
环境污染问题研究（一）	3	18
环境污染问题研究（二）	3	16
制作我的动画片	3	18
带着课题去旅行	1	18
家乡传统文化研究（一）	3	18
家乡传统文化研究（二）	3	18
机模项目制作	1（校外）	18

（2）教师的素质

从职称上看，在样本学校参加综合实践活动课程的教师中，有 4 人是中小学高级职称、13 人是中小学一级职称、12 人是中小学二级职称（见表 4-10）。从最后学历上看，有 1 人是大专，其余都为本科。由此可知，样本学校参加综合实践活动课程的教师教学经验丰富，教学能力较强，具有较高的教师素养。

表 4-10　指导教师职称情况（校内）

职称	人数 / 人
中小学高级	4
中小学一级	13
中小学二级	12
总计	29

3.课程管理方式

科学、合理的课程管理是保证课程顺利进行的有效途径。学校的课程管理主要包括课程体系的制定、教学任务的安排。

首先，在行政体制方面，样本学校管理体系还不完善，在课程执行方案不规范、缺乏综合实践活动课程的教学管理规定、师生奖惩机制不完善等方面表现得尤为突出。

①关于课程执行方案，课程研发总监用从网上复制的相似文字完成了项目执行方案，之后校长并未对此进行审核。②在综合实践活动课程的教学管理制度上，样本学校以学科课程的教学管理为主导。因为这些课程很实用，所以一些教师和学生会在上综合实践活动课程时到外面去学习或者进行一些户外活动。而学科课程的教学管理制度不能与综合实践活动课程的需求相适应。③关于师生的奖励与惩罚，在样本学校中，没有科学的规范，评估过程中存在着很大的主观性。

其次，在管理工作的指派上，样本学校对综合实践活动课程进行了全面的管理。对于课程研发部门来说，其管理工作尤其包含了常规的管理与常规的检查。常规的管理工作主要是在每个星期三的下午，由课程研发部门的工作人员对教师和学生的出席和教师的教学计划进行监督，并且记录不在课堂上的学生、不在教室的教师，他们没有把课程的设计作为今后的评估依据。常规的检查主要是回顾学生在整个学期和期末的活动，检查课程，追踪并汇总师生在同一水平上的成绩，并在学期结束时对优秀的师生进行表扬和奖励。研究者通过与课程研发展主任的面谈发现，虽然校长委任了其他教师帮忙，但由于学校管理的需求，他们都不愿意承担相应的工作任务。

> 课程研发主任C：其实，校长早就派人去帮助我，但是他们都不想做，我只好自己去干。

（四）课程评价状况

1.对课程本身的评价

通过与样本学校负责人的访谈，研究者发现，样本学校在实施综合实践活动课程时，缺少对课程自身的评估。

> 研究者：我们学校有没有对综合实践活动课程的教学内容及组织状况进行评估？
>
> 校长 W：尚未开展评估，还在摸索中。对于这种评价，一般都会做一些简单的经验总结，比如交流，再根据实际情况来调整和实施。

2. 对学生的评价

研究者通过对学校综合实践活动课程的考察发现，教师只在期末表扬成绩优异的学生，以提高学生的学习兴趣。然而，由于缺乏明确的评估准则，导致评估过程中出现了一些问题。调查显示，样本学校非常重视对学生学习动机的评估。学期末，教研部会请代课教师挑选优秀学生的作品，选中学生被授予荣誉证书。

> 校长 W：我们将根据学生的表现，找出优秀的行为，给予表扬，邀请他们分享经验。但这种评价方式对学生学习的积极性有一定影响。老师评出的优秀家庭作业多是自己喜欢的，有时候难免主观一些。

二、样本学校综合实践活动课程实施案例

为更好地理解样本学校的综合实践活动课程，研究者选取"植物种植与栽培"作为实地考察之核心。在 11 个综合实践项目中，"植物种植与栽培"的成效被全校学生所认同。本课程的教师已有了自己的研究结果，制作了一份阶段性的成果小册子，并成功地申请了有关活动的研究项目。研究者全面、深入地考察了本课程。

（一）活动主题

"植物种植与栽培"的主题界定，应以教师与学生的考量为基础。从教师安排来看，本课程共有 3 位教师，但是在实际的课堂上，只有教师 F 全权负责，其他两位教师都很"忙碌"。从学生的视角出发，从初中生物学课本中得到的信息可以激发学生到户外，去了解大自然。关于"植物种植与栽培"的活动，该校处于城乡边缘地带，大部分的学生是从乡村出来的，对植物较熟悉，易产生共鸣。基于以上考量，可确定植物种植的主题内容。

（二）活动设计

在确定了活动的主题以后，教师F就开始为课程的设计和组织实施而苦恼不已。一方面另外两位教师因为生病而被免除了职责，没有人可以商谈教学安排；另一方面，由于学校缺少相应的事例，使教师F不能从活动内容的发展、组织的形式以及学生的成绩的表现等方面进行分析。针对此情况，校长W举办了一个综合实务活动的培训班，让教师们可以参考在其他城市举行成功的实践活动。培训结束后，教师F在网上查阅了其他学校综合实践活动课程的案例，并根据自身的教学目标，进行了一系列的教学设计。

【课例4-4】

"植物种植与栽培"活动设计

一、活动目的

通过这门课，让学生能说出一些植物的名称、特性，学会如何在播种前先做好土壤准备、管理种子，掌握一些基本的种植方法，学会如何种植，同时让学生具备一定的研究经验，培养他们的发问能力、分析和解决问题的能力。

二、活动场所

生物实验室和校园的小花园。

三、参加对象

参加本课程的学生共有18人，其中七年级和八年级各有9人。指导本课程的是教师F。

四、活动时间

2021年9月12日至2021年12月26日。

五、活动安排

（一）第一阶段：认识植物（2021年9月12日至9月19日）

①讲解本课程开设的意义、目的以及本学期的活动内容。

②带领学生观察校园内的植物，并拍照记录。

③引导学生描述植物生长的状况、发现植物生长中的问题。

④鼓励学生用手机、电脑等查找资料解决问题。

⑤指导学生填写观察报告、制作叶画等，并进行小组汇报。

（二）第二阶段：种植植物（2021年9月26日至10月10日）

①跟学校后勤人员沟通，采购植物的种子。

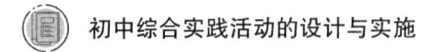

②将学生按照年级分组,确定每个小组所要种植的植物,讲解植物种植的步骤以及注意事项。

③带领学生到校园的小花园开垦土地、播种、浇水。

④带领学生在生物实验室里种植植物。

（三）第三阶段：观察记录（2021年10月17日至12月12日）

①指导学生定期从植物的高度、形态等方面对植物的生长状况进行记录,并拍照。

②在此阶段,教师除了指导学生观察、记录植物的生长过程之外,还要指导学生制作手抄报、植物标本和种子模式等。

（四）第四阶段：成果汇报与展示（2021年12月26日）

①各个小组展示小组成员制作的手抄报、植物标本和种子模式等,小组之间进行交流和展示。

②教师对所有的学生作品进行点评,挑选出优秀的学生作品。

③学生派出小组代表汇报本组植物种植和生长的状况,教师进行点评。

（三）活动组织

"植物种植与栽培"的组织程序可以划分为活动准备阶段、活动开展阶段和成果展示阶段。

1. 活动准备阶段

首先,课程研发主任C请七、八年级的学生选择自己喜欢的综合实践活动项目。然后,由主任C按班数及报名清单进行个别学生的转移。最后,学生在首次课后的第二个星期里,可以按照他们的感觉和需求,向主任C报告申请转移。

2. 活动开展阶段

在此过程中,教师F逐步了解了综合实践活动课程的内容,并逐步了解了活动的组织方式。通过一些活动的实例,教师F和学生有了很好的交流,并培养了学生的问题意识。

【课例4-5】

"植物种植与栽培"活动实录片段

①感受大自然

教师F带领学生参观校园内的各种植物,讲解各种植物的名称、特性,并指导学生寻找植物。教师F和学生在看到金叶女贞时,教师说道："这是黄叶女,学名叫金叶女贞。"接着教师 F 问："你们知道这株植物的叶子上为什么有许多小白点吗？"学生们都不说话了，教师 F 让学生们自己去找答案。在观察过程中，每一位学生都会记录下校园里的花花草草，拍照和提问。教师 F 指导学生记录问题。

②展开调查

观察结束后，学生们汇总了观察过程中遇到的问题。教师 F 整合人员，将班级分为奋进组、高歌组、专家组。每个学生都有各自的任务：有的拿着手机、电脑上网查找资料，有的做问卷，有的主动与教师 F 交流、征求意见。

③小组汇报

通过搜集资料和师生讨论，每个小组对自己发现的问题有了解答，并派出代表进行汇报。

奋进组：我们小组的问题是"为什么金叶女贞的叶子上会有白色斑点"。通过上网搜集资料，我们了解到，植物叶片上有白色斑点是患病的表现，是细菌侵染引起的，严重的会出现溃疡、腐烂或畸形等。

高歌组：我们小组的问题是"为什么龙爪槐的树冠一边茂盛，一边稀疏"。通过上网查找资料，并与老师讨论，我们了解到，龙爪槐喜光，植物是通过光照发生光合作用来生长的，因此植物是通过扭转叶子面向阳光，来充分吸收营养、不断长大。

专家组：我们小组的问题是"为什么含羞草会'害羞'"。通过上网搜集资料，我们知道了含羞草一开始生长在南美洲，为了减少风雨和动物对它的伤害，它就进化出了这项"本领"，这是植物细胞遇到外界刺激产生的一种反应。

小组汇报结束后，教师 F 对学生的表现进行了点评，并布置了下一步的活动任务。

3. 成果展示阶段

在一学期的教学中，学生们通过观察和种植植物加深了对植物的认识。在教师 F 的带领下，学生们制作了植物标志、植物图案、树叶画，制作了植物栽培报告。学期结束时，学生们在小组讲坛上报告作物生长情况。另外，教师 F 还把学生的作品以其他方式收集起来，及时表彰学生的优秀作品。

三、样本学校综合实践活动课程实施效果

达到预定的课程目标，对于提升学校的教学质量起着非常关键的作用。综合实践活动课程是以培养学生的全面素质为目标的，强调学生的过程参与。此课程不

能被视为一门以量化测验来衡量学生知识与技巧的课程。因此，本研究从学生的学习表现和对课程的主观感觉出发，对综合实践活动课程的实施效果进行了分析。

（一）活动成果

样本学校所开设的三类综合性实训课程，其活动成果的呈现方式不尽相同：考察探究类以测验为主要内容，以测验报告及影印文本等形式呈现；职业体验类主要体现为校园活动的组织；设计制作类以实际的物体为对象，如机器人。其中，"植物种植与栽培"的实践成效显著。师生共同观看40种植物，学生给校园内的植物制作了标牌、植物标本和叶画等。学校将其成果以文字和图片的方式安排在综合实践活动课程的常规成果中。"策划校园文化"也取得了显著效果。学生为自己班制作了班旗、标牌，设计了校庆等活动。教师对学生的活动进行了拍照，并对照片进行了整理，制作了PPT。在设计制作类活动中，"机模项目制作"的执行效果良好。在教师的指导下，学生们学会了如何制作机器人，并参与地区的机器人制造比赛。学生制作的模型如图4-1和图4-2所示。

图 4-1 学生制作的汽车模型　　图 4-2 学生制作的飞机模型

（二）活动反馈

在学期末，样本学校综合实践活动课程实施暂时告一段落，研究者面向参加综合实践活动课程的学生发放了《综合实践活动课程实施问卷》，旨在了解课程的实施效果。本次问卷共发放了196份，回收了180份，回收率为91.84%，其中有效问卷144份，有效率为80%。调查结果如下。

1. 综合实践活动课程提高并巩固了学生的学科知识

问卷的第12题旨在考查综合实践活动课程对学生学科知识学习的影响情况，统计结果如表4-11所示。有72.2%的学生选择了"基本符合""完全符合"，有10.4%的学生选择了"不确定"，有17.4%的学生选择了"不太符合""完全不符合"。由此可以看出，样本学校综合实践活动课程帮助学生提高并巩固了学科知识。

表 4-11 "这门课帮助我提高并巩固了学科知识"的统计结果

选择项	人数/人	百分比/%	有效百分比/%	累积百分比/%
完全不符合	6	4.2	4.2	4.2
不太符合	19	13.2	13.2	17.4
不确定	15	10.4	10.4	27.8
基本符合	52	36.1	36.1	63.9
完全符合	52	36.1	36.1	100.0
合计	144	100.0	100.0	—

2. 综合实践活动课程帮助学生养成了良好学习习惯

问卷的第 13 题和 14 题旨在考查综合实践活动课程对学生学习习惯的影响情况，统计结果如图 4-3 所示。关于第 13 题"这门课使我养成了撰写反思日志和心得笔记的习惯"，有 67.4% 的学生选择了"完全符合""基本符合"，有 16.7% 的学生选择了"不确定"，11.1% 的学生选择了"不太符合"，4.8% 的学生选择了"完全不符合"；关于第 14 题"这门课使我养成了交流分享的习惯"，有 77.8% 的学生选择了"完全符合""基本符合"，有 11.8% 的学生选择了"不确定"，9% 的学生选择了"不太符合"，1.4% 的学生选择了"完全不符合"。由此可以看出，样本学校综合实践活动课程帮助学生养成了良好的学习习惯，学生学会了撰写反思日志和分享经验。

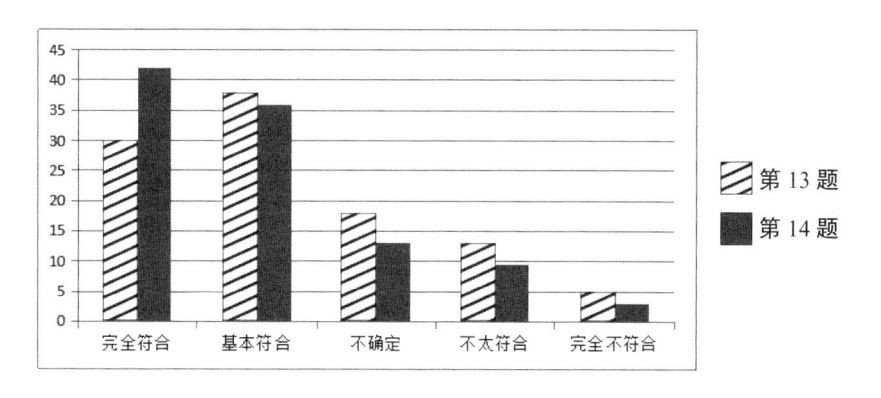

图 4-3 第 13 题和 14 题的调查结果统计

3. 综合实践活动课程开发了学生的创新思维和综合性思维

问卷的第 15 题和 16 题旨在考查综合实践活动课程对学生学习思维的影响情况。关于第 15 题"这门课开发了我的创新思维",有 77.1% 的学生选择了"完全符合""基本符合",有 11.1% 的学生选择了"不确定",有 8.3% 的学生选择了"不太符合",3.5% 的学生选择了"完全不符合"。关于第 16 题"这门课培养了我的综合性思维",有 72.2% 的学生选择了"完全符合""基本符合",10.4% 的学生选择了"不确定",13.2% 的学生选择了"不太符合",4.2% 的学生选择了"完全不符合"。由此可知,样本学校综合实践活动课程有利于开发学生的创新思维和综合性思维,这得到了七成以上学生的认可。

4. 学生喜欢综合实践活动课程,并加深了对祖国和学校的热爱

问卷的第 17 题和 18 题旨在考查综合实践活动课程对学生情感体验的影响情况。关于第 17 题"这门课使我加深了对祖国和学校的热爱",有 77.1% 的学生选择了"完全符合""基本符合",有 10.4% 的学生选择了"不确定",8.3% 的学生选择了"不太符合",4.2% 的学生选择了"完全不符合"。关于第 18 题"我喜欢这门综合实践活动课程",有 81.9% 的学生选择"完全符合""基本符合",11.1% 的学生选择了"不确定",4.2% 的学生选择了"不太符合",2.8% 的学生选择了"完全不符合"。由此看出,样本学校约八成的学生都喜欢综合实践活动课程,认为这门课程使得自己更加热爱祖国和学校。

第三节 研究结论及问题分析

调查结果显示,尽管样本学校的综合实践活动课程已经获得一定的成效,但还处在摸索的过程中,还存在着一些问题。基于以上研究,本部分对样本学校综合实践活动课程的现状进行了归纳,并对问题及成因进行了分析。

一、研究结论

(一)课程设置状况

在主题方面,样本学校主要设置三大类课程,即考察探究类、职业体验类、设计制作类,共计 11 个综合性实训项目。从课时要求来看,样本学校的综合实

践活动课程一周两节。就教学内容而言，样本学校综合实践活动课程教学内容与学生生活紧密相连，开放性强，但自主性、整合性和连续性不强。研究结果表明：首先，教师在教学内容开发和设计方面起着主导作用，而非学生主导。其次，有些课程是以某一科目为基础的，忽略了与自然、社会相结合的专业知识。最后，综合实践活动课程的内容与上一季基本相同，如"策划校园文化""当地老年人生活状况调查""带着课题去旅行""制作我的动画片""机模项目制作"等，这体现出教师对整体计划的认识不足。

（二）活动组织状况

在组织方式方面，大部分教师可以组织学生开展实践探究活动，有个别教师利用该时间组织学生学习其他课程。从师生交流的角度看，样本学校综合实践活动课程缺乏有效的师生互动，教学内容多为教师单向指导。在信息技术应用方面，大部分学生可以利用信息技术解决作业中出现的问题，但同时也造成了网络资源的滥用。

（三）管理保障状况

从实施主体和工作人员的视角来看，样本学校综合实践活动课程的实施主体包括主任、副主任、课程研发部门、各个专业的教师。从教师的分布来看，参与综合实践活动课程的教师虽然教学经验丰富，教学水平高，但教师的选课方式不当，教师的课程设置随意变化。在课程管理方面，样本学校的综合实践活动课程由校长统一管理，由课程研发部门负责，并由项目研究部负责日常的管理和定期的监督。而在此过程中，缺少一套较为详尽的综合实践活动课程的管理制度。

（四）课程评价状况

从课程自身评估的视角来看，样本学校仅进行日常的教师经验交流，而非对课程本身的评估。在学生的评估上，样本学校更重视激发学生的学习兴趣，并非仅对期末成绩优异的学生给予奖励。样本学校对学生的评估还存在着主观、没有明确的评估准则等问题。

（五）课程实施效果

从活动的结果来看，样本学校 11 门综合实践活动课程的成果以不同的方式呈现，如报纸复制、机器人制作、植物标本等。

二、问题分析

（一）综合实践活动课程具有学科化倾向

综合实践活动课程是国家指定的必修课，与学科课程平行。综合实践活动课程的目的是从实践中获得直观的经验，从而促进学生全面素质的提升。通过对教学过程的观察与询问可以看出，样本学校的综合实践活动课程呈现了一种学科化取向，主要表现为课程内容的整合性不足和课程内容的实践性不强。

1. 课程内容的整合性不足

从课程整合角度看，样本学校部分课程在教学内容选择上偏向个别学科知识，忽视了学科与生活、社会与自然的融合。如通过观察课堂教学发现，"制作我的动画片"教学内容与中学信息技术课存在着一定的重叠，教学内容都包括利用 Flash 制作动画短片。

研究者通过课程整合专题访谈发现，样本学校在安排课程教师时，会安排相同或相近专业背景的教师。由于具有相同或相近的学术背景，教师在课程设计上会受到一定的限制，难以整合课程。

> 教师 A：我们都是物理老师，把这门课（环境污染研究）与生活结合起来并不容易，要把它们与其他学科结合起来就很困难了。但由于代课、年龄等因素的影响，我们都不愿探究教学内容的整合和发展。
>
> 教师 B：一般情况下，我们老师要经常换班，批改作业，还要照顾家人，所以没有时间深入研究活动，更别提老师们一起整合教学内容了。最主要的原因就是学校要有政策支持，要不然谁会这么做！

2. 课程内容的实践性不强

从实践性的角度来看，样本学校的大部分教师重视实践性的课程，并且在活动的组织上采用了有别于传统的教学方法。但是，在个别的课堂上，少数教师仍然采用了传统的教学方法。以"家乡传统文化研究（二）"课堂为例，师生之间在活动中缺乏有效的交流，没有得到积极的情绪体验。

【课例 4-6】
综合实践活动课程课堂实录片段

教师：张××

课程：家乡传统文化研究（二）

活动主题：尧庙华门

日期：2021年10月10日

活动过程：

活动一开始，教师播放了自己在华门的假期视频，随后通过多媒体课件介绍了尧都著名的华门景点。教师介绍了华门四景。第一景，源远流长；第二景，开门国盛；第三景，尧天舜日；第四景，东方巨龙。在讲到天下巨联时，教师介绍了主题楹联：中华渊源五十六族，水长山高同根九洲地；国门盛开二十一朝文韬武略共祖五千年。然后，教师讲到多音方钟，让学生们把多音方钟的特点记下来。最后，在讲完华门四大特点后，教师请学生看笔记，反思自己对华门的了解，并请学生4人一组，互相介绍华门的情况。

10分钟过后。

教师问："华门主题楹联是什么？"

学生看着笔记本回答。

教师问："谁能讲下对联的意思？"

学生没有回答。

教师提问学生Z和学生L，要求他们分别在黑板上写出上联和下联，之后让所有学生再次齐读对联。

下课铃响后，教师要求学生"周末晚上去华门看看"。

学生表现：

班里共11个人，只有两个组是4个人，剩下的是2人一组和1人一组。学生做出讨论的样子，但是不知道要讨论什么，面面相觑，不知所措，更有甚者懒洋洋地趴在桌子上。

学生L在写下联时将"盛"的上半部分"成"写为"咸"，其他学生发现后提醒教师，教师令其改正。

由上述课例可以看出，一些教师习惯了传统的教学方法；同时，教师教育理念也没有完全得到转变。

总体而言，由于个别教师对课程内容的理解不够透彻，综合实践活动课程在实际应用中与实际操作的需求之间存在着较大的偏差，并且学科发展的趋向也比较突出。另外，有些综合实践活动课程的教师也能在较短的时间内快速地解决问题。尽管一开始他们采用了传统教学方法，但是到了后期，他们已经有了很大的进步。

初中综合实践活动的设计与实施

综上所述，在学校综合实践活动课程研究与实践中，主体性取向和实践性是一个不可忽略的问题。

（二）学生的学习自主性不强

教育与教学是以学生为主体的，以学生为中心，以全面的实践为中心，以全面提高学生的综合素质为最终目的。在教育教学过程中，要充分尊重学生的主体作用，激发他们的学习热情，让他们主动参与到教学中来。研究者通过对样本学校的观察与访谈发现，样本学校缺乏对学生主体的尊重。

从"教师提供活动内容让我们选择"这一观点出发，将近半数的学生在"完全不符合""不太符合"以及"不确定"等方面做出了选择（见图4-4）。这说明了样本学校的综合实践活动课程没有充分尊重学生在选课中的主导性，也没有充分地引导学生参与到课程的选题中去。

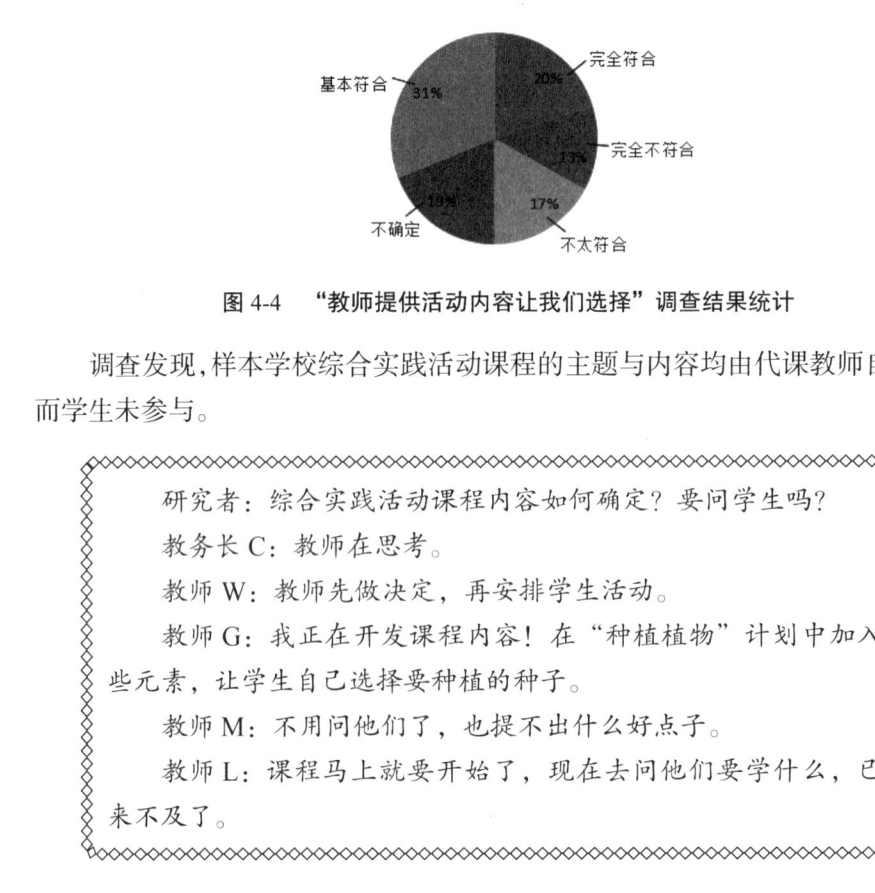

图4-4 "教师提供活动内容让我们选择"调查结果统计

调查发现，样本学校综合实践活动课程的主题与内容均由代课教师自行决定，而学生未参与。

> 研究者：综合实践活动课程内容如何确定？要问学生吗？
> 教务长C：教师在思考。
> 教师W：教师先做决定，再安排学生活动。
> 教师G：我正在开发课程内容！在"种植植物"计划中加入一些元素，让学生自己选择要种植的种子。
> 教师M：不用问他们了，也提不出什么好点子。
> 教师L：课程马上就要开始了，现在去问他们要学什么，已经来不及了。

调查显示，部分教师对综合实践活动课程内涵的理解不够透彻，教学过程中未能充分调动学生的积极性。

在教师沟通方面，问卷调查显示，近一半的受试者无法与教师进行积极的沟通，多数是由教师引导的。这说明大多数学生学习积极性不高，不了解综合实践活动课程的重要性。另外，通过与教师和学生的访谈发现，教师存在认知偏见，对差生存在消极认识。

（三）课程管理机制不健全

全面、科学的课程管理机制能够促进课程的正常运作，保证课程的顺利实施。对于首次尝试综合实践活动课程的学校来说，课程管理制度的规范化尤为重要。通过建立科学的教学管理制度，可以降低教学阻力，有效促进教学活动的开展。

调查结果显示，样本学校综合实践活动课程存在以下问题：第一，缺少教师、学生、课程的相关文件。第二，课程实施的组织和分工不够完善，校长W负责统一管理，课程研发部门负责课程管理。但在实际管理中，校长W从国外回到国内，并且已经接近退休年龄，对实施和管理综合实践活动课程并不感兴趣。实际上，课程研发主任C主要负责监督课堂教学。由于主任C还要管理学校的教学工作，很难监督综合实践活动课程的开展，很多工作难以实施。

由于课程管理机制不完善，样本学校在综合实践活动课程实施过程中出现了一些问题，具体表现在以下方面。

①个别辅导教师是学校的行政领导，对学校的要求不屑一顾，常常不做任何教案准备。教师教案携带情况见表4-12。例如"当地老年人生活状况调查"，一学期内仅有五次以教案为依据。还有一些教师则是在课后补写教案，或是在课堂上补编教案。

表4-12 教师教案携带情况

编号	课程名称	次数
1	策划校园文化	12
2	当地老年人生活状况调查	5
3	家乡传统文化研究（一）	7
4	家乡传统文化研究（二）	12
5	模拟法庭	12

续表

编号	课程名称	次数
6	环境污染问题研究（一）	6
7	环境污染问题研究（二）	13
8	植物种植与栽培	12
9	机模项目制作	10
10	制作我的动画片	12
11	带着课题去旅行	10

②有些教师不能保证学生全部按时上课。调查发现，有些学生在铃声响后仍以查阅资料为理由到网吧打游戏，而教师并不知晓。只有在课程研发主任查课时，教师才会检查学生的实到情况。

③需要改善教师的出勤率。2021年下半年，样本学校开设了13个星期的综合实践活动课程，每位教师的出勤率为7.9个星期。除了个别原因而缺勤的教师以外，教师的出勤率至少为2个星期，最多为13个星期。在30位指导教师中，有11位教师上课时间少于6.5个星期，占36.67%。要使教师积极参与综合实践，就要使其积极参与到课程改革中来，转变其教学观念。当教师对课程不重视的时候，学生会因为观察、模仿而形成不好的学习习惯和态度。

④未对由学校教师承担的各项活动和课程做出特别的规定。2021年9月，样本学校对项目进行了调整。部分教师放弃了综合实践活动课程，部分教师开始开设综合实践活动课程，部分教师则从一个活动的主题转换到另外一个。那些刚接受综合实践活动课程或者转换为新的教学内容的教师，因为他们与原来的教师联系不上，所以不能更好地参与这门课。另外，人际交往对教师与课程之间的关系也有一定的影响。由于缺乏专业知识、缺乏交流，教师们彼此之间的协作也变得越来越少。比如，"带着课题去旅行"一开始是由两位教师负责（本是三位教师负责，其中一位怀孕休假），而如今则由一位教师来承担，另外一位则转向了"策划校园文化"。被调入"策划校园文化"的教师，由于对课程不熟悉，只承担一些辅助性工作，例如班级管理，而留下来的教师，则要承担更多的工作，所以他们会不断地表达自己的无力。教师的不稳定会对课程的研究、开发和实施产生一定的影响，影响课程教学内容的

连贯性，进而影响综合实践活动课程的实施。

⑤社会各界对综合实践活动课程认识不足。2021年9月上旬，样本学校与专家A联络，希望能继续聘请他担任机模课程的导师，但是因为一些原因，专家A不愿再接受此工作。由于没有合适的导师，所以2021年下半年的飞行模式课就被取消了。

在2021年下半年，机模课程的授课老师不再是专家A，而是年轻的专家D。通过与专家D的访谈，研究者得知，这位教师对综合实践活动课程的认识不足，仅仅是把自己的教学单位的知识传授给了学生。而综合实践活动课程的正常有序发展，既要依靠学校自身的努力，又要依靠全社会的大力支持。政治与教育部门的教授Z说，综合实践活动课程执行状况较好的地区，对学校和教师的评价还是要看学生的成绩。如果没有更高级别的政府支持，改进的措施将特别难以执行。现实情况表明，当前社会各界对综合实践活动课程的认识还很欠缺，各部门对其实施的支持力度不够。另外，由于样本学校不能充分利用校外现有的社会资源，所以在实施综合实践活动课程时，往往存在"有事就停"的问题。

（四）教师队伍力量薄弱

综合实践活动课程给教师带来了新的挑战，要求教师转变教育理念，转变传统的教学方式，增强协作和沟通能力。可以说，教师的素质与水平直接关系到教育的成效。因此，综合实践活动课程的全面实施，需要师资力量的培养。

首先，从师资数量来看，该样本中的教师有105位。2021年下半年，将有29位教师参与综合实训，约占27.62%。根据政策规定，综合实践活动课程的发展必须由全体教师共同参与。而在样本学校中，师资力量相对薄弱。其次，在教师年龄方面，样本学校教师的平均年龄较大，学习积极性出现了下滑。综合实训对他们而言既是一种全新的体验，又是一种巨大的挑战。这就需要教师多花些时间和精力去了解和学习，了解综合实践活动课程的重要性，以及加强与同事、主管和学生的交流。从教师素质的维度来看，一些教师为自身的能力所限，在设计和执行这些课程时往往没有足够的精力。所以在没有强力改变的情况下，常会坚持传统的教学方式和方法。总体而言，在样本学校中开展综合实践活动课程的教师数量偏少，教学质量有待提高。

（五）课程评价体系不完善

课程评估是一项非常有意义的工作。对课程的科学化评价，可以使学校对教学过程中存在的问题进行及时的发现和调整，从而推动学校综合实践活动课程的发展。问卷结果显示：样本学校对课程自身的评估不足；样本学校注重对学生的学习动机评估，但对学生的评估还存在着一些问题。其中对学生的评估中存在的问题主要表现在四个方面。

①就评估目标而言，样本学校综合实践活动课程在实施中存在着一定的偏差。例如，在学期初，校长 W 在师资培训时强调综合实践活动课程的发展，应该让学生全面发展，让他们发现自身的长处，让他们在学校里展现自己的才能。而接下来为了完成由校长 W 安排的学期活动，有些教师让学生在第二个星期用手抄的报纸来做功课。在此背景下，研究者对学生进行了访谈，结果显示，教师的"换位"倾向并未使学生明白综合实践活动课程的目标和意义，也并未达到想达到的效果。

> 研究者：老师这节课给你们布置了什么任务啊？
> 学生 N：填写调查报告。（其他学生在旁观看。）
> 研究者：上了三个月的课了，你们觉得有收获吗？
> 学生 N：不知道。
> 学生 G：没有。
> 研究者：你们觉得上这个课有意思吗？
> 学生：没有（齐声回答）。
> 研究者问：你们觉得有必要上这门课吗？
> 学生 N：有必要吧？
> 学生 G：不知道。
> 研究者：你们喜欢上这门课吗？
> 学生 N：不喜欢，因为要写实验报告，太多了！（其他学生在旁点头。）

②就评估主体而言，在对综合实践活动课程的综合评估中，样本学校的教师是主要的参与者，缺少学生的参与。通过观察，在挑选优秀的学生作品时，教师会先搜集学生的总结，再由课程研发主任来决定。学生和父母都没有参加。这很容易使学生觉得评估过程是不公正的，因而丧失了前进的动力与自信。

> 研究者：上学期评选的优秀作品里有你的吗？
>
> 学生N：有。
>
> 研究者：你觉得这个评选过程公平吗？
>
> 学生N：不公平。
>
> 研究者：为什么啊？
>
> 学生N：老师把我的作品选上啦！我觉得自己做得不好。
>
> 学生G：我也觉得不公平。因为老师选优秀作品的时候，有可能根据自己对某个学生的喜好来看是否选择他的作品。

③在综合实践活动课程中，注重对学生的知识、技能的评价，而忽略了对学生的情感沟通与体验的评价。以"家乡传统文化研究（二）"作为例子，教师设计的评价表中包括活动主题、活动内容、展示人和教师评价四部分。这次活动以"关于尧的政治成绩"为题，教师的评价是："你很好地归纳了尧的政治绩业。"评估表并未对学生的活动表现、学生的情绪态度进行评估，评价的内容不够全面，教师的评价也缺乏目标。

④在评估的方法上，学校综合实践活动课程的评估是以效果为导向的。虽然在样本学校里，教师会关注学生的学习进程，但是很少有教师把综合实践活动课程的学习成果纳入学生的评估中，大部分教师还是把学生的考试成绩当作综合实践活动课程的评估目标。另外，大部分教师还是以字迹是否干净、内容是否丰富、是否富有创意等为评判的主要依据。这样的评估只注重评估结果和评估形式，忽略了学生的活动过程和发展，从而造成了教学活动与教学目标的偏离。

第四节　对策与建议

初中综合实践活动课程是地方领导、学校组织的全国性必修课程。在实施综合实践活动课程方面，国家出台了有关规定，但还存在一些问题，如要求不明确、对学校实施的支持不够。在此背景下，初中综合实践活动课程在学校中的应用是非常有意义的。基于对样本学校的调查情况，本研究针对发展综合实践活动课程给出如下的对策与建议。

一、加强教师的培训和学习

综合实践活动课程是一门新兴的学科，其开放性、完整性和实用性决定了需要高素质的教师。一些教师对实践活动缺乏了解，不了解全面的教学内容，不懂得怎样进行。另外，部分初中教师也说自身专业知识和技术水平有限，无法进行教学。为了保证综合实践活动课程的实施，学校应加强教师的培训与学习。

（一）在培训内容上，要从理论培训和实践培训抓起

培训内容应从课程的产生和发展、概念特征、教育目标、课程评价与管理等方面进行论述。在实践活动中，应着重于问题的解答与实施，包括活动内容的开发、活动形式的选择、活动效果的展示等。

（二）在培训形式上，应加强学校间的交流

一方面，学校可以联合其他学校，聘请专业人士为校外教师作专题讲座，解答学生的疑惑，并对教师进行具体的指导。如果学校与教育科研机构、其他学校保持长期、稳定的合作关系，将极大地提升教师的整体素质。另外，学校之间可以联合组建科研小组，开展综合实践活动课程的教学研究，促进教师对综合实践活动课程的认识，改进实践教学。同时，学校也可以借鉴其他学校的经验，派出一些教师去观摩、学习和交流教学经验，及时反馈。

（三）充分利用网络资源

通过充分利用网络资源，学校可以了解国内开展综合实践活动课程的情况，借鉴国外先进经验，从而推动学校综合实践活动课程的深入开展。

二、更新教师教学观念

知识是行为的开端，行为是知识的产物。正确的教育教学观念是全面实施综合实践活动课程的重要条件。尤其是在以下三个层面上，教师要改善教育教学观念。

（一）教师需要树立终身学习的观念

现阶段，我们的社会发展日新月异，需要更多的优秀人才。教育在随着时代的发展而改变。教师是整个教育系统的重要组成部分，需要与时俱进，不断地进行自我更新。综合实践活动课程是我国在课程改革的背景下提出的，大部分教师在很长一段时间内还停留在传统的教学模式中，对新的东西难免会感到陌生。然而，要培养具有社会发展能力的人才，教师就必须敞开胸怀，了解社会，虚心求知。

（二）教师要树立正确的学生观念，把学生放在主体地位

在综合性实践活动的教学中，教师要尊重学生，注重挖掘学生的兴趣和优点，营造民主、开放的学习氛围，培养学生对综合实践活动课程的浓厚兴趣。孔子说过，知之者不如好之者，好之者不如乐之者。通过让学生参与学习活动选择，能够激发学生的积极性和主动性，使其对综合实践活动课程建立正确的认识，从而有效促进综合实践活动课程的开展。

（三）教师要有学校主人翁的意识

教师应对学校的管理有一定的参与。为实践活动制订并实施综合实践活动课程计划，要求全校教师都要积极参加。具体而言，可以从三方面着手。

①建立一个咨询信箱，收集教师在工作中遇到的问题和困难，由校方定期审查、实施、解决。同时，校长也要重视教师的意见，采取更多的措施来促进综合实践活动课程教学。

②学校应尊重教师意愿，使其有权自行做出决定，并自行决定是否要承担综合实践活动或选修的科目。

③主管及其他领导要积极参与到课堂中，与教师进行交流，掌握学生综合实践活动课程的动态，及时发现问题并做出相应的调整。

三、制订合理的课程计划

综合实践活动课程计划是指学校按照课程的要求和教学目的，在课程内容、组织、管理等方面进行规划和预设。学校在课程开发、教师工作和信息技术应用等方面应做出详尽的规定。

①学校可以组建一个教学与科研小组，对教材进行整合，并对综合实践活动课程的内容进行开发。

建议：学校可以成立七至九年级的师资队伍，开展教学与科研工作；教师可以在教材基础上灵活设计，设计出两种不同的教学模式——具体的综合实践活动课程以及一些专业的活动。

②调查结果表明，"制作我的动画片"的教学内容与初中的计算机课是一样的。另外，在样本学校的其他活动中，也采用了信息技术教学。有些教师还会在上课的时候让学生参考教材或者制作 PPT，造成了计算机等教学资源的短缺。

建议：学校可以在综合实践活动的选题中取消"制作我的动画片"，为参与其他综合性实践活动的学生提供电脑教室，由专业电脑教师在旁协助及辅导；教

师可以在课后组织活动，查找资料，与学生父母进行交流，并对学生进行监督。

四、建立健全课程保障制度

（一）规范教学组织管理

全面、规范的教学组织与管理制度是综合性实践课程顺利有效开展的保障。学校的管理是否科学、规范，直接影响综合实践活动课程的深入程度与影响力。为保证综合实践活动课程的开发与实施，应当建立三个层次的组织管理制度。

①应充分地思考校长在决策方面所扮演的角色。在实施综合实践活动课程的过程中，校长是主要的决策者。校长应该坚持与时俱进的教育理念和办学理念，对学校的现实状况进行分析，对其进行科学的定位，合理的管理，以激发教师主动性，从而为综合实践活动课程的顺利实施提供必要的支持和保障。

②各部门要明确自己的责任，做好自己的工作。样本学校设有教学办公室、课程研发中心、学生发展中心、师资发展中心，而课程研发部门是其中的一部分。基于此，研究者提出，各部门应在课程实施中齐心协力，以保证综合实践活动课程的顺利进行。

a.课程研发中心，负责课程的主题、地点、时间、课程活动的评审。

b.教学办公室对综合实践活动课程的教学大纲进行审核，并对学生及教师的优异表现给予奖励。

c.由学生发展中心负责汇报参与综合实践活动课程的学生名单，搜集学生作业资料及活动成果，协助课程研发、学术办公室及其他相关单位开展工作。

d.师资发展中心定期举办综合实践活动课程的教学与研究，搜集教师在此期间所遇到的问题及困难，并将情况汇报给校长等领导。

③应加强对综合实践活动课程的督导和管理。可增设课程支援机构，即增设2～3位教师参与课程的研发，并由2～3位教师负责对综合实践活动课程进行管理督导，其中包括检查活动的组织、教师活动的草稿、活动的效果。就样本学校的情况而言，从校内的观点来看，综合实践活动课程只限于校内的活动课程；就检验机构而言，仅由课程研发部门负责；在考核的内容上，主要包括教师在场表现、教学活动设计、学生人数、学生活动等。针对这一情况，研究者提出以下建议。

a.针对活动场所在校外的活动，教师须呈交课程研究与发展的活动方案，并汇报活动交流团体中的实际学生数量以及活动表现。另外，学校应派遣专职教师对参与此次活动的师生进行追踪与评估。

b. 在学校开展初步的综合实践活动课程评审，旨在保证综合实践活动课程的正常发展，同时也有利于教师间的互相观察与学习。也就是说，教学计划的执行情况必须经过审查。

（二）健全考核激励制度

一些教师对综合实践活动课程的认识有限，对综合实践活动课程的引导作用的认识比较消极。在这样的环境下，学校应不断完善评价与激励机制，充分调动教师的主动性，积极开展课程开发，创新活动方式，不断深化学校综合实践活动课程建设。

①在评定教师职称时，建议考虑"教师是否参加了综合实践活动课程及组织活动"。

②健全教师综合实践活动课程评价体系，包括课程设计、出勤率、学生表现等。评估可采用基于学生对教师的评估和同行评估的方式，采用百分制。学校要自己分配权重，把这两个因素都加到总分上。

③在评价的基础上，学校可以对成绩优异的教师进行物质上和精神上的激励，比如，在学期末，从3～4个教师中挑选出一个人来给予奖励。

④完善交流机制。建议学校的领导经常去课堂，对优秀教师的分数进行打分和评价，对教师的整体表现给予肯定，并且给予他们在学校里公开讲课的机会，让其他教师能够看到和学习。

（三）完善课程评价体系

综合实践活动课程的优化过程是课程开发、实施、评价和改善的循环往复的过程。课程评估是一项重要的工作，能够推动课程的进一步深化。研究者对课程评估给出如下建议。

1. 评价主体要多元

2017年《中小学综合实践活动课程指导纲要》明确提出了综合实践活动课程评估的主体多样化，并鼓励学生自主开展和共享。因此，在评估过程中，建议重视以下几个方面的参与和协作。

①学生。综合实践活动课程以促进学生全面发展为目的。所以，要引导学生积极参与课堂评价，积极进行自我反省，找出自己的长处和短处，增强对这门课的重要性和价值的认识，并调动其参与的积极性。

②教师。教师是教育的组织者和管理者，是教育的实施主体。教师在课堂评价中的主动参与，有利于教师自身的发展，并能及时发现问题和缺陷。另外，教

师对学生的学习行为有更多的了解,因此,能够更好地对学生进行评估。

③家长。综合实践活动课程的顺利开展,需要家长的理解与支持。家长参与到课程评估中,可以帮助学生更好地认识综合实践活动课程。

2. 评价内容要全面

评价的内容包括:课程评估,即课程目标评估、课程内容评估、课程组织评估;学生评估,即对学生在活动中的表现、活动中所取得的成果的评估;教师评估,即对教师实施水平的高低、参与度、对学生创造性培养的评估。

3. 评价方法要多样

在课程评估过程中,学校在建立评估量表的同时,应当对课程教学理念进行审视,并对课程进行实地考察。在对学生进行评价时,要注重过程评价与结果评价相结合,对学生日常的学习表现和考试成绩进行汇总,形成学生档案。在对教师进行评估时,要考虑到教师主观努力、教学水平、课堂气氛、对学生的支持程度等多个方面。

五、获取社会的关注和支持

综合实践活动课程以学生的日常生活为起点,因此其教学不仅要在校内开展,还要向课外活动、家庭、社会等方面拓展。另外,学校在人力、物力、资金等方面的资源都是有限的,因此,学校在开展综合实践活动课程的过程中,需要借助外部的力量来进行,从而使学校的活动更加充实有效。为此,研究者提出如下建议。

①在取得家长的支持方面,学校可采取以下措施:每个项目的教师建立一个家长群,将学生的成绩与家长共享,让家长了解孩子的成长和进步;教师要经常与家长交流,了解孩子所遇到的问题及实际情况;在学期末,学校可邀请部分家长参加综合实践活动课程成果展示。

②综合实践活动课程是由地方领导、学校组织的全国性课程,这一项目的实施,既要靠学校自身的努力,又要靠当地政府的大力支持与协助。为此,校方应主动与当地教育主管部门进行交流,对当前学校的发展状况、实施综合实践活动课程中的问题进行反思,并积极向有关部门求助。同时,学校也可以通过校内网站、地方报刊等渠道发布信息,使社会各界加强对综合实践活动课程的认识和了解。另外,学校的一些教学内容和教学形式因缺乏与社会的交流而受到很大的制约。如在"模拟法庭"里,教师想把学生带入法庭,观看庭审。但是,由于条件所限,学生只能在课堂上进行模拟实践活动。为保证各项活动的顺利进行,提高实践性课程执行的成效,学校要加强与各有关部门的联系,争取得到他们的支持。

第五章　初中综合实践活动样本课程设计研究

随着我国教育体制改革的不断深入和素质教育的普及，学校的课程设置需要更加多元化、个性化。综合实践活动课程作为培养人全面素质的重要载体，需要做好样本课程开发工作。

第一节　样本课程开发

一、样本课程开发的含义和指导思想

（一）样本课程开发的含义

样本课程开发有两层含义：一是把全国的课程或本地的课程改为样本，也就是说，学校教师通过课程选择、改编、整合、补充、扩展等方法来对全国或当地的课程进行加工，形成样本课程，以便更好地满足学生、学校和社会的需要；二是对新课程进行设计和开发，也就是根据学生的需要进行科学设计，充分利用社会、学校的资源，以学校和教师为中心，发挥学生的特长，为学生开设各种课程。

（二）样本课程开发的指导思想

从《国家基础教育课程改革指导纲要》出发，以学生、教师、家长三方共同发展的理念为指导思想，根据办学理念、培养目标和办学特点，充分发挥学校的教育作用，促进学生的主观能动性和协调发展。

二、综合实践活动样本课程开发

（一）充分利用地方特色资源

自新课改以来，很多中小学都在积极探索和开发综合实践活动样本课程。

在实践中，学校应充分利用地方特色资源，开发具有地方特色的综合实践活动样本课程。本部分主要从综合实践活动课程的选题、验证、定型、创新、综合等方面来探讨研究，以期通过有效的探究，开发出具有地方特色的综合实践活动样本课程。

1. 课程选题以学生为本

综合实践活动样本课程是一门非学科性的课程，与其他的课程有所不同。综合实践通常以活动方式呈现，需要教师选择综合实践活动课程的主题。综合实践选题应坚持以学生为中心，突出学生的主体地位，坚持活动主题"从学生中来，到学生中去"。

活动主题的选择需注意以下四个方面：①结合学生生活。以学生生活环境为背景，强调学生的体验与实践。如调查家乡的小吃及饮食文化，并组织学生动手制作小吃。②结合地域资源。综合实践活动课程是集研究性学习、劳动与技术教育于一体的课程。选择的资源应是学生容易接触到的资源，因此教师可结合地域资源开发课程。如偏远山区学校选择的活动主题可为与学生生活紧密切合的农耕文化探究。③结合校园文化。校园是学生生活和学习主阵地，这里资源丰富，教师应充分利用起来。如以建瓯当地少数民族畲族文化为背景，开展以畲族服饰为主题的校园文化活动。④结合校园特色。不同学校的办学特色各不相同。学校特色是教师选择综合实践活动课程主题的很好资源。在选择主题时与学校特色相结合，既能充分利用学校特色资源，又能推进综合实践活动样本课程的开发。如依托乡村少年宫，整合教学资源，开发美术教育资源，开展"艺之美"乡村主题美术综合活动。

2. 实施验证，探其价值

在课程开发过程中，教师在选择好主题之后，要组织学生实施、验证，看一看所开展的主题活动是否切实可行，是否能够完成教学目标。对于一般性的实践主题活动，教师只需要组织好实施过程就行，但对于综合实践活动样本课程的活动主题，需要确保科学的验证过程。验证一般需经历四个过程：活动的组织与实施；资料的收集与整理；对活动开展进行分析思考；对活动进行完善和优化。经过这四个验证过程，如果综合活动主题符合学生特点、学校要求，能持续有效开展，那么就能成为学校综合实践活动样本课程的备选主题。

例如，对利用校外自然资源开展的"神奇的石头"综合主题活动进行验证。该校后门的河滩上有许多大小不一的石头，为了充分地利用这独特的资源，教师亲自带学生去收集形状各异、造型优美的石头。然后利用课件给学生讲述石头设计的基本方法，指导学生制作石头彩绘。最后把这些平常的石头变成美丽的艺术品，如图 5-1 所示。开展这样的综合主题活动，既能充分利用地方特色资源，又能丰富校园活动。主题活动的可行性得到验证，该校就可以把石头彩绘课程作为样本课程进行发展。

图 5-1　石头彩绘

3. 课程定型，优化更新

定型是把通过验证的综合实践活动样本课程备选主题中选中的优秀活动主题，在学校综合实践活动课程组织中持续开展，并进入样本课程的过程。这些综合实践活动样本课程的活动主题与内容要有稳定性，但也不应是固化的，可随着实践活动的开展不断优化与更新。

在活动主题定型过程中，要把握好以下四个环节：①活动主题的筛选。主题的筛选要符合学生的特点，适合持续开展。②活动实施环节。在此过程中，针对提出来的活动主题进行验证、修改与优化。③形成样本教材。对入选的主题，可编写样本教材，并作为教师组织综合实践活动课程的参考。④活动补充拓展环节。教师根据地方特色资源，对综合实践活动样本课程教材进行补充、拓展与优化。这样一来，综合实践活动样本课程处于一个活力状态，才能得到更好的落实。

4. 利用特色，注重创新

每个地域都有自己的文化资源，例如西安是十三朝古都，有着丰富的朝代文化，那么地处西安的初中学校在设置样本课程时，完全可以挖掘西安的朝代文化，开设一门有关西安历史的样本课程。这样的课程既具有地域色彩，又具有创新性、个性化，是一门非常适合的样本课程。又如，西安的陕西历史博物馆、碑林博物馆等都非常著名，馆内所珍藏的物品都是非常值得学生去探索和学习的，如果课程设计者结合这些资源去开发"博物馆课程"，那么学生一定会有更多收获。

样本课程的开发本身就是现代教育理念推动下的一种创新教育形式。它的存在体现着创新的意义。教师应以创新意识做好样本课程相关工作。首先，教材内容的编制理念应该是创新的。确立一个创新的意识，这才是指挥棒。其次，课程内容的形式应该是创新的，但要注重创新活动的成效要落实好。通过一系列的创新活动，促进学生在学习知识时，能够通过自主的探索、加工与整合，最终收获新的体验，学到创新的知识和技能。另外，课程应该为学生呈现的是一个科学、民主、自由的学习氛围和环境，让学生舒适地与同学和教师进行交流讨论，有意识地去自主创新学习。

5.课程内容应具有综合性，鼓励学生探索

综合性是指课程内容既具有具体学科的专项知识，还包含其他多门学科的综合性内容。设计者要更多地去考虑如何全方位提升学生的思维、技能、方法、情感、理念、经历等方面，要让学生通过样本课程的学习能够从不同方面有所提升、有所成长。也就是说，样本课程要培养学生学习迁移的方法与技能，拓宽学生视野，引导学生参与实践，实现学生德智体美劳的五育并举。

样本课程的开发，应鼓励学生去积极探索，教会学生思考的理念、研究的方法，指导学生大胆探究、自主研究，这样才会创造性地培养学生。如果课程内容是固化的，是侧重讲述性的，那么鲜活的知识将变成物化的文本，没有活动性，没有生命力，它的学习会扼制学生的创造性思维，会约束学生的实践动手能力，那么这样的样本课程是失败的，是不符合课程设计理念的。课程设计者在编制时应侧重活动设计、实践设计、动手设计，鼓励学生通过亲身参与培养自身的研究能力、探索能力。

校内外的资源复杂繁多，学校和教师应该把好课程资源的质量关，使校内外各种丰富的资源成为学校综合实践活动样本课程资源的补充、拓展和延伸。应充分利用地方特色资源，开发更多适合学校教学发展的综合实践活动样本课程。教师也要在教学过程中利用好地方特色资源，并不断更新与完善，把地方特色资源的价值充分发挥出来。

（二）注重学校特色

综合实践活动课程的课程资源遍布校园、现实生活和网络。应根据学生的需求，结合学校的实际情况，合理开发和使用综合实践活动课程的教学资源。学校的活动是综合实践活动课程的一种资源，不仅能丰富综合实践活动课程的内容，还能为各类活动的开展提供一个平台。学校可从自身特色出发来开发综合实践活动课程。

M中学"足球"综合实践活动样本课程正是依托学校特色活动"校园足球"，对足球资源进行深挖掘，根据学生需要和已有经验设计而成的。下面将加以详细介绍。

1. 样本课程设计以学校特色为核心

M中学通过对校园文化等方面的资源进行深入的探讨和分析，以"校园足球"为主题的校园项目为起点，开展综合实践活动校园教学。活动内容的设计与学校特色活动相融合，既有很强的实践性，又有教育意义。

（1）挖掘足球运动资源，设计主题活动课程化

该校是全国足球样本学校，开展校园足球五个年头了，为综合实践活动课程主题的开发积累了相关的资源。众所周知，"足球"是一个大概念，也是一个丰富多彩的世界，本身蕴含着丰富的资源。足球除可以供大家游戏、运动、娱乐外，源远流长的足球文化，世界上著名的足球队以及他们在赛场上表现出的极强的团队精神、顽强意志、吃苦耐劳的品质，都对青少年成长的影响极大。在此基础上，校园足球活动的现状与发展、为足球赛策划宣传、为足球队设计LOGO，都可以作为学生开展综合实践活动的素材。学生还可以利用所学到的美术、语文、数学、科学等学科的知识和技能进行创意物化设计。因此，课程设计者可以围绕"足球"开发适合学生发展需求的综合实践主题活动课程资源，让学生通过课程化的主题活动开展研究性学习。设计者可根据不同年级学生的年龄特点和已有的学习经验，循序渐进，由易到难，由简单到复杂，有梯度地设计适合学生开展研究性学习的主题活动内容。

（2）关注学生发展需求，形成活动内容序列化

《中小学综合实践活动课程指导纲要》指出，综合实践活动课程的内容设计应基于学生可持续发展的要求，活动内容具有递进性，构建科学合理的序列化活动内容。在"足球"综合实践活动样本课程中，设计者立足于学校的办学特色，

密切学生与生活的关系，在此基础上关注到样本课程内容的序列化，让活动呈现螺旋式上升。

初一年级的学生活动内容立足于感受足球文化，引导学生在活动中感受足球文化的源远流长和多姿多彩，从而学习文化知识，沉淀文化积累，丰厚人文底蕴，为进一步开展研究性学习奠定基础。初二年级学生经过了一年综合实践活动课程学习，初步掌握了研究性学习的方法，因此活动内容立足于体验足球魅力、享受足球快乐。到了初三，大部分学生经过研究性学习可以独当一面了，有了较强研究性学习能力，因此活动内容提升到实践创新的层面。通过研究校园足球的现状与发展，为校园足球发展献计献策。各年级的活动内容既有内在联系，又体现各主题活动独立性和时段性的特点，满足不同阶段学生的发展需求。

（3）依据课程目标，设计评价内容和方式

开发综合实践活动样本课程，必须注重综合实践活动课程过程中的评价，发挥评价落实课程目标、总结调整活动、反思促进学生发展的作用。设计者应关注学生的个体差异，依据学生不同背景和能力，从多方面设计评价内容和方式；对活动过程与活动结果兼顾；从情感、态度、能力提升方面进行评价。评价的内容可设置学习态度、组织合作、发现问题能力、搜集信息能力、成果发布能力、解决问题能力、调查能力、反思能力、创新能力九大方面。评价的类型有学生自我评价、小组同学评价、家长评价、指导教师评价。评价的目的在于发挥其导向作用，引导学生及时总结反思，促进活动深入开展。

2. 样本课程实施以学校特色为核心

（1）多学科融合，研究性学习活动多样化

综合实践活动课程面向学生的整个生活世界，打破了学科界限，选择研究性学习活动内容，鼓励学生跨学科学习。在M中学，围绕"足球"设计的主题活动内容，不仅仅把足球运动当作一项运动，而是一个广泛的概念，融合了多学科的知识。例如，传唱《小足球进行曲》，认识著名球星、球队，感受他们勇于拼搏、团结奋战的精神，观看足球比赛，给班级足球队设计服装、LOGO，编足球小报，设计足球赛海报，创编足球游戏……这些活动内容涉及音乐、美术、信息技术、语文、数学等不同学科领域。通过以上活动可以看出，足球运动内涵丰富，外延广阔，开发的"足球"综合实践活动课程内容打破了学科壁垒，将知识学习、知识运用、能力形成等方面有机地组合在一起。学生可以根据已有的学习经验和自身的能力发展自主选择活动内容，开展研究性学习或者创意设计。学生在形式多样的活动中合作、探究、发现，促进了自主学习能力、合作探究能力、实践创新能力的发展。

（2）多渠道实施，研究性学习活动过程扎实

综合实践活动课程立足课内，成在课外。课堂上侧重于方法引导，课外侧重于方法的运用，这样课内课外相结合，既注重学生的学习参与，又注重学生的学习体验。课内靠教师指导，课外靠家长带领，这样家校相互合作推进综合实践活动课程，便于学生在活动中体验获得知识、提高能力的快乐。我们都知道，学生的成长离不开家庭、学校和社会三方的教育和培养。学校承担着学生教育的重要使命，如何规划学生的培养目标、发展方向，是学校应该思考的问题。同时家庭教育也非常重要，如果学校在教育教学过程中能够和家长携手、共同努力，那么效果一定会事半功倍。在样本课程的开设方面，学校可以在前期准备完善的情况下，邀请家长走进校园，更多地了解学校的教学模式、环境条件、教育理念、学生学情，让家长更多地了解学校，与学校和教师更好地沟通交流，形成家校共育、同舟共济的教育模式。

多渠道不仅体现在实施保障方面，还体现在多种研究方法方面。在课堂上，根据不同学段的学生、不同的活动主题，引导他们掌握的方法有所不同。初一年级侧重制订活动方案的指导，从了解足球的起源、足球的发展、球迷的文化等方面制订活动方案。初二年级侧重访谈方法、设计采访问题的指导。指导学生设计采访校长、采访足球教练、采访教师的问题，让学生知道对于不同的采访对象所需要获得的信息是不一样的。初三年级侧重问卷设计与问卷调查、统计图制作的指导，指导学生针对足球队员、非足球队员、家长设计不同的问卷。总之，学生在综合实践的课堂上获得研究性学习的方法，在课上、在活动中获得丰富的足球运动体验，并利用课余时间查阅资料，开展访问、调查，完善创意设计，做手抄报，写研究报告。实践证明，想要学生在综合实践活动课程中取得良好的效果，活动过程一定要深入扎实，学生在扎实有效的活动中各方面能力会得到提升。

（3）多主体支持，研究性学习活动成果丰富

学生在开展研究性学习活动中，知识、经验、处理信息的能力、协调能力都会受到挑战。为了让活动顺利开展、取得良好的效果，M中学外聘足球教练来教授学生基本的足球运动技能；教师带领学生做足球游戏、足球操；爱好足球的家长担任班级足球教练。学生在学校开展问卷调查，访问足球队员，访问家长，了解足球运动对青少年成长的影响；访问教师、访问校长，了解学校开展"足球"课程的经费投入、校园足球建设方面的工作及未来的发展方向。学生还会观看足

球比赛视频，查找资料，对比研究中西方足球的差距。有的学生邀请家长一起设计比赛方案，请美术教师指导设计班级足球队服装，设计足球比赛的口号和宣传标语，请信息技术教师指导制作足球赛的宣传片。总之，学生在丰富多彩的研究性学习活动中获得了丰富的信息。在 M 中学"足球"结题汇报课上，学生展示了丰富的活动成果：电子报刊、展板、宣传片、给校长的建议书、演讲稿、研究报告等。由上可知，结合学校特色活动开发的"足球"综合实践活动样本课程，丰富了学生的学习生活，拓宽了学生的思维，激发了学生的创作热情，促进了学生的全面发展。

3. 样本课程成效以学校特色为核心

（1）样本教材得到钟爱，学生收获丰富

"多姿多彩的足球世界"样本教材图文并茂，系统、准确地体现了 M 中学的特色活动，非常适合学生开展研究性学习。"多姿多彩的足球世界"样本教材是"'足球'综合实践活动课程资源的开发与利用"小课题研究的成果。学生在"多姿多彩的足球世界"样本教材指导下思考、探索、实践、反思，从被动的学习转向主动的探究发现，增强了合作意识，各方面能力也得到提高。

（2）教师拓宽知识面，提升专业能力

开发综合实践活动样本课程，对教师的专业能力要求较高。教师由教材的使用者变为开发者、设计者、建设者，需要教师坚持不懈地钻研和学习教育教学理论，提高技能。教师需要通过学习不断地拓宽自己的知识面，更新知识，有创意地工作。借助"足球"综合实践活动课程的开展，也带动了 M 中学综合实践科组的教师积极实践思考。可以说，综合实践活动课程的开展成为教师撰写教学论文和教学案例的源泉。

（3）学校特色更凸显，校园文化更丰富

"足球"综合实践活动样本课程为 M 中学足球特色打造并积累了更多有价值的成果。例如，学校有了浓厚的足球文化氛围；样本课程的实施衍生了"足球绘画""足球啦啦操""足球游戏""足球摄影展"等足球文化；学校开辟了足球文化长廊，举办了足球手抄报展、"校长杯"足球赛海报设计展、"校长杯"足球赛摄影展，开展了"足球伴我成长"的演讲比赛。学生在这样的校园环境中耳濡目染，对足球的认识从运动、娱乐上升到文化、精神、创作的层面。总而言之，"足球"综合实践活动样本课程有力地促进了校园文化特色的建设，让学校特色更凸显，校园文化更丰富。

（三）将核心素养理念融入其中

在新的时代背景下，初中阶段学生综合素质评价体系全面推行，这是核心素养多方位与教育教学相结合的重要体现。综合实践活动课程是培养学生综合素质的重要载体，应基于核心素养理念来开发建设。

1. 样本课程的类别

基于核心素养的样本课程开发是多样化课程的重要手段，是优化课程架构和人才培养方式的重要突破口。在核心素养背景下的初中样本课程开发，不仅仅为了满足学生的兴趣需求，或变身成为学生学业课程之外的放松课程，更加不是学习难度低、质量低的课外学习。基于核心素养的样本课程开发应与学科学习有机整合、互补不足，其功能应当作用于思维能力的强化、学习品质的优化、情感态度价值观的树立等方面，而各个学科的基础知识即为样本课程开发的载体。在此基础上，应进一步强化单一学科的深化和多元学科的整合，并注重多元活动的注入。

样本课程可分为学科性样本课程、综合性样本课程和活动性样本课程三大类别。其中，学科性样本课程旨在以学科知识为基础，拓宽学科探索视野，加深学科知识理解，提升学科思维能力，促进学科综合素养提升；综合性样本课程旨在实现多元学科整合，进而提升学生多元学科融合能力，培养跨学科分析问题和解决的技能，进而深化综合素养；活动性样本课程旨在活动中促进学生学习成长，强调活动性为课程资源的主体，适应学生多元发展成才的需求，强化动手开展或参与实践活动能力，培养团队协作和个体实践本领，满足学生个性发展需求，进而促进核心素养提升。

①学科性样本课程：学科性样本课程以单一学科为基础，以学科素养提升为核心。开发学科样本课程要求教师对学科知识进行深度挖掘和广度拓展，同时，应特别注重样本课程与国家课程的区别，其源于课程标准，但广于课程标准，是对学生单一学科素养和能力的深度提升，体现在思维深化、理论思辨、创新应变和解题能力等多个学科维度。

②综合性样本课程：综合性样本课程以融合多学科资源为基础，以综合素养提升为核心。开发综合性样本课程要求教师具备综合知识基础，以学生认知特点为出发点整合资源，常见融合的学科有生物与地理，数学、政治与历史，语文鉴赏与多学科融合及社会生活与多学科融合等，同时综合性样本课程倡导学生学以致用，提升分析问题和解决问题的实际能力。

③活动性样本课程：活动性样本课程以学生体验为课程核心，注重学生动手开展或参与实践活动。学生体验源于生活和实践，因此，活动性样本课程最重要的是创设多元的活动形式与资源，进而满足学生参与的需求。在开发过程中，应兼顾活动的多样性、实用性和趣味性，既能有效促进多元成长，又能联系实际生活，同时与当代青少年的兴趣点相契合，进而提升课程实效，促进学生核心素养提升。

学校可根据自身的学科建设情况，选定样本课程类别，开发特色品牌样本课程。

2. 样本课程实践的总结与反思

结合学校特色创建基于核心素养提升的样本课程的开发实践，应注重样本课程的功能定位、开发思路与方式，并兼顾创新性、丰富性和实用性的特点，从而切实让核心素养落地。

其中，创新性是指在样本课程开发过程中，教师本身一定要进行创新思考，具备创新思维能力，基于新课程理念和综合素质评价背景，以培养学生创新意识和能力为主旨进行课程构建。丰富性是指课程的核心内容与授课形式，不受限于课程标准和考试范围，全面优化和丰富样本课程的内容和形式，尤其是应结合本地的风土人情、企业制造、科技经济等地缘优势，有机地将社会资源融合成为课程资源，增加学校的教学内容。实践性是指学校的课程开发内容必须具备很高的实际应用价值。学科课程是为了拓展或深化对某一学科的认识和了解而设计的，综合实践活动课程应该帮助学科课程进行全面的分析和问题的解答。

优秀的样本课程应全面具备创新性、丰富性和实用性这三大特点，这也是样本课程优化研究的努力方向。学校应以样本课程为载体，在今后的教育教学实践中，强化样本课程研究，全面促进学生核心素养提升，助力学校品牌特色，助推学校教育发展。

三、综合实践活动样本课程案例

L中学开展了"以德促行，服务社会"的特色公益活动，主要围绕感恩教育、德育教育两个方面进行。两条主要的教学活动并非彼此独立，而是有机地联系在一起。在教学实践中，学生既是参与者，也是计划者，而教师则是指导者。L中学坚持以全面提高学生综合素质为主线，以促进学生全面发展为目的，积极开展各类教育和教学活动。

（一）以感恩教育为凸显点，提高德育"素质"

"滴水之恩，当以涌泉相报""谁言寸草心，报得三春晖""羊跪乳，鸦反哺"，这些耳熟能详的语言提醒着我们中华民族是一个懂得感恩、珍视感恩的民族。《现代汉语词典》对"感恩"的解释是"对别人所给予的帮助表示感激"，换言之，感恩就是受惠者对施惠者的帮助做出积极的回应，使双方形成良好的互动关系，"投我以木桃，报之以琼瑶"，在这一来一往之中，人们更为紧密地联系在一起。可以说，感恩是维系和谐的人际关系的纽带，是促进社会成员进行积极情感交流的有力工具。

1. 感恩教育的意义

（1）培养感恩意识

当今的孩子很多是独生子女，所以，家长溺爱较为常见。由于从小没有去培养孩子的感恩之心，这就造成了他们不懂珍惜，认为每件事都是理所当然的。在这种情况下成长起来的孩子不懂得感激，也不懂得报答，久而久之就会变得很自私，不会体谅别人，也不会感恩。

（2）建立健康的人生观

L中学推出感恩教育活动，目的是从内省入手，启发学生的感激之心，使他们在内省时，把"要我学好"变成"我想学好"，发掘学生的人文精神，使其真正地得到成长。感恩教育的目标在于使学生能够从别人的视角去思考自己和别人之间的关系。通过这种方式，可以使学生对别人的感情、感觉、困难、宽容、怜悯、帮助、关爱有所体验，从而使学生养成良好的品德和情感，形成健康的人生观。因此，教育不只是依靠纪律、制度来强迫和限制学生的行为，还有春风化雨般对学生的感化。接受过感恩教育的学生，更容易升起感恩之心，得到健康的成长。

2. 感恩教育的内容

感恩教育不仅仅要感谢父母，还要感谢身边的人，比如教师、同学，以及整个社会。学生应学会感恩，懂得感恩，懂得感激别人对自己、对别人、对社会的付出，感激父母的养育、教师的栽培、朋友的帮助、大自然的恩赐。

（1）感恩父母

父母的爱是无私的。所以，感恩教育应该从对父母的感恩教育入手。L中学引导学生们从不同的角度来表达对父母的感情，比如，组织爱心家庭作业，写家书，向父母衷心祝福，为父母举办生日聚会，以及自制礼品。又如，学生要为家里做五件事：打扫房间，洗碗，洗衣服，给父母做饭，和父母一起看望亲友。通过这些活动，学生意识到自己在家中扮演重要角色，提升了对家庭的责任意识。

（2）感恩教师

通过感恩教育活动，让学生了解教师的辛苦，了解教师平日里对学生的严厉管教，这样才能真正理顺师生关系，建立师生感情，消除矛盾，学生也才会尊重教师、热爱教师、欣赏教师。L中学举办了"我今天要当教师"之类的体验活动，让学生融入教师的角色，体会当教师是多么的辛苦，从而感受到教师的善意，进而升起感激之情。

（3）感恩同学

同学之间的友情是极其珍贵的友情。L中学积极组织各类主题活动，增强团队凝聚力，使学生体会到同学的情感价值，进而互帮互助、彼此欣赏、共同进步。

（4）感恩社会

通过不同的活动，学生能了解社会，认识到个人与社会、个人与国家之间的关系，并建立起一种对国家的强烈情感。L中学开展了一些列感恩教育活动引导学生学会包容、理解、友善，乐于帮助他人，懂得与人配合，热爱公物，维护公共秩序，树立良好的社会伦理观念，营造和谐的人际关系。

（5）感恩自然

大自然给予我们这么多的物质，因此我们要懂得感恩。要懂得自然之美，就要爱护自然、与自然融为一体。L中学引导学生要懂得保护环境、保护珍贵动植物、合理使用资源、感恩自然的馈赠。

3. 感恩教育的方式

感恩教育是一项长期的工作，要深入学生日常教学中去，才能让其在更长的时间内起到应有的作用。

（1）注重言传身教

王阳明说："知者行之始，行者知之成。"在L中学感恩教育活动中，教师积极引导学生把感激的观念转变成行动，从小事开始，把感激变成每天的行为。L中学积极在家庭、学校、社区等地进行感恩教育，并通过"一次洗脚""请老师喝茶""为老人安排座位""美化自然"等活动，使学生们明白，感恩是生命的根本，应成为我们自然的行为。

（2）融理论于实践

在L中学感恩教育活动中，充分利用教材主渠道，发掘教材中的感恩内容，引导学生加以实践。

（3）贯穿始终

L中学感恩教育活动涉及多个学期、多个年级段。这样，既能保证学生对时间和空间的感恩，又能让全班同学都能参与到这样的教育中去，能够真正地体会到感恩教育的内涵。

4. L中学的感恩教育活动

2021年春季开学以来，L中学本着"让感恩成为学生一生功课"的理念，持续开展了一系列的感恩教育活动：3月份感谢自然、感恩女性，4月份感谢烈士，5月份感谢劳动者、感恩母亲，6月份感谢社会、感恩父亲，8月份感谢军人，9月份感谢教师，10月份感谢祖国，11月份感谢同学、感谢朋友，12月份感恩迎新、真情回报。

在2021年10月26日重阳节，学校开展了"念亲恩 感亲意 抒亲情"主题活动。在教室里，各班以"念亲恩 感亲意 抒亲情"为主题，通过开设家庭美德课，引导学生对父母、对长辈的尊敬，教会学生懂得感恩。在课后的活动中，请每位学生制作一张精美的卡片，在卡片上写上自己对父母的祝福和感谢。在早上开会的时候，请大家通过自己的经历表达对父母的心意。在课后开展了"我为爷爷、奶奶（外公、外婆）做一件事情"的活动，让学生利用自己的头脑为长辈制定一项新的假日计划，并对他们表示由衷的祝福。学生可以为爷爷做一根拐杖，这样他就能更好地进行日常的出行；可以和外公一起锻炼；还可以与奶奶、外婆交谈，敞开心扉交流。感恩实践活动，让学生学会了爱与分享。

【课例5-1】

"念亲恩 感亲意 抒亲情"部分活动方案

分项活动：

针对学生的特点，在各班开展一系列以念亲恩 感亲意 抒亲情为主题的活动，体现了学生的良好孝心和对长辈的关爱。

①家庭美德课程。每班组织一次以念亲恩 感亲意 抒亲情为主题的家庭美德课程，引导学生表达对父母、对长辈的尊敬和感激。

②小小真心话。在课余时间，每位学生都要准备一张精美的卡片，把自己对父母和长辈的祝福和感谢写在卡片上，并把卡片寄给父母和老人。

③三分钟小故事演讲。在晨会的时候，设立一个"三分钟的小故事"环节，让学生讲述自己的父母、长辈，讲述他们的真实情感、无私奉献、无私的关怀，以及他们的心愿。

总体要求：

高度重视，主动投入。为了使学生能够继承并发扬中华民族的传统美德，推动和谐社会的构建，各班都要认识到尊敬老人是种美德。各班要充分发挥班级的作用，积极动员、广泛宣传，尽量让更多的学生参与进来。各班要结合具体情况，认真制订教学方案，精心安排，突出重点，要充分了解学生的个性，并重视活动的效果。

感恩教育就像一幅彩色的画卷，又像一首充满欢乐旋律的乐曲，能够帮助学生拥有丰富多彩的人生，懂得感恩、懂得人生、懂得品行。

（二）模拟情境促德育养成，服务于实践

学生道德观念的形成是一个长期而又复杂的过程，其中最关键的一点就是要亲身经历，使他们体会到真实。但是，由于学生的实际生存能力有限，活动空间也就受到限制。所以，模拟人生情景是塑造学生健康德育理念的一种行之有效的方法。

德育是在实践中形成的。德育思想对个体生命活动有制约作用。德育理念在社会实践中具有举足轻重的地位，既对社会成员的行为进行调控，又对社会风气的形成、社会气氛的形成具有重大的影响。

L中学德育课程旨在培养学生在社交活动中与人沟通、与人交往的能力，使他们跳出个人的局限，更好地融入社会、实现价值。

1. 模拟生活情境，寻求解决问题的方法

在德育的教学目的下，L中学德育课程营造一种与德育密切相关的矛盾情境，使学生主动参与到德育活动中去，以促进学生对德育问题的认识和反思，从而达到解决问题的目的。在营造冲突情境时，要坚持以正确的价值观为导向、以学生的日常生活和基本认识为依据来构筑情境。

（1）专门德育课程中的情境模拟

课程设置了现实生活中的矛盾情境。比如班级管理、学习、学校生活、家庭生活、社区生活等方面的矛盾都能让学生锻炼解决问题。这样一来，学生会在一个特殊的环境中，主动地思考，努力解决"矛盾"。

（2）其他形式的间接体验

间接体验是在教科书、报纸、电视节目和互联网上所出现的矛盾情境。作为一名学生，最直接接触的就是教科书。教师要对教材进行阐释，必须在教学中不断创新，突破传统的教学方式，激发学生的积极性，激发学生的思考能力，使学

生充分地投入课堂中去，和他们一起集中精力去解决问题，并对他们的解决办法进行评价，从而增强学生的道德观念。

L中学德育课程在营造矛盾情境时，教师善于引导、把握矛盾、引发学生忧虑和反思、激发学生自主选择的愿望、激发学生的内在动机，重视学生的引导，评估其能力、方法、动机等，帮助其解决问题和树立正确的价值观。

2. 调动知觉判断，引发德育讨论

在进行模拟德育时，L中学德育课程考虑到学生的心理发展特征，结合其自身的实际生活及可能产生的矛盾，使其在认真思考、积极的判断中，对事件、情境有一个初步的了解，从而形成道德认知和判断。学生会就自己的道德认识和评价展开讨论，教师也会在课堂上进行引导和总结，使学生对道德规范有一个初步的认识。

（1）教师指导，学生判断

第一个阶段为启发性的认知判断。在此阶段，教师对有关的仿真情境进行了描述与分析，并使学生在教师的指导下做出自己的判断。第二个阶段为交互式的认知判断。通过师生、生生等多种形式的沟通和协作，帮助学生进行评判。第三个阶段为自我认知的判断。教师会为学生提供所需的资料，让学生自行分析、评估并做出决策。这三种类型从低到高体现了学生的认知能力，要求教师在不同的教学内容中灵活运用。教师要帮助学生从"个体化"到"普遍化"，由"具体化"到"抽象化"，从而形成"道德认识"。

（2）学生质疑，师生讨论

学生是感知、理解、分析、比较、评价和决策的主体。在L中学德育课程中，教师让学生能够提出问题，表达不同的观点，就有争议的问题发表自己的观点，并与学生平等地谈论道德观念，一起探讨道德的意义。这样一来，就能使学生对正确的德育观念有一个全面的认识。

（3）践行服务，情感体验

情感体验是道德形成的重要因素。在L中学德育课程中，教师引导学生在特定的冲突环境中感受情境、接触情境，通过认知、判断、了解和整合，鼓励学生对正向情感的赞赏，抵制负面的情感，使道德认识成为道德信仰的一部分。

（4）体验各种情境，激发情感

在L中学德育课程中，运用情境营造、角色活动、交流移情、艺术感染等多种经验方式，利用情境气氛来感知和激发学生在一定情境环境中的情绪体验；通过角色的角色定位，体验角色的职责与权利；通过角色扮演、分享等方式提高学生的情绪体验；通过人际活动和移情效果，激发学生的情绪，促使他们把自己推向别人；运用多种艺术、媒介手段强化学生的情感体验。

（5）情感转换，规范形成

学生体验到的各种情境所产生的情感，最终会成为内心的一种道德准则。这些标准是一种双向发展的途径。内在规范的形成对学生情绪产生影响；同时，随着情感经验的不断发展，道德准则也在不断地向内化和转变。二者都在不断地改变、互相促进、发展。在L中学德育课程中，学校注重组织多种情绪活动，主动营造多种情境，使学生的道德水平逐渐提高，使之融入日常的学习与生活之中。

（6）知行合一，固化品质

伦理问题从根本上说就是一种社会生活的实践。在L中学德育课程中，学生在教师的引导下，学习评价和鉴赏道德价值，学习如何正确地选择个体化的行为与生活方式，形成良好的道德行为习惯，培养道德操守和自我教育的能力。在教学中，L中学德育课程坚持两条基本原则：把抽象的道德准则转换成可在不同的环境中实施的行动；鼓励学生积极参与到社会生活中去，融入一个充满生机和复杂的社会中去。

我国国家公民道德宣传日在每年的9月20日。为加强文明礼仪教育，引导中学生树立健康的人生观和世界观，L中学积极开展了公民道德宣传活动。

【课例5-2】

公民道德宣传活动

活动一：感受传统文化的魅力。①中秋之夜，在中秋来临之际，以各种方式了解中秋节的历史，与家人共赏月，以表达对亲人的深厚情谊。或者用自己最喜爱的方式，把最值得纪念的场景拍下来，然后与师生们一起分享。②在重阳节，为家里的长辈做件事情。

活动二：利用智慧钟表来阐述自己的想法。①初一年级的同学做一份手写的报纸或电子版的小报，来宣传国庆节的一些知识，用精美的小报来表达自己对国家的热爱。②初二同学以"关怀他人"为题材，制作一份手写版的或电子版的报章，让"关爱"气氛时时萦绕在我们身边，让同学们在不知不觉中了解、认识并互相关爱。

活动三：道德操守演讲比赛。开展"做一个有道德的人"的演讲比赛。演讲的内容要切合实际、富有感染力，讲话用标准的普通话，并配有多媒体影像及音乐，时间在5分钟之内。

活动四：大手大脚地向前走。初一新生对学校的日常生活不太适应。在本次德育月中，初一年级可以与初中二、三年级共同组织小组活动。初中二、三年级的学生，积极引导初一年级的学生，使他们的学习能力达到提升。每个班可以在班级的微博、群里张贴活动图片，查看活动的类型。

总而言之，L中学德育课程的基本理念如下：构建相应的德育情境，使学生在第一时间参与，这是由于环境是教育活动的前提和动因；由于道德人格的形成是建立在道德的认识判断之上的，因此，激励学生的认知判断是其根本；由于情绪是"内化"的关键因素，所以领导学生体验是关键；这是为了养成学生个体的行为，由于德育的目标是养成良好的行为和文明的习惯。

3. 加强学生生活体验

（1）强化学生自主意识

L中学德育课程注重强化学生的自主选择，努力实现学校、家庭、社会教育的和谐统一，教会学生正确选择、学会处理解决矛盾冲突。通过让初中生在模拟的矛盾冲突情境中互相扮演冲突角色，体会其中的两难处境，换位思考，从而加强分析问题意识，提高解决冲突问题的能力。

（2）引导学生积极融入生活

L中学德育课程通过培养学生自主意识、参与意识、管理意识和竞争意识，培养学生的能力和素质，并通过实际操作能力的培养，帮助学生成为勤奋学习、遵守纪律、尊重伦理的"公民"。课程以适应初中生特点、满足初中生成长和发展需求为宗旨，开展了丰富多彩的体验活动，引导学生积极融入生活。

L中学在农历虎年春节期间为大家准备了一份营养餐——"让我们一起过虎年"，以四种不同的"营养餐"为主题。

【课例5-3】

"让我们一起过虎年"营养餐

营养食谱一：我的虎年计划

①"让我在节日之前准备好各种各样的年货。"初中生帮助家长记录下自己的家庭在新年花费了多少金钱，参与到家庭的财政管理中，并亲身体会做一个"小主人"是什么感觉！可以和家长一起规划过年的物品，到商场、超级市场帮助检查、挑选甚至交易，最终帮助家长完成采购。

②"我要合理用钱"。怎样才能合理地使用自己的资金，对初中来说也是一个难题！初中生可以从家长那里学到怎样合理的管理自己的财产，并且和家长一

起到银行取款和储蓄。可以买一份廉价的礼品送给弟弟或者姐姐。

营养食谱二：我的新年经验

①迎新习俗。通过向长辈请教、网上查询，了解春节、元宵节的由来和文化内涵，了解其中的一些积极、健康的地方民俗，加深对节日的认识，并自觉地继承传统。

②中国新年收藏品。过年的时候，初中生可以收藏一些窗花剪纸、年画等收藏品，来感受特别的过年文化。

营养食谱三：祝贺新年

①口头拜年：向亲戚、老师、同学当面拜年。

②短信拜年：通过手机向长辈、老师、同学等发送短信拜年。

③卡片拜年：有较好的绘画和手工技能的同学，可以创作出具有创意的卡片、文字等诗词，并向长辈、同学和老师表示衷心的祝愿。

④信件拜年：可以写信给长辈、亲戚、朋友、老师等，向他们表达新年祝贺，并对长辈们的关爱和关爱表示感谢。

营养食谱四：珍爱美味

①出游体验：若春节期间选择家庭出游，初中生可以尝试购买旅游纪念品、机票、火车票、船票、地图、景点票、特色菜等，也可以用照相机捕捉美景和有趣的瞬间，和家人一起创作一张旅游专辑来庆祝新年。

②欢聚景象：若一家人选择在家过年，初中生可以用照相机把全家团聚的欢乐景象拍下来，把亲人的新面貌、新的气候都拍下来，并把他们在家里帮忙的时候拍下来。

③作品：过年的时候，初中生可以和爸爸妈妈剪窗花、包饺子、做年糕、打扫房间等，可以用照相机拍摄自己的工作，也可以用文字来记录自己的生活，也可以写一些有趣的文章，与大家一起分享。

④珍宝：在假日期间，初中生要多读书，增长见识，理智地分析问题。初中生可以与家长共同挑选一部或几部好的书籍，与家长们一起读书、沟通、探讨，并撰写书评。在课堂上，初中生可以和同学们交流书评。

这些以积极参与、合作及自主发展为主要特点的模拟体验，能够帮助同学们养成并以强烈的责任感和使命感去看这个世界；学习沟通，并在不断地发展中体会人生的快乐；学习健康快乐，自由负责，智慧创新；学习自我管理和全面的实战技巧。

四、STEM 理念下综合实践活动样本课程开发模式

（一）STEM 教育理念

STEM 是科学（Science）、技术（Technology）、工程（Engineering）、数学（Mathematics）四大学科的简称。科学重在认识自然，解释自然的客观规律和现实规律；在尊重自然规律的基础上，技术可以不断地改造世界，以达到改造自然的目的；工程是运用科学原理来设计有用物体的学科；数学在技术和工程学科中起着举足轻重的作用。

STEM 是指将实际问题和科学、技术、工程、数学相结合的方法，将其应用于工程设计中，注重从实际出发，把学习引进到科学、技术、工程、数学等领域，以提升学生的综合素质。

（二）课程开发的研究意义

"STEM"教学体现了将科学、技术、工程、数学等多种学科结合起来的综合性教学思想，强调实践与创新、全面发展学生综合能力、发挥其无穷潜力。因此，从 STEM 的思想出发对我国的综合实践活动课程进行探索，具有现实指导意义。

（三）课程开发的研究理论基础

美国实用主义教育家杜威在引入"做中学"理论时，就曾提出过"从做中学要比从听中学更是一种较好的方法"这一观点。"从听中学"的后果就是，学生不能得到真实的知识，反而会使他们对学校、学业产生厌烦，从而限制了学生的创造性。杜威认为，要改变传统教学的弊端，就必须通过与周围的环境进行交互来不断地成长，单纯地将知识写入课本并不能算是真正的学习，更谈不上真正的成长。

（四）课程开发的研究方法

1. 课堂观察法

课堂观察法是研究者在特定研究目标下，通过自身的感觉及其他辅助工具来直接观察，从而获得所需的资料。研究者利用观察法来观察学生的课堂反应，并利用手机、录音和其他装置来记录学生在各个学习阶段的表现。

2. 访谈法

访谈法是一种数据采集的方式，调查者会直接询问被调查者并记录他们的答案。在教学科研中，这是一种重要的资料搜集方式。通过与校长及教师的交流，能更好地理解学校的教学理念及课程需求。在课后，通过与学生、家长的交流，

了解学生及家长对此的看法及意见，使他们能在STEM的指导下，积极参加样本课程的综合实践，从而体现出STEM活动的设计及实际效果。

3.调查法

调查法是对区域文化、办学条件、办学理念和内外环境进行初步的调查。在此基础上，研究者对样本课程开发的可行性进行评价，并对其发展提出建议。

4.SWOT分析法

SWOT分析，也叫形势分析，是20世纪80年代早期旧金山大学的管理学教授韦利克提出的，是能够客观、准确地分析和研究部队的现实状况的一种手段。SWOT分析法在企业战略制定、竞争分析等方面有广泛的应用。在SWOT分析法中，S代表优势（Strength），W代表劣势（Weakness），O代表机遇（Opportunity），T代表威胁（Threat）。利用SWOT分析法，可以较全面地梳理、分析学校资源调查的成果，从而更清晰地认识到具体学校的课程发展状况，进而为全面的实践活动提供有针对性的学校课程，充分发挥学校与区域的优势，保证课程发展的可行性与特色。

（五）STEM教育和综合实践活动异同辨析

STEM教育和综合实践活动都属于跨学科融合的实践活动。

在课程起源方面，二者均诞生于国家层面的教育决策；在核心理念方面，均渗透跨学科融合的教育理念；在能力培养方面，均注重提出问题和解决问题能力的培养；在评价方式方面，均注重评价方式和评价角度的多样性。

在活动内容方面，STEM教育注重项目式学习，活动涉及的范围窄于综合实践活动涉及的范围；在主题生成方面，综合实践活动更提倡发挥学生的作用；在成果展示方面，STEM教育更注重物化成果。

（六）开发模式选择的主导因素

关于课程开发，从理论上进行划分主要有三种模式——需求主导模式、条件主导模式、目标主导模式，即开发模式选择的主导因素主要包括学生的实际需求、实际条件、学校目标。

第一，以学生的实际需求为主导。学校的课程开发应该从满足学生的学习和生活需求出发，使课程更好地适应学生的个性发展。学校应对学生进行大量的调查，以便弄清楚他们的需求和他们希望学习的内容。学生是主体，教师是辅导者。但是，在实践中，这一模式面临着一些问题，特别是学校的办学条件、学生的技术水平和学生的需要都有很大的差异，执行难度很大，而且课程的发展很随意，与课程的严谨要求相违背。

第二，以实际条件为主导。课程开发从客观环境、教师资源等方面来分析，根据学校的具体情况选择课程。在实践中，这种模式比较普遍。但是，该模式忽略了学生的实践能力，使课程更具个人化。

第三，以学校目标为主导。课程开发从学校的特征出发，考虑到学校的特色，以及如何开展样本课程。在开设样本课程时，会预先把学校的具体情况、教师的力量以及学校的经营状况等因素都考虑进去。这个模式也有其不足之处，容易使学生失去学习的兴趣。

从以上可以看出，单纯地采用单一的教学模式并不适合于学校的发展。一般在学校课程案例的设计中，三个模式都会被同时纳入，以便更好地进行课程开发。但是，在实践中，失衡仍然会持续，需要进行整合。

（七）开发模式设计

1. 开发思路

在课程开发过程中，要把每个因素都综合起来，把需求、条件、目标三者有机结合起来，才能使学校的课程发展更为完善。通过对学生的需求、学校的实际条件、学校的特征进行全面的分析，以防止某些要素的缺失。可采用 SWOT 分析方法进行分析。

2. 开发过程

开发样本课程需要学校领导、教师、学生及家长的大力支持。课程开发涉及需求评估、目标明确、课程内容选择与实施、评价与改进等过程。

（1）需求评估

为保证样本课程开发的顺利进行，应对学校的实际需求、学校的具体情况、学校的教学目的、学校的教育理念、课程要求、班级要求和学生的实际能力，以及各班级学生的看法，进行充分的调查与评估。

（2）目标明确

在充分考虑学校的条件、教师和学生特征的基础上，充分考虑到学校、教师和学生的条件，确定教学目标。综合实践活动课程的课程目标与学科课程的教学目标是相一致的，目标也应该建立在诸如知识和技能、过程和方法、情感态度和价值的立体目标上。

（3）课程内容选择与实施

从学校实际出发，结合地方实际，从提高学生的综合能力、跨学科能力等方面入手，选择适合的教学内容。在学生的实际学习中，寻找符合他们生活的活动主题是非常有必要的，应在教学内容和技巧的框架下，培养学生的学习兴趣。

（4）评价与改进

课程评估重在流程，而不是一个具体的成果。在学习过程中的评价是为了提高学生的综合应用能力。在解决问题时，学生会利用不同的学科知识进行问题的求解，并最终完成问题的求解。同时，学校的课程发展是一个不断变化的过程，应在做出评价后及时改进。

五、STEM 理念下综合实践活动样本课程开发案例

（一）需求评估

1. 地域文化

过去由于社会生产力的落后，人类在相对稳定、封闭的环境中，形成了一种独特的社会文化。后来由于生产力的发展，人们之间的交往与融合不断增强，但处在不同地域的人们依然留存有自己民族文化的特征。如在呼和浩特，蒙古文化的建筑、服饰、装饰等随处可见。

2. 办学条件

Q中学位于呼和浩特市，刚办学2年，是一所年轻充满朝气的学校。从图5-2可以看出，3D打印教室设施完善，但因为这个学校创办时间短，虽然设施很好，还从来没有被用过，处于闲置状态，不能完全发挥功能。

图 5-2　3D 打印教室

3. 办学理念

Q 中学管理者注重培养学生的不同兴趣。"培养世界的中国人"是学校的特色。除了一般的课程之外，本校学生星期五下午 4 时到 6 时开设了十几个不同的社团活动，其中包括篮球、服装、数学思维、文学等，这些都是以"小镇课堂"的形式进行的。校长、教师和家长都是关注并支持学校的课程发展的，这个学校曾成功地组织了 12 个城市项目。

4. 学校内外部环境分析

下面采用 SWOT 分析法对 Q 中学综合实践活动课程的开发资源进行分析，见表 5-1。

表 5-1　Q 中学 STEM 理念下综合实践活动样本课程开发 SWOT 分析

	S（优势）	W（劣势）	O（机遇）	T（威胁）
政策支持	国家出台的初中综合实践活动课程标准中明确指出，支持开展综合实践活动样本课程开发	目前没有详细的 STEM 理念下综合实践活动课程标准	学校响应政府号召，积极开展创客，创建 STEM 教室	综合实践活动课程内容没有详细规定，随意性较大
地域环境	呼和浩特市有着悠久的历史和光辉灿烂的文化，是华夏文明的发祥地之一	地域靠北，STEM 教室发展较晚	目前发展趋势较好，有好的发展前景	受现代经济发展的影响，一些民族特色的东西在学生心目中没有原来那么深刻
学校条件	学校建有专门的 STEM 教室，设备齐全	由于学校刚建校，STEM 教室设备还没有开始使用	学校引进技术人员对于教师对 STEM 教室的使用提供支持，教授设备的使用	由于学校刚建校，"小镇课堂"只开展了一年
师资力量	学校教职工有扎实的基本功、丰富的教学经验、较好的教学成绩、有关爱孩子的责任意识	教师队伍中有开发课程经验的较少	大部分教师对 STEM 教室使用、学生能力提高充满信心	部分教师认为会影响学生其他课程的学习

续表

	S（优势）	W（劣势）	O（机遇）	T（威胁）
生源情况	学生乐于接受新事物，对STEM课程开发具有一定的兴趣	学生来自不同的小学，能力参差不齐	大部分家长支持开设该课程	学生对新事物的持久度不够，有些学生一时兴起选择该课程，但坚持不下去

在"小镇课堂"开展的初期，学校外聘了专门的教师对学校教师进行创客教室的培训。通过此次培训，教师们对创客课堂有了一个初步的认识。由于没有举办镇区课程的经验，所以在开课之前，学校就与教师们交流，希望能从成功的教师那里学到一些有关镇区课程的经验。针对部分教师认为的该课程会对学生的学习成绩有一定的影响，校方组织了一次动员大会，说明了在镇上开办该课程的重要性和必要性。同时，学校的校长也十分重视综合实践活动课程。总体来看，在Q中学开设综合实践活动课程是可行的。

（二）目标明确

明确目标是实施综合实践活动课程的关键环节，其对综合实践活动课程的发展起到了决定性的作用。要发展适应于实际教学的综合性课程，就必须对课程目标进行科学、合理的设计。

1. 课程目标的设计依据

本课程的目标是让学生在实践活动中应用多元的思考与知识，提升解决实际问题的能力，这一能力是课程目标设计的重要基础。

①培养学生跨学科解决问题的综合能力。综合实践活动课程着重于运用各方面知识理解、分析、解决问题，增强学生的综合素质，尤其是培养学生的责任感、创新精神和动手能力，以满足社会生活、职业环境和自身发展的需求，以及应对知识社会和信息社会的挑战。以STEM理念下的综合实践活动课程为基础的学校课程，适应了创新时代的发展要求，旨在培养具有创新意识、设计意识和实用价值的新型应用型人才。

②依据综合实践活动课程标准。学生的自我发展是一切教育活动的根本起点，教育的根本作用就是使学生的身心得到全面的发展，从而使他们的行为发生多种正面的变化。学校综合实践活动课程开展的起点在于对实际生活环境的

灵活应用，运用跨学科的知识来解决问题，并在课程标准中培养学生的能力。教学大纲规定了学生应具备的基本技能，因此在实际的综合实践活动课程目标设置中，可以精炼技巧，并为学校的课程设计特定的立体目标。

2.具体三维目标

初中综合实践活动课程教学目标，旨在培养学生的学习能力、合作能力和分析能力。综合实践活动课程和STEM教育思想结合的目的在于培养学生在综合学习环境中的动手能力和创造能力。学校可从全面提高学生综合素质的要求出发，制定全面的目标，细化目标，并对立体教学目标进行细致的设计。

以下是Q中学STEM教育理念下综合实践活动课程的具体目标设计。

（1）第一单元三维目标

①知识与技能。

a.能根据遇到的情境提出问题，观察并收集有助于思考问题的信息。

b.理解使用草图、图纸或物理模式等进行沟通能更清晰地表达设计构思，并有意识在设计中使用这些工具。

c.在设计过程中能及时与同伴沟通、讨论，改进设计。

d.在实验过程中能对不同设计方案进行比较、测试，选取最佳方案。

e.通过一系列的活动，能确定工程的五步设计过程。

f.能实施工程设计过程的五步设计过程。

g.在交流中能发送明确的消息，清晰地传递信息。

h.能够在团队协作中达成可接受的共识。

②过程与方法。

a.经历探究过程，尝试应用科学探究的方法解决遇到的问题。

b.通过探究活动发展质疑能力，逐步培养信息收集和处理能力，分析、解决问题能力和交流、合作能力。

③情感态度与价值观。

a.有将自己的见解与他人交流的愿望，敢于坚持正确的观点，勇于修正错误，培养团队精神。

b.发展对科学的好奇心与求知欲，乐于探索。

（2）第二单元三维目标

①知识和技能。

a.了解什么是3D打印技术。

b. 知道 3D 打印的用途和使用方法。

c. 掌握 3Done 软件的使用。

d. 学会运用 3Done 软件进行创意设计。

e. 知道运用工程设计五步进行设计。

f. 学会运用 3D 打印机打印作品。

g. 在交流中能发送明确的消息，清晰地传递信息。

h. 能够在团队协作中达成可接受的共识。

i. 在设计过程中能及时与同伴沟通、讨论，改进设计。

g. 在实验过程中能对不同设计方案进行比较、测试，选取最佳方案。

k. 理解使用草图、图纸或物理模式等进行沟通能更清晰地表达设计构思，并有意识在设计中使用这些工具。

② 过程与方法。

a. 经历探究过程，尝试应用科学探究的方法解决遇到的问题。

b. 通过探究活动发展质疑能力，逐步培养信息收集和处理能力，分析、解决问题能力和交流、合作能力。

c. 通过学生相互协作学习提升信息技术综合应用能力。

d. 通过模仿和创造，与他人合作完成主题创意设计。

③ 情感态度与价值观。

a. 有将自己的见解与他人交流的愿望，敢于坚持正确的观点，勇于修正错误，培养团队精神。

b. 发展对科学的好奇心与求知欲，乐于探索。

c. 能够主动关注新技术，运用新技术表达自己的创意。

d. 能通过多种渠道获得自己需要的资源。

（三）课程内容选择

根据综合实践活动课程教学目标的要求，应对学生进行全面的素质教育，引导学生在实践中解决问题。在教学内容的选取上，要将多学科结合起来，让学生可以运用不同的科目来解决问题，提高他们运用多种学科解题的技巧。

华南师范大学李克东教授对 STEM 教学中的跨学科学习进行了大量的研究，并取得了很好的效果。李克东教授曾在课程设计模式中引入"5EX"模式，并对其进行了设计与实施。5EX 包括 EQ（Enter and Questions）、EM（Exploration and Mathematics)、ET(Engineering and Technology)、EC(Expansion and Creativity)与 ER(Evaluation and Reflection)一系列成熟的过程。Q 中学在进行样本课程内容选择时,参考了该活动流程,选择了符合学生真实情况的案例,引入了真实情境导入、设计草图、动手操作与创建改进、完成作品的设计等环节。本课程的目的是让学生通过工程设计及实际生产,来提升自己的创意与实践能力。Q 中学在对学校与学生的实际情况进行分析后,将课程分为两个部分:桥的力量和创意夜灯。

在"桥的力量"课程中,通过情境引入的方式,让学生了解造桥设计的问题及基本需求,由想象设计完成设计草图,体验设计的想象力与计划,通过折纸制作设计图,体验设计创作过程、测试工作、评估工作、改善工作,让学生可以亲身感受工程设计的改善效果。

"创意夜灯"课程主要是了解 3D 打印的原理、应用领域、使用方法以及三维模式的软件。为了更好地利用三维造型软件,学生将共同制作一个"夜灯建模"。工程设计分为五个阶段,然后进行造型和裁剪,利用 3D 印刷技术完成夜间照明。

(四)课程内容实施

为了提高学生的动手能力,教师在教学中起着主导作用,即教学以学生为主体,以教师为主导,教师负责领导和监督,学生独立完成各项活动。设计过程包括提问、想象、设计、创建和完善五步进行设计。课程开设了 9 个课时,为期一学期,每周五下午 4 时至 6 时社团时间进行。活动单元安排见表 5-2。

表 5-2　活动单元安排

第一课时	初识工程设计	情境导入,让学生体会工程设计的提问阶段,提问制作桥的基本要求
第二课时	想象设计桥	通过想象设计完成桥的设计草图,体验工程设计想象和计划阶段
第三课时	桥的完成	将设计图通过折纸的方式创建出来,体验工程设计的创建过程
第四课时	桥的测试与改进	测试作品→评价作品→学生改进作品,让学生体验工程设计中的改进阶段
第五课时	神奇的 3D 打印	情境导入,了解 3D 打印是什么,以及其原理来源、应用领域、使用方法,认识 3D 建模软件 3Done

续表

第六课时	案例建模	为了更好地使用3Done软件,为夜灯建模打下基础,师生一起完成案例建模
第七课时	创意夜灯设计图	情境导入,回顾工程设计的五步,再进行新的工程设计的提问、想象和设计过程
第八课时	3D夜灯建模	将设计图建模,切片
第九课时	完成夜灯制作以及改进	使用3D打印完成夜灯的设计,在这个阶段会发现有问题,改进设计

(五)评价与改进

美国科学家泰勒就如何评价课程进行过探讨,认为"评价的过程实质上就是要决定一门课程是怎样达到教学目的的"。中国课程专家石良芳指出"课程评估是对课程价值的研究,也就是对课程的价值进行评估"。虽然各国科学家对学校的课程评价不一,但是都表示评价要从很多方面进行,不仅要评价成果,而且要评价程序。Q中学的此次课程评价包括对学生的评价和对课程的评价。

1. 对学生的评价

要使学生全面掌握多学科知识,就必须对学生进行全面的评估,既要对具体的成绩进行评估,又要对学生进行全过程的评估。本课程通过课堂观察、小组评价、教师评价等方式进行,评分比是3∶3∶4。

①学生自我评价。学生自我评价包括对自己的全面素质进行评价,其中包括合作性、表现性和实践性。

②组间评价和教师评价。每次教学活动结束后,各小组的工作就会结束。然后在教师组织下,由一位代表说明他们的工作,其中包括在制造中遇到的问题和解决方法。在展示期间,其他团队可以提出问题或进行评价,教师可针对学生的整体表现进行评价。

2. 对课程的评价

评价一个学校的课程是否取得成功,有很多因素需要进行评价:既要评价学校课程本身,也要教师与家长的评价。学校的课程发展是一个动态的、不断提高的过程,在各方面的意见下案例的设计可以得到进一步的完善。在本课程中,家长的评价是对课程结果的评价。

（六）课程设计中学科融合思路

两个单元的课程设计都是以 STEM 工程设计理念为基础，以综合实践课程为基础，进行的样本课程的设计。设计的核心是把 STEM 教学思想与设计流程相结合，在 STEM 思想的指导下，通过 STEM 的教学实践，形成 STEM 理念下综合实践活动样本课程。

1. 科学探究必不可少

在"桥的设计"和"创意夜灯"课程中，学生们探索了各种不同领域的想象力，对未知的渴望与日俱增。科学探究让他们能够积极开展自己的工作，并且有一种满足的感觉。

科学探究是指通过一定的过程和方法对客观事物和现象进行探索和研究。探究能力是一项很好的综合素质，这与教学大纲所规定的全面素质教育相一致。当学生具备科学探究意识时，在遇到实际问题时，会运用想象与设计的方式来进行规划，在此基础上解决问题，并主动寻求解决之道。在课程期间，学生们进行了大量的实验，以得到最优的解决方案。

2. 将技术与工程设计相结合

这门课是为七年级的学生开设的。因为他们刚上初中，对于技术与工程学的知识还不是很丰富，因此在设计课程的时候也要把这些因素考虑进去。本课程分为五个阶段，分别进行了工程设计。在完成了桥、夜灯的设计之后，学生还要在后期制作自己的设计方案，并且在有限的材料条件下进行工程设计。

在工程设计中，设计的主体要遵循五个阶段：提问、设计、规划、创造、改进，通过这五步完成作品。最后，学生们不但学到了知识和技术，而且也有了工作体会。

3. 数学的应用

在设计第一单元时，要先将学生所学的平面图与整体图进行转化。在制作不同部位的桥梁时，还需要掌握大量的数学知识。通过对学生的实际状况的初步调研发现，学生掌握了平面、立体等多种立体图像的拓展。在实验中，学生们会发现，有很多问题是可以找出来的，而且桥的稳定性也比较好。

在第二个单元中，采用工程设计的方法来建造夜灯，在进行设计时，要利用有关的数学知识。在以后的日子里，也会利用 3D 软件来处理这些问题。据了解，七年级的学生已经掌握了有关的数学，并且对所学的知识有了较深的了解。

第二节 样本课程实施

本节以上节 Q 中学的综合实践活动课程为例来具体介绍样本课程实施情况。

一、课程实施概况

课程有 9 节课，为期一学期，其对象是七年级的学生。在理解了这些课程之后，学生可以根据自己的爱好来做出自己的选择。具体的代课教师将依据学校的具体情况来决定。鉴于该学校在 3D 打印教室中使用电脑的数量有限，每个班最多只能使用 12 台。

二、课程实施阶段

本课程的实施过程分为以下三个阶段。

第一阶段：为课堂做准备。通过对校长、教师、一线教师的访谈，课程教师对学校的办学思想和前期综合实践活动课程的需求进行了全面的认识。课程教师参与到课堂中，和同学们进行了沟通，对目前的形势有了更多的认识。课程教师通过对初中综合实践活动课程标准的认真研究，制定了教学目标，精心组织了一次综合性的实践课。

第二阶段：课堂。课程教师按照所学到的课程理念，为本课程做好准备。通过提问、导入等方式，为学生营造一个现实的情境，使课堂上的问题得以解决。在教室里，教师主要负责监督，而学生有足够的自主活动，自己去想、去说。通过分析与讨论，学生能够积极地发现问题，并寻找解决问题的途径。

第三阶段：对教学的思考和提高。课堂反思是指对于实际时间和预期时间、实际安排和预期安排不同的反思。通过课堂观察学生的反应，并在课后进行沟通，及时解决问题。

三、"桥的力量"课程的实施与反馈

（一）备课阶段

本阶段，课程教师根据学生与学校的具体情况，认真研读 STEM 的概念及综合实践活动课程的规范，并根据案例，建立了课程的教学思想。

（二）上课阶段

1. 第一课时

教师展示预先准备好的道具，并将其放在台上。不过这个道具很小，坐在后排的同学们根本就看不见，于是教师提出了要求：让同学们用教师的资料搭一个纸桥。

教师：在我们设计这个工作前，我们应该了解些什么？还是在设计前遇到了问题？在进行设计前，是否有特定的设计需求？想要实现什么特性？对材料的设计和制作有什么要求？

教师可带领学生看一些桥的图片以了解桥的构造：桥由桥跨结构、支柱系统和桥墩组成。然后带领学生用手中的材料一起制作一下桥墩——在生活中遇到的大多数桥墩是圆柱。桥跨结构是六面体，师生一起用纸制作一下。

在拆装和制作的初期，学生们制作了圆柱和六面体。在第一次上课时，教师要求学生做一个直径4厘米、高度10厘米的密闭圆筒。在制作过程中，同学们利用自己的数学知识，把圆筒分成2个圆圈和1个长方形。长方形的宽为圆柱的高度，而长方形的长为圆形的圆周。在裁剪过程中，同学们认为，在胶接过程中，接触面可能会有空隙。同学们开始思考，有些同学再次动手。其他没有办法的同学，在看见别人的解答后，就会自行设计出自己的答案，以供别人参考。在制作六面体时，一些学生根据加工圆筒的经验对其进行平滑处理。在这个阶段，课程教师留意到，同学们会主动地去寻找问题的答案。

2. 第二课时

本课时的主要内容是实施想象与计划。在上课之前，教师会向大家介绍一些日常生活中常见的桥型。教师希望同学们可以利用自己的想象力来建造自己的想象之桥，可利用计算机上的绘图软件来制作。

在电脑设计中，在设计之初，同学们根据自己的创意自行设计不同的桥型。在此期间，一些同学把他们的创意加入设计中。一位同学只用了半个小时就完成了这个设计，8个人在指定的时间里完成了这个设计，还有3个人没有得到其他同学的协助。因为学校电脑不能上网，加上教师对桥梁模型的制约，有些同学的设计没有进展。

3. 第三课时

按照上次课程的设计图制作最终产品。教师事先收集同学们的设计草图，并将其打印出来，并按不同的设计类型将其按组编号。各小组讨论作品，并对最佳作品进行讨论。

A组：一开始，都认为自己干得不错，但是不会去讨论，于是就自己去做。在制作过程中，同学们发现他们的作品不能完成，商量了一下，决定将大家组合在一起，然后选择自己喜欢的设计。在制作圆柱时，仅有外件被制成。在需要的高度下，由于支撑力不足，在圆柱上增加了3个三角形柱体，以增加支撑力。

B组：在讨论中，同学们认为学生B2的图案比较清楚，而方柱也是常见的。在一定的时间里，六面体的制造节约了大量的时间。在制作的时候，每个人都有自己的工作。在该组小组中做得最快，但是做完之后，觉得没有足够的支撑，于是在桥两边各加一个三角形的搁板，再加一层支撑在柱子上。

C组：两个人商量了一下，决定把他们的作品组合在一起。在桥下增设若干支座，以达到较好的支撑力。在制作期间，该组花了大量的时间建造了塔楼，而且能够承受较大的重量。另外，一些同学认为该组在做试验时表现得最好，但是这一组的桥高并没有达到规定的标准，需要在改善的过程中加以调整。

D组：同学们看了他们的作品，发现同学D1的设计很清楚，很实用。该小组非常注意细节，并花费大量的时间在细节上。他们在试验中发现，当桥墩变成四四方方的时候，可以轻易地向下弯曲。为了提高角钢的承载力，在每个角落都加了一根小型的柱子。在接下来的几次制造中，他们也采取了这种方法，在空桥上加入了几根中空的柱子来提高其稳定性。

E组：该组同学觉得学生E1的作业难度大，而学生E2的作业又过于简单。他们决定把二者的设计结合。学生E3主要负责变更、设计、管理和计算。这一系列的设计增加了艺术性和美感。（其中一位同学学过画画，而且比一般的美术生要好。）

F组：在讨论后，小组同学发现学生F1的作业比较清楚，但是还需要修改，所以决定进行下一步。很多设计部件在制造时已经改变。最终，F组未能按时完成任务。

4. 第四课时

在本课时主要进行桥的测试与改进。教师与同学共同评定，哪些作品是合格的，哪些是不行的。测试结果显示：F组未能按时完工（在首次制作中，由于所做的构件不能承载自身的重量，容易发生变形，故进行二次设计，但未能按时完工）。经检测，A、D两组的工作成果符合设计要求，摆放时不会晃动，小震动后不会发生变形。B组作品会晃动变形。C组作品的高度未达到标准。在满足设计需求的前提下，E组完成得更有艺术性与美感。

师生均享有投票权。各组可以在各方面进行投票，以选出最好的作品。团队内部的评价是团队内部的，问题在于评价原则（如分工情况、完成情况）。同学们讨论他们所在团体中的最好的细节。各组之间的安排各有利弊。学生可以在此过程中学习，提高自己的设计水平。F组已完成了作品，B组在原有的柱子上再加一层，利用所学过的，在力点的另一面加上一个作用力，以提高其稳定性。

（三）教学反思与改进阶段

学生们可以在各个阶段都积极地参加。每位同学都已经做好了上课所需的物品，有些同学还为教师做了准备。每位同学基本上都能在课堂上完成作业。个别同学一开始不懂，可以请同学帮忙。原来的教学计划和真实的教学计划有一定的差别。当教师逐渐了解了学生的状况后，就会适时地进行调整。

在实际应用中，由于图形软件的构造不同，其设计速度也有明显的差别。教师没有过多干预学生的计划。

在第三个阶段，教师由于对学生们的工作没有进行清晰的划分，造成了很多小组都是一个人完成的。在以后的课程中，教师应让同学们按照自己的兴趣来挑选一份工作，并把他们分成不同的小组，以便让他们都能够参与到活动中去。

四、"创意夜灯"课程的实施与反馈

（一）准备阶段

本阶段，课程教师根据学生及校内的具体条件，认真研读综合实践活动课程，并阅读大量有关实物的个案，编制课程设计，以形成一套教学模式。

（二）上课阶段

1. 第一课时

本课时主要是关于3D打印的知识，包括什么是3D打印、3D打印的起源和范围、3D打印的使用方法、对3D建模软件的基本认识和对3D打印的操作方法的认识等。

以上知识能使学生了解3D印刷技术，并能使学生了解印刷机的工作原理。同学们积极地参与到这个流程中，并且对这种技术非常感兴趣。

2. 第二课时

通过三维软件，让学生进行模型的制作。在此过程中，能够加深学生对复杂作品中事物的认识。同学们在一起学习。班里有两位同学有基本的知识，所以他们能迅速地学会。其他同学可以按照教师的要求去做。结果是，大多数学生们的实际操作能力很强。在设计时，学生的水平并不均衡，有些学生的水平并未显现出来。在今后的教学设计中，可以更多地关注学生能够独立地进行某些操作。实验结果显示，学生对所学功能的认识比教师要多。在今后的课程中，学生能够自主地学会设计软件的功能，应让学生有充足的时间学习、塑造和掌握学习技巧。

3. 第三课时

教师预先对设计工作进行介绍，并就项目设计的第一步、设计要求和各个方面的问题进行提问。教师让学生事先把灯笼拿出来，这样他们就能有个大概的方向。灯笼有3个部件，可以按步骤来制作。在进行设计时，可以预先想好怎样让它更加方便和简单。请同学们在网上或通过其他途径提出有关的问题。课后，每位同学都要完成自己的设计。在此期间，有些同学未能完成设计。学校会在其他的课程中对学生进行提示，并使其利用业余时间来完成设计。为达到工程设计的设想与计划，本阶段是从团队中选出最好的作品来进行模式化。

本课程共12名同学，每组3人。分成A、B、C和D四组。每个小组指派一个组长。

A组：3个人在一起商量后，最后选出1个人的作品为最佳设计。在采用软件设计时，他们3人都参与了设计的一部分。若在设计中遇到问题，不能完成，该组会向教师及同学请教。最终，该组完成设计并进行裁剪。

B组：从学生的作品中选出一个，他们觉得学生A的作品是最完美的。在制作的时候，做了一些改动。在建模上，由于学生对软件的了解有限，有些设计不能实施，所以可以考虑在产品开发中需要改进和优化的问题。

C组：经商议，小组决定一起做。根据他们原来的设计，他们制作了一个新的模型，并且构建了一个软件模式。这样既保证了模式的速度，又让每位同学都能使用电脑。最终，该团队是最快速的，能够在3人的团结协作中进行改进和革新。

D组：该组学生们都在学这个科目，其中一个同学提供了几条建议，其他同学对该同学的意见不一。因为他们没有使用计算机，因此该小组的学习进度没有其他小组快。

4.第四课时

本课时的主要工作是将上一节课所做的工作用3D打印机打印。完成工程设计的制作步骤，学生可以把全部的工作内容打印出来。由于学生刚开始使用3D打印机，因此整个流程的重心都放在了安全性上。请注意，印刷时打印机的门不可开启，以免造成烫伤。

在印刷期间，出现了几个设计上的问题。C组的工作有问题，最后导致失败和重新设计。在这门课程中，同学们可以改善自己的团队，并最终完善技术设计。

（三）教学反思与改进阶段

本单元的学习流程可以按照时间表进行，并且大家都非常感兴趣。初步调查发现，学生的基本素质参差不齐，有些基础薄弱，但在实际教学中，他们能迅速适应。在课堂上，学生可以和同学进行沟通，让他们有更多的时间去熟悉这个软件。在课程的最后阶段，学生们发现他们花更多的时间来学习软件。在将来的课程中，同学们可以有足够的时间进行自主学习，并通过团体的方式来熟悉软件。在设计夜间照明装置时，对学习3D印刷的学生而言是一件很困难的事情。在下一次的设计中，设计者可以从更简单的角度来进行设计。在设计时，由于学生对夜间照明的了解较少，缺少设计的概念。

在3个人的小组里，有些同学因为不合理地利用时间而产生了问题。在之后的设计中，每一个同学都被指派一个任务，以便每个人都能在这个任务中成长。在安保方面，应该着重指出，每一组都可以选出一位安保人员担任安保工作。教师对学生自身的操作进行安全监测。

五、样本课程评价

学校的课程规划包括了课程评估，主要涉及教师、学生、家长三个层面的课程评估。在教学中，校长也会对课程进行评价，并给出建议，确保课程的执行。学校举办了一场城镇的班级嘉年华，邀请家长参加。家长对此课程进行了评价，并给出了一些有价值的意见。以家长评分为依据，课程得分为9.77，位于所有科目中的第5位。家长们对这些课程赞不绝口，他们都想在将来的都市规划中加入更多这样的课程。以代课教师、班主任、校长评分为依据，课程得分为9.56。总体而言，在STEM理念下，Q中学综合实践活动课程的发展与执行是一种成功的实践。

六、学生的成长

学生在课堂上的改变情况，主要通过对课堂观察资料进行定性和定量的分析来获得。

在这门课上，学生会在设计草图后，得到教师的意见，或者看到同学有创意的设计，或者看到别人解决问题的习惯。

在第一单元"桥的力量"中，学生们被问到要用多少份纸来做圆柱的承重。学生们可以自己去寻找资料，做一些试验，了解试验的原理和乐趣，从自己的试验中得到快乐。学生们改变了自己的思维方式，并通过教师的反馈来检验自己的观点。

在第二单元"创意夜灯"中，学生们可以通过查询资料、实验来主动地去修正自己的不完善的作品，进而实现自己的创作。虽然有些学生会从同学那里借鉴一些东西，但是他们还是会把自己的观点加入自己的作品中。另外，学生可以主动地设计和发现制造流程中的问题，可以很好地把自己作品的制作和修改过程告诉他人。

总体而言，学生对 STEM 课程的教学质量普遍有较高的评价。

第三节　科技创新类样本课程开发

综合实践活动课程是以学生的个性发展为核心的一门综合性课程。它是一门以学生的兴趣、亲身经历为核心的课程，以探究式学习为主导，以创新为主要目的，注重实际操作能力，充分体现知识的综合运用。科技创新竞赛是一项以青少年为对象的具有引领作用的科学技术教育项目，是一项以优秀科技成果为载体的科技教育活动。利用综合实践活动课程的思想，开展科技创新综合实践课，既能丰富学校综合实践活动课程的内涵，又能提升学校的科技文化品位，彰显学校的办学特色。

一、开发的必要性

综合实践活动课程与科技创新大赛，充分体现了当代教育思想，即"以实践为本"。同时，二者能够为学生营造一个开放的学习氛围，使他们从各种途径获得知识，并在实践中不断提高自己的创造力和动手能力。从活动的目标上来看，综合实践活动课程以全面的实践和大众教育为目标，而以技术创新为目标的是精英化教育；从活动的内容上看，大众教育要求综合实践活动课程的内容要具有普遍性，而精英化教育则要求活动的内容要有一定的难度和深度，要有一定的创新；从活动效果上来看，综合实践活动课程的评估更侧重于过程，而科技创新竞赛则侧重于结果。

由上可知，科技创新比赛其实是一种基于综合实践的比赛，目的在于展现优秀，在引导学生开展科学探究、展现自己的同时，也为学生提供了一个展现自己的舞台，让他们能够不断地学习和体会到综合实践的魅力。

二、开发的基本策略

开发科技创新类综合实践活动样本课程，面临着三个难点，分别是学校与教师对科技教育类样本课程的价值认识是否统一，学校的教育传统、教育资源与教师开发的样本课程是否能有机结合，不同学科教师之间的教学观念差异是否能进行有效的沟通与合作。针对以上问题，在科技创新类综合实践活动课程样本化的过程中，可以从以下三个方面着手来化解难点，以获得更为深入的发展。

第一，科技创新类综合实践活动课程样本化时应注意体现学校的办学特色和学校的整体追求。样本课程开发是基于一定的学校教育哲学而开展的，即根据学校的办学目的和对学生的培养目标来进行，它应该体现学校的办学特色和学校的整体追求，因此在开发科技创新类综合实践活动样本课程时不仅要注重科技知识的学习，还要重视科学情感、科学态度和科学精神的培养。尤其重要的是，要根据学校的教育传统，对其进行"样本化"的改造，从而"传承"学校的文化。

第二，科技创新类综合实践活动样本课程的开发要注意根据学校的资源来整合教学内容。样本课程强调对于地区和学校的适应性，而不同的地区有不同的文化特征和资源，不同的学校有不同的传统、硬件和师资，科技创新类综合实践活动课程对它们的依赖比较高，因此在开发过程中不能生搬硬套，要注意结合自身特点，整合可利用的教学资源。

第三，科技创新类综合实践活动样本课程的开发要加强不同学科教师之间的沟通与合作。科技创新类综合实践活动课程涉及的学科比一般性样本课程要多，涉及的知识更难，某一学科很少能单独完成，某方面甚至需要利用校外其他学科资源进行辅导，如果各学科教师之间加强合作，指导学生进行科技创新类综合实践活动课程时就会少走很多弯路，这对其样本化乃至形成样本特色有极大的帮助。

三、开发的具体途径

科技创新类综合实践活动样本课程的开发过程，应该是学校与教师整合各种资源的过程，此过程以科技创新成果为中介，引导学生进行综合实践，从而完成具有科技创新特征的学习过程。因此，在将科技创新类综合实践活动课程样本化时要抓住综合实践活动课程的根本目的，让实践活动与学生、教师、学校资源、校外资源有机整合起来，从而达到培养学生创新能力的目的。具体来说，开发科技创新类综合实践活动样本课程可以从以下方面进行。

（一）多学科教师结合，整合科技创新类样本教学内容

科技创新大赛与综合实践活动课程一样，一个主题项目涉及多个学科，单靠某个学科进行教学主导难以满足需要，因此开发科技创新类综合实践活动样本课程时要有统一的思想，从学校整体出发，建立合适的教师团队，制订合适的教学内容。可以以某个教师或学科为主，针对涉及的项目内容进行调配相关学科的教师，例如开发发明创造类的样本时，可以由口才好的教师负责发明方法课，具体到发明项目时，再加上相关的物理、化学或生物等学科教师进行辅导。

（二）结合校内外资源，开设与学校资源相关的样本课程

每个学校拥有的资源不一样。资金雄厚的学校可能拥有更多的制造设备，更加容易制作发明类作品，故开设发明创造类样本课程会更便利；农村类学校可更多关注种植、养殖类样本课程；一些新建的学校，尤其想营造科技氛围的学校，可以以创设学校科技创新教育环境为切入点，开设与学校环境建设相关的样本课程。例如，在学校建设方面故意"预留"某方面的科技氛围建设，将此内容开发成样本课程，由学生去设计制作或操作，可有效提升学生的兴趣。又如，学校路牌的设计，学校田地种植的开发，宣传栏的外观设计等可开发成科技创新类样本资源。

（三）结合校外资源，共同开发科技创新类样本课程

社会实践活动是学校教育的延伸，也是科技创新活动的一个重要支撑，同时综合实践活动课程的一个重要思想就是让学生走进生活、走进社会，因此社会资源的有效利用是科技创新类实践活动成功的关键。开发科技创新类实践活动样本时充分利用校外资源，既可丰富青少年科技创新的实践活动方法，也能有效提升教师队伍的整体水平。校外资源包括进行科技创新时所涉及的研究人员、研究条件和研究设备等，比学校更为专业和完备，若能充分利用好校外资源，则学生在

此过程中会学到更加科学的研究方法和更多的技能,而教师也可得到很大的提升。首先,校内人员可结合校外的资源,与校外有相关特长的人员共同开发样本课程;其次,开发样本课程时可结合校外资源开发相关教学内容,在进行课题研究时,更有针对性地利用校外资源。因此,开发此类样本课程时,一定要结合学校所处的地理位置,充分利用好校外资源,如某学校地处制造加工业中心,则应该多开发相关资源。

(四)建立科技创新实践活动基地,开发与基地相关的科技创新类样本课程

结合基地的设施条件,针对本校学生的知识水平,确定样本课程的内容,有利于课程的持续性,同时能方便课程内容的延伸。如某植物园为某学校的综合实践活动课程基地,而且植物种类繁多、面积很大、有相关专业人员,因此该学校以它为基地,开发了一系列研究某种植物对生态环境影响的样本课程,年年更新,效果明显。

开发科技创新类综合实践活动样本课程,是科技教育的有机构成,但由于它对外界的要求比一般样本课程要高,因此在开发的时候要因地制宜,充分考虑本校、本地的实际情况,在学校人员和校外资源的积极参与和配合下,挖掘校内资源,选择有学校自身特色的内容,这样才能达到综合实践活动课程和科技创新辅导的双重目的。

第四节 德育样本课程开发

2014 年,教育部印发的《关于全面深化课程改革落实立德树人根本任务的意见》强调,立德树人是发展中国特色社会主义教育事业的核心所在,是培养德智体美全面发展的社会主义建设者和接班人的本质要求。在"立德育人"的今天,德育的作用不容忽视。学校应积极开展德育样本课程的建设。德育类综合实践活动课程的开发与实施,应充分发挥教师的主动性,并结合学校现有的教学资源,编写样本课程。

一、德育样本课程开发和应用的优势

在初中阶段,综合实践活动是一门重要的课程,是国家规定的,是由当地政府负责的,是由学校来制订和执行的,具有实用性、生成性、整体性等特点,能

让学校的课程发展变得多元化，也能保证执行的有效性。因此，以综合实践的方式，开展德育教育，是解决目前初中道德教育中存在的问题、促进学生全面发展的关键。以综合实践为基础的德育样本课程开发与应用具有如下优势。

首先，师生双方合作，让学生在教师的引导下，根据自身的人生经验，自主地提出学校课程的主题，并参与到课程的整体设计和执行中。在教学内容的选取上，可以根据学生的实际情况，将他们的观点综合起来，然后由教师和同学共同探讨，决定学校的教学内容。

其次，综合实践活动课程是一种具有生成性、完备性，能够实现德育教育的多元化发展，从而丰富德育实践的课程资源。在实际运用中，可以使学生对德育进行情感上的接受与认知，从而使其产生自身的需求，坚守道德准则，并在实践中实现由知到信的转变、从言语到行为的转换。

二、德育样本课程开发的方法与策略

1. 通过全面的实践，制定并落实学校道德教育的课程

综合实践活动课程是学校的必修课，在教学内容和实施途径上都比较丰富，教学目标的实现途径也比较灵活，同时也为解决德育课程的制定与执行工作中存在的问题提供了一些新的思考与机遇。

实践表明，综合实践活动课程的目的与本质不在于灌输、说教，而在于让学生通过体验与实践来获取感悟与启发，进而达到德育目的与成效。在进行德育样本课程的设计与实施时，应以综合实践为指导，改变传统的灌输、讲故事等教学方法，引导学生积极探索、获得经验，并对道德教育现象和事件获得深刻的认识。比如，某学校在社区里组织了一项"照顾孤寡老人"的活动。在活动开始之前，教师向同学介绍了孤寡老人的需求，并决定了他们的服务对象。接着，组织学生制订活动方案，为老人提供上门服务，并按计划进行服务：到老人的住处，为他们安排一个项目，和他们谈话，送他们一件适当的礼品，并为他们做一些事情。返校后，同学们相互交流，反思活动过程，交流活动经验。通过此活动，学生在体验中获得启发，思想得到升华，进而达到学校道德教育的目的。

2. 利用综合实践活动课程内容的选择与组织原则开发与实施德育样本课程

综合实践活动课程的组织与选择应遵循自主性、实用性、开放性、整合性、延续性等基本原则。教学内容的选取要从生活环境、学习经历、学校生活、家庭生活、社会生活等方面进行。在培养学生的道德、智力、审美、意识形态等方面，

对学生主体进行塑造。基于综合实践活动课程的德育样本课程，其内容的选择与差别是很大的。在教学中，要选取与学生的实际生活紧密联系、不与现实生活脱节、把德育问题转变为综合实践活动课程的课题，并从价值体认、责任担当、问题解决、创意物化四个层面着手打造具有鲜明个性的学校课程。

教材和课程的设计对学生的学习、社会实践活动等有着不同的要求，应使学生充分参与到各种实践活动中去，从而培养学生的实际技能，尤其是综合运用知识的能力和研究创新能力。教材和课程应着重于在学生的自主选择与主动实践的基础上，对教师进行有效的引导，使教师从一个传统的教育活动中的领袖，向支持和参与的人转变。

3.利用综合实践活动课程方式的多样化开发与实施德育样本课程

综合实践活动课程分为调查与探索、专业体验、社会服务、设计和制作四大类。教师要营造一个现实的环境，给学生以最大限度的机会去体验各种活动，同时也要让他们更积极地参加各种活动。德育课程的开发与实施，可以通过多维度、多角度的综合实践活动课程，来丰富和完善学校的课程德育，并避免简单化、同化，满足不同的学生的需要。因此，在学校德育课程的开发与实施上，应力求从四个层面拓展各个环节，以适应不同的学生。

比如，某年四月份，某中学打算组织一批学生到烈士墓参观。在活动全过程中，教师带领同学们进行了一系列特别的教学活动。活动一是通过电脑网络、图书馆、课外读物、访谈革命战士等途径，以加深对人民解放军历史和英勇事迹的认识。活动二是准备好花圈和小纸花等所需的材料。教师和同学们在一堂综合实践活动课上看录像，学会做花圈，并用白色的纸把纸花绑起来。活动三是探访烈士墓地的管理人员，了解他们对烈士的敬仰。活动四是在教师的带领下，学生们进行了一次缅怀仪式。活动五是参观英烈公墓，了解和推广国家安全知识。活动六是到公墓参观，感受英烈的功绩，送上花圈、亲手做的小纸花，为烈士献花。活动七是评估、总结和反思在墓地参观先烈的过程，为下次的活动做好准备。这些多元化的学校道德教育模式，提升了学生的素质，确保了活动的影响力，并使德育工作取得了实效。

4.利用综合实践活动课程的成熟课型开发与实施德育样本课程

经过多年的探索，通过专家和一线教师的共同努力，目前的综合实践活动课程已较为成熟，主要课程类型有访问与测验、观察、实验与探索、文献复习、中期报告、角色体验、绩效样本课等。教师可依托综合实践活动课程的基础课程类型，并根据德育课程的内容，在综合实践活动课程类型中选择合适的课程类型来实施德育课程。通过对教学课程的研究和实施，可以有效地提高学校的教学质量。

例如，在上文提到的学校德育课程中，教师和学生清扫了英烈的坟墓，并在整个活动中共同设计并运用了一些课程：在制作花圈和小白花时，要进行方法上的指导；在探访烈士墓地的管理人员时，要学习访谈的技巧；等等。

当然，基于综合性实践性的德育课程，也不能仅限于综合性实践性的课程，而是要根据具体的内容，灵活运用课程与活动的方式。

三、德育样本课程开发的不足之处

首先，教师设计课程的能力有待提高。应提升教师编制与执行课程的能力，推动其专业成长。反思实践活动是一种适应性行为，而行为研究则是在此过程中进行的。在此基础上，教师将会获得课程开发与执行所需的知识与技巧，进而促进其职业技能的不断发展。

其次，尚未建立起一套有效的评价指标体系。应依据发展与执行的目的，对发展进程和成效进行评价，以推动全面、持续、高效地开展学校德育课程的开发。

最后，在学校的德育工作中，教师对参与和实施的积极性不高。固有的职业思想使很多教师不能利用自己的综合实践活动课程的专业知识来适应学生的需要，学校的课程开发与执行的质量难以提升，因此，教师要进行持续的研究与学习。学校要有针对性地开展教学活动，加强教师的职业能力，引导教师积极主动地参加，以保证优质的学校课程不断地执行和发展。

总之，学校德育课程的制定与实施是以综合实践为指导的，已取得了不错的成效，但也存在着一些问题。今后，学校应继续致力于德育课程的开发与运用，以更好地服务于师生，为学校的发展提供支撑，并为培养具有实践能力、道德情操、创造力的下一代而奋斗。

第六章　初中历史综合实践活动课程的教学设计

教育的主体是学生，是未来社会的继承者。培养全面、高层次的创新型人才是时代发展的必然趋势。在全面推行素质教育的今天，注重知识和现实生活的联系，并将多学科知识用于解决问题，已经成为当今社会发展的潮流。在此背景下，部分教师对历史课程和综合实践活动课程之间的关系进行了反思，并对其进行了全面的探讨。历史综合实践活动课程是近年来发展起来的一个新课题。

第一节　初中历史综合实践活动课程的可行性分析

一、综合实践活动课程的背景研究

综合实践活动课程是在改革基础教育过程中产生的，新课程就是由教师负责指导，在实践中结合学生的实际情况，使学生能够自主地进行综合学习，体现出学生的全面适应性和知识的层次性，具有完整性、实用性和开放性等特点。本课程的目的在于促进学生对研究、社会实践及社会服务的持续关注；协助学生参与研究、社会实践及社会服务；帮助学生提高发现、分析和解决问题的能力，并立足实际提出自己的观点或者看法；提高学生实践能力；帮助学生养成相互合作、团结攻坚的精神；帮助学生养成实事求是的态度，尊重客观事实，尊重自然规律；提升学生奉献他人、奉献社会的责任感，培养学生主动担当、敢于负责的精神。

针对综合实践活动课程的研究也受到很多国家和地区的重视。20世纪，杜威创建"活动课程"，为理论发展奠定了基础。杜威在认识的"连续性原则"中指出，实用主义认识论的本质特征是"坚持认识和有目的的改变活动之间的联系性"。杜威实用主义认识论所追求的是一种实践理论，也可称为实践兴趣。因为上述理论产生的巨大影响力，促进了教育领域中的实践活动日益发展。进入21

世纪以来，综合实践活动课程受到空前的重视，并在实践中取得突出成效。纵观世界各国，包括英美等发达国家，都对此类课程给予充分的重视，并且根据本国教育事业发展的实际情况组织推动上述课程，通过开展系列的实践活动，作为提升学生综合素质的有效渠道，促进学生的全面发展，以培养更多优秀的人才满足社会发展所需，增强国家的综合竞争力。

我国自 21 世纪开始重视开展综合实践活动课程，这一概念出现在国家制定的规划中。关于这一课题的研究也受到相关领域专家和学者的重视，其中研究者文可以通过系统研究，阐述了综合实践活动课程背景和根本目的，并深入探讨了课程覆盖的内容，探寻实践运行中的规律性问题，更加便于制定出台相关的支持政策。自从综合实践活动课程成为中小学必修课之后，关于这一领域的研究受到专家、学者的重视，他们积极开展相关的理论研究，涉及的研究层面不断拓展，并在相关研究中取得突出的成果。先后有研究者张华、赵书超、钟启泉、安桂清等深入开展了上述研究，他们着眼于探究开展综合实践活动课程的方式方法、背景条件和具体措施等内容进行深度探究，不仅丰富了我国相关的研究理论，而且对实践开展发挥了重要的指导作用。2017 年我国教育主管部门针对中小学综合实践活动课程制定出台指导纲要，对综合实践活动课程必修课地位进行再次明确，提出了新要求，大大促进了上述课程的实践推行。在中小学，综合实践活动课程加入了教师优质课、一师一优课等评比活动，同时，学生的实践活动成果也纳入各项评比活动，这无疑大大提高了各地区各校对该课程的重视，对实践推动发挥出重要作用。

初中综合实践活动课程的创新与实践不能狭义地理解为让学生接触生活中的事物或者简单开展实践类活动，它应该是教育观的升华，立足学生核心素养视角，不仅重视学生主动探索意识培养，而且重视在这一探索过程中对学生认知的改变。在这种新的形势之下，初中综合实践活动课程应该引导学生将课堂学习与生活实践相结合，用所学的文化知识指导实践，也从实践活动中学习新的知识。

因此，教育工作者的研究应该结合初中生的心理特点，以更加贴近学生理解方式的教学手法进行实践活动课程理念下学科教学的开展。

在综合实践活动课程的开展过程中，教育者课前对学生活动环节的精心设计必然是至关重要的，而学生真正参与学习的实践活动的开展则是最核心的环节，具体来看包括研究性学习等，采取的活动形式则呈现多样化的特点，尽管形式存在较大的差异，但是均体现出开放性、综合性和实践性等特征，旨在让学生真正地投入学习，真正理解知识、提升能力、锻炼思维。

二、新课改对初中历史教学的要求

20世纪末，我国开始实行新课改，全面推动素质教育，目标就是在21世纪完成新基础教育课程体系的构建。新课改遵循的八大理念包括：①课改的出发点是以人为本和以学生的发展为本；②在构建现代化课程体系过程中，将开发型课程观作为必然发展方向；③在构建新型师生关系和课程管理体系中将民主化作为重要基础；④突出整合"三维目标"，即知识和技能、过程和方法、情感态度价值观；⑤国民需要树立终身学习的观念；⑥树立以评价促进发展的发展观；⑦突出教改的灵魂是批判和创新；⑧突出课改的落脚点是回归生活。截至目前，这些理念中的部分即便已经有了新的理念代替或者得到进一步发展，但是整体的基调没有变，特别是在实施课程过程中，更加重视转变学习的观念，从"要学生学"转化为"学生要学"，让学生对学习产生浓厚兴趣，能够积极参与其中、主动思考、善于探索、辛勤动手，并在学习过程中和同学们积极合作、相互配合。针对课程的评价也在发生变化，一直以来采用的评价往往更加重视甄别和选拔，其采用的标准主要是学生的成绩，而新的评价标准则倾向于对教师教学工作有所改进、对学生发展有所促进。

新课改自然也对初中历史的教学提出了新的要求。《历史与社会》新课程标准中强调，课程涉及的教学内容覆盖到地理、历史以及相关学科，目的就是提高学生人文素养，学习、创新以及社会实践能力，帮助学生直面生活、人生中的种种问题，保持良好的心态，培养顽强担当的性格，激发爱国热情，养成改革创新精神，树立正确的三观，成为社会主义现代化建设事业的接班人，担当民族复兴大任。课程需要完成这样的目标：了解中国与世界历史进程的基本事实，了解中国与世界人文地理的概况；了解社会生活的丰富内涵以及参与社会生活的多种方式和途径，理解个体发展与社会进步的关系；了解人类面临的生态问题，理解人口、资源、环境与经济社会发展的关系，理解人与自然的和谐发展；了解中国历史和世界历史的基本脉络以及人类物质文明、精神文明、政治文明、生态文明发展的基本趋势，理解近现代中国革命、建设、改革的曲折历程；运用多种方法和现代信息技术，收集、处理历史材料、地理和社会信息；经历观察、体验、感悟的过程，逐步提高参与社会生活的能力；尝试多角度探究当前生活中的挑战与机遇，学会独立思考、提出疑问、进行反思，逐步提高自主选择与决断的能力；采用比较、分析、综合等方法，探究、解释历史和现实问题；运用辩证的、发展的观点认识历史进程，评估人们做了什么、能做什么、该做什么；认同社会主义核心价值观，逐步树立走中国特色社会主义道路的信念；逐步形成资源环境意识和社会责任感，确立可持续发展的理念；逐步增强国家认同感、归属感、自豪感；学会尊重文明多样性，欣赏不同民族和区域的人文特色；享受历史与社会相关问题探究的乐趣，形成积极进取的学习态度。从中能够发现，新课改下的初中历史教学强调通过各种形式的实践促进学生深入思考，促进其对历史整体的理解和把握。

三、历史课程资源的挖掘

历史文化资源是指人类活动过程中遗存的各种文明印记。历史文化资源包括物质文明和精神文明，主要以物质文明为基础实施课例研究，涉及历史文物等。按照我国教育主管部门制定的相关规定，只要有利于实现课程目标的因素都成为课程资源。因此可以说，历史课程资源内容包罗万象，包括图书、文物古迹等，还包括教师等人力资源。教学质量和课程资源的利用与开发情况存在紧密的联系，后者的完善将极大地促进实现历史课程目标。也就是说，只要能够促进教师的历史教学，提升学生的历史学习，都属于历史课程资源，所以教学者可以尽其所能地多方面挖掘各类教学资源来辅助历史教学。可以多以学生身边多元的历史文化资源为载体，引导学生开展综合实践活动课程，促进学生对历史的整体理解和把握。

四、该研究的可行性分析

历史综合实践活动课程主题已有大量的理论研究作为基础：综合实践活动课程与中学历史教学的有效融合体现出历史课程教学改革基本理念。新课改推行后，历史学科综合实践活动课程也已开展多年。国内外对综合实践活动课程理论和实践基础、设计和开发的研究已有多项成果。

同时该主题也有大量的实践基础：一方面是前人在做理论研究时都以实践研究作为基础，在实践的基础之上进行理论的概括和升华；另一方面，研究者在实践中可以获得必要的课程样本，掌握学生基本情况，通过开展调查问卷等获取到一手材料。

初中综合实践活动课程就是将理论知识融入生活实践中，利用丰富多彩的教学资源，将理论知识与实践活动相结合，引导学生将已知的认识学以致用，从而有效提高学生的学习能力。综合实践活动课程的教学理念可以为新课改背景下的传统教育模式延伸出更多可能，从而对初中生的未来发展以及整体素养的提高都有帮助。因此，探究初中综合实践活动课程理念下各个学科教学模式的创新，不论从学生角度、教师角度还是从课堂角度都对初中教学发展具有重要意义。而新课改下的初中历史教学，强调通过各种形式的实践促进学生深入思考，促进对历史整体的理解和把握。因此，探究如何高效设计初中历史教学中的综合实践活动课程，不仅有极强的可行性，而且对学科的发展有重要意义。

第二节　初中历史实践性教学的现状调查与分析

一、调查目的

了解当下初中历史教学中实践性教学的实施情况，以及学生对于在历史学习中开展实践性教学的意向程度。

二、调查对象

本次调查采用了现场观察和问卷调查的方式，涉及 F 中学等几所中学。

本次问卷调查的对象是 F 中学的学生和教师。该校在综合实践活动课程的开展上已有几年的经验，学生和教师对于综合实践活动课程有一定的了解，有助于保证数据的真实性；同时，问卷选取的对象覆盖七、八、九年级全部学生，样本容量非常充足，故参考价值较高。

在这次问卷调查中，共向学生发放 500 份问卷，收回 365 份，回收率达到 73%。收回情况如下：七年级 185 份，占总体有效问卷的 50.68%；八年级 100 份，占总体有效问卷的 27.40%；九年级 80 份，占总体有效问卷的 21.92%。按照性别进行分类，在有效问卷中，男生 171 人，占比接近 47%；女生 194 人，占比接近 53%。

三、问卷调查内容

本次 F 中学问卷调查主要涉及三大部分的内容：第一部分是对于当下历史教学和学生历史学习方法的现状调查；第二部分是学生所期待的历史学习方式调查；第三部分是当下初中历史教学中综合实践活动课程开展的现状调查以及学生对于综合实践活动课程开展的意愿程度调查。其中第三部分为主要板块。

四、问卷调查结果

第一部分是对于当下历史教学和学生历史学习方法的现状调查,共 3 道题。
第 1 题是"你对历史课感兴趣吗",调查结果如图 6-1 所示。

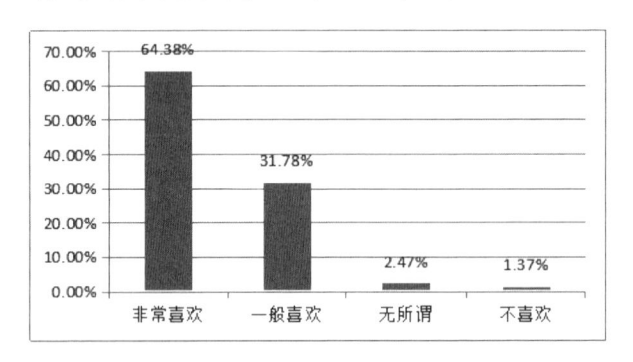

图 6-1　第 1 题的调查结果统计

从信息反馈情况来看,在 F 中学 64.38% 的学生非常喜欢历史课,31.78% 的学生一般喜欢历史课,2.47% 的学生持无所谓的态度,对历史持有不喜欢态度的学生占比为 1.37%。通过以上数据能够发现,对历史课持有欢迎态度的学生大约占 96%。曾经有研究人员指出,对于智能潜力发挥起到重要作用的就是兴趣。学习兴趣属于学生在学习过程中达到的心理状态,构成内部强大的驱动力,同时可以提升个体的学习自觉性,使其自觉自愿参与到学习中,并且能够保持长久的状态。如何真正培养出学生对某些学科的兴趣,可以说是每个学科教师都要面对和思考的问题,所幸的是,由于历史学科的学科魅力,绝大部分学生都是有较高的学习兴趣的,为本学科的发展扫除了很大的障碍。

以下是第 2 题"目前你学习历史的主要方式是什么"的调查结果统计,如图 6-2 所示。

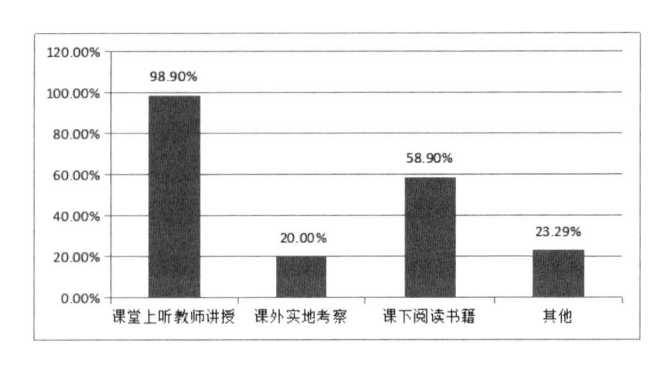

图 6-2　第 2 题的调查结果统计

此题为多选题。调查数据显示，在目前的学习过程中，98.90%的学生通过课堂上听教师讲授的方式进行历史学习，58.90%的学生会通过课下阅读书籍获取更多的历史知识，20.00%的学生会通过课外实地考察的形式开展历史学习，还有23.29%的学生会选择其他的方式开展学习。从这道题目反馈的信息来说，学生的学习方式整体表现是令人欣喜的，首先一半以上的学生愿意通过课后自主阅读书籍的方式进一步学习；其次，也有学生会开展课外实地考察进行学习，说明有这种在实践过程中学习的意识；最后，有部分学生还有其他的历史学习方式，说明能够发挥创造性，自主地寻找适合自己的方式进行学习。当然，绝大部分学生获取历史知识的通道是课堂，因此，教师如何进行讲授、课堂环节如何设置至关重要。苏联教育家巴班斯基在所提倡的"班级授课制"中早就强调了课堂教学的重要性。苏霍姆林斯基等教育家通过研究，帮助教师培养提高课堂教学艺术。课堂教学的重要性可见一斑。

以下是第3题"在学习新的历史知识时，教师一般采用什么样的教学方法"的调查结果统计，如图6-3所示。

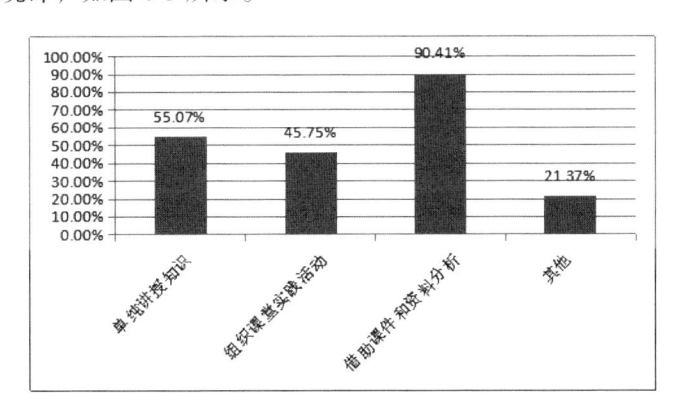

图6-3 第3题的调查结果统计

这是道多选题。调查结果表明，教师中有90.41%在讲授新知识的过程中，采用的是借助课件和史料分析的教学方法，这的确反映了初中历史课堂的真实状况；55.07%的教师采用单纯讲授知识的方式开展教学；45.75%的教师组织课堂实践活动；另有21.37%的教师会采用其他教学方式开展教学。根据此题反馈的教师教学方式，绝大部分的教师会借助课件和史料分析以及组织课堂实践活动的方式帮助学生进行历史学习，总体来说有助于学生更深入地理解知识。从其他方式的开展可以看出，部分一线教师在不断地挖掘新的有效的教学方式，用来有效提升教学效率、提高教学质量。教学方法种类繁多，需要立足实际进行选择。教师既要有渊博的科学知识和专业理论知识，还应该主动高效选择运用教学方法，能够根据所讲授知识的特点、学生的特点等灵活选择。教师采用的教学方法作用突出，一方面关系到教学效果好不好，另一方面关系到学生对相关知识的掌握程度。当教师选择的教学方式更加贴近课程内容实际，更符合学生需求时，显然就能够获得较为理想的教学成效，学生掌握知识的准确性和时效性也会提高。

第二部分是对于学生所期待的历史学习方式调查，涉及问卷第 4 题。

以下是第 4 题 "你希望通过什么方式学习历史" 的调查结果统计，如图 6-4 所示。

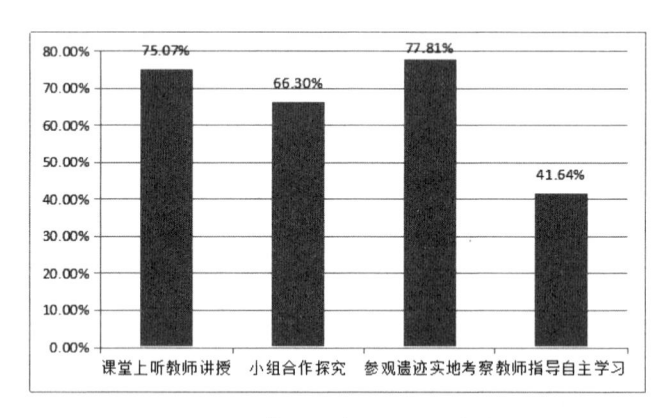

图 6-4　第 4 题的调查结果统计

此题为多选题。本题调查了学生所期待的历史学习方式，根据反馈信息，77.81% 的学生希望通过参观遗迹、实地考察的方式开展学习；75.07% 的学生希望在课堂上听教师讲授；66.30% 的学生希望通过小组合作探究问题的形式开展学习；还有 41.64% 的学生希望能在教师指导下开展自主学习。由此可见，不管是参观遗迹实地考察，还是小组合作探究问题，学生们对于这一类自主性、综合性、实践性较强的学习方式是比较感兴趣的。

第三部分是关于当下初中历史教学中综合实践活动课程开展的现状调查以及学生对于综合实践活动课程开展的意愿程度调查，涉及问卷第 5 至 10 题。

以下是第 5 题 "在历史课堂中教师安排实践活动的频率如何" 的调查结果统计，如图 6-5 所示。

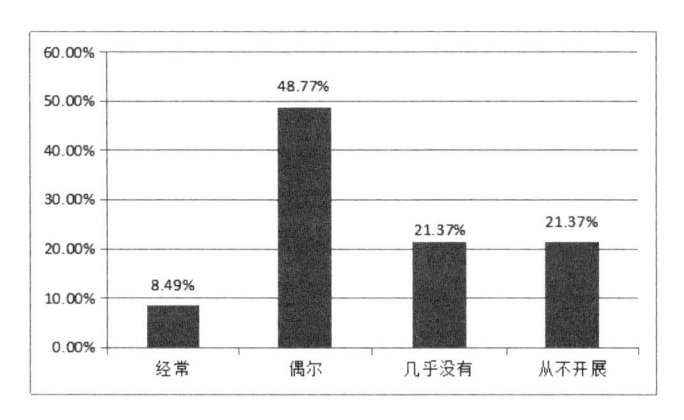

第六章 初中历史综合实践活动课程的教学设计

图 6-5 第 5 题的调查结果统计

调查结果显示，在历史课堂中，教师安排实践活动的频率情况如下：48.77%的教师偶尔安排，8.49%的教师经常安排，21.37%的教师几乎没有安排，21.37%的教师从不安排。值得肯定的是，近一半的教师在平时的教学活动设计中有安排实践活动的意识，尽管频率较低，而且有部分教师经常性地设计实践活动。联系上一题的调查结果可知，学生对于实践活动的开展是比较期待的，而且希望通过这一类的活动开展历史学习，相比之下，本题中得出的教师开展实践活动的频率还是不足的，有待提升。

以下是第 6 题"教师安排的实践活动一般采取什么形式"的调查结果统计，如图 6-6 所示。

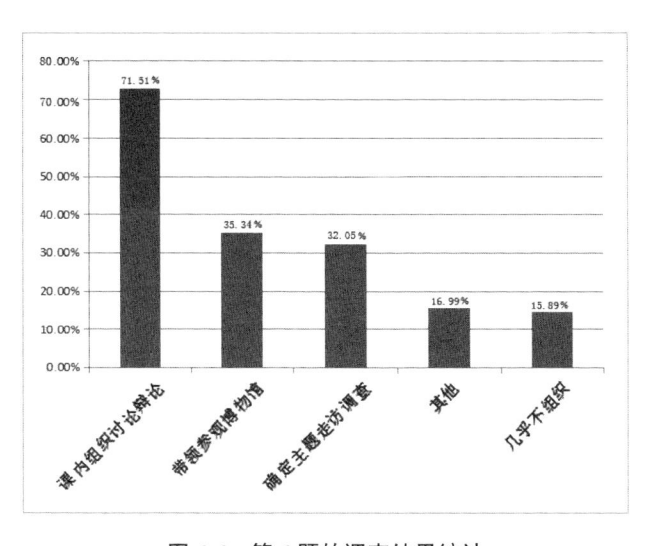

图 6-6 第 6 题的调查结果统计

此题为多选题。如果教师安排实践活动，71.51% 的情况下是课内组织讨论或辩论；35.34% 的情况下会带领学生参观博物馆；32.05% 的情况下会确定一个主题让学生走访调查；16.99% 的情况下会安排其他的实践活动；15.89% 的情况下是几乎不组织实践活动的。这个调查结果与实际情况基本是吻合的，相对来说，组织课内讨论和辩论是最简单可行的活动，时间上也容易把握，所以大部分教师更倾向于选择这种课内方式。而参观博物馆、走访调查等需要在校外完成的活动，组织的难度和需要注意的问题更多，因此概率低，但是也可以看到，有部分教师会主动组织这样的课外实践活动。

以下是第 7 题"你对历史实践学习（如实践活动、参观、知识竞赛）感兴趣吗"的调查结果统计，如图 6-7 所示。

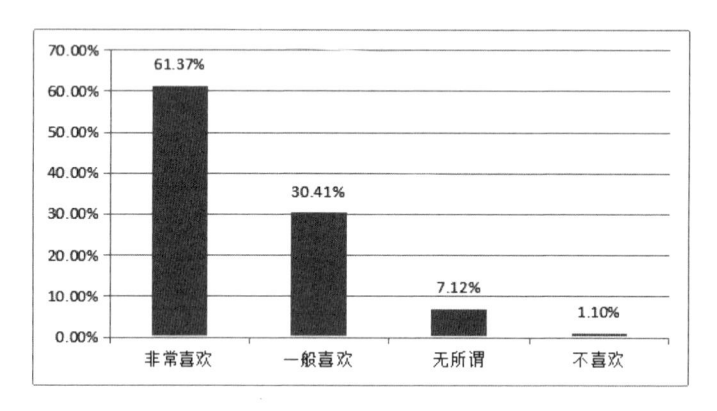

图 6-7　第 7 题的调查结果统计

根据反馈结果，61.37% 的学生表示非常喜欢历史实践学习，30.41% 的学生表示一般喜欢，7.12% 的学生表示无所谓，只有 1.10% 的学生不喜欢历史实践学习。也就是说，九成以上的学生对历史实践学习是感兴趣的，另外一部分表示无所谓的学生在活动过程中也可以发展兴趣。我们都知道，假如学生能够在活动中有所乐趣，会极大地促进学生的学习。学习兴趣是维持个体主动学习的内在直接要素。假如学生对学习感兴趣，必然会投入极大的热情和精力，而且敢于挑战各种困难，持续获得愉悦感。这种发自内心的兴趣是学生主动地、全身心地投入实践活动的保证。

以下是第 8 题"你认为历史课有必要进行实践活动（如实践活动、参观、知识竞赛）吗"的调查结果统计，如图 6-8 所示。

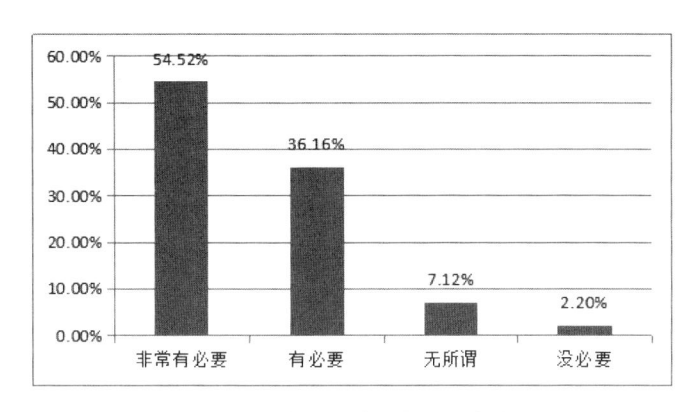

图 6-8　第 8 题的调查结果统计

调查结果显示，学生中有 54.52% 主张在历史课学习中非常有必要进行实践活动，36.16% 的学生认为有必要进行实践活动，7.12% 的学生表示无所谓，另有 2.20% 的学生认为没必要进行实践活动。九成以上的学生认为是有必要或者非常有必要开展综合实践活动课程的，也就是说，学生大都认为开展实践类活动是有积极作用的。这是对上一个问题的延伸。如果说"有兴趣"带有感性的成分，那么"有必要"更多的是理性的成分。学生只有认识到做这件事情是有价值的，才能够有更高的目标和要求进一步参与和体验活动的过程。

以下是第 9 题"如果开展历史实践学习中，你希望是哪种形式"的调查结果统计，如图 6-9 所示。

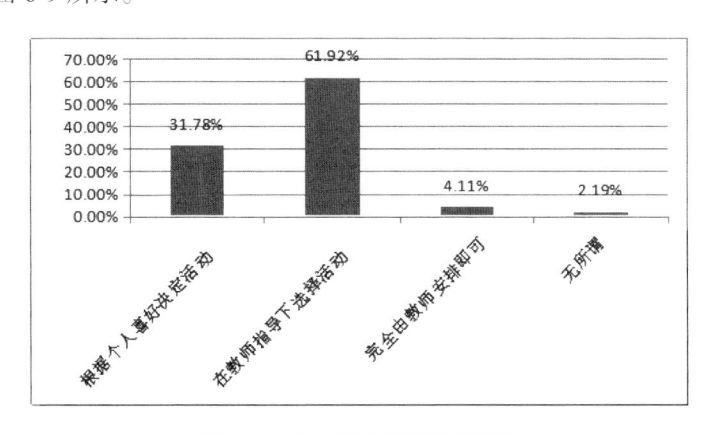

图 6-9　第 9 题的调查结果统计

根据反馈结果，如果开展历史实践活动，61.92% 的学生倾向于在教师指导下选择活动方式，31.78% 的学生倾向于根据个人喜好决定活动方式，4.11% 的学生倾向于完全由教师安排，另有 2.19% 的学生认为无所谓。通过以上数据可知，大部分的学生比较理智地选择在教师的指导下开展活动，还有三成学生自主性较强更渴望自主决定活动方式。而开展实践活动的过程肯定是个人学习和团队合作相结合的过程，所以这种较强的自主性可以促进学生的努力和体验感受。

以下是第 10 题"你觉得参加历史实践学习能提高你的哪些能力"的调查结果统计，如图 6-10 所示。

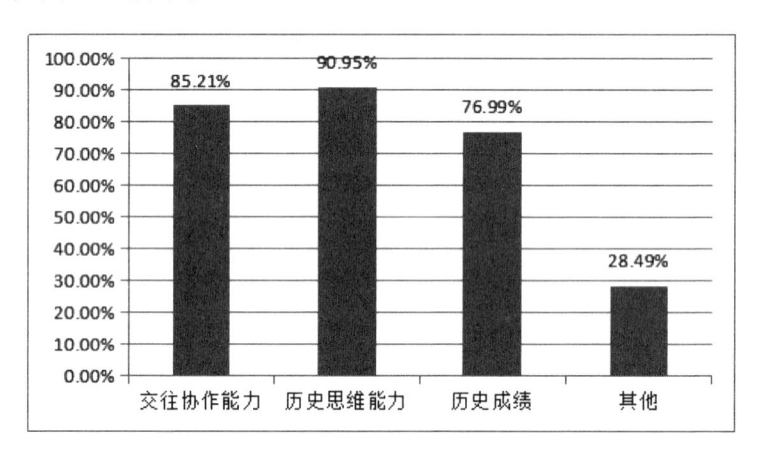

图 6-10　第 10 题的调查结果统计

此题为多选题。调查结果显示，90.95% 的学生认为参加历史实践学习能提高历史思维能力，85.21% 的学生认为能够提高交往协作能力，76.99% 的学生认为能够提高历史成绩，28.49% 的学生认为对其他方面也有所帮助。由此可知，学生预测能够在实践活动的过程中获得并实现自身能力提高，一方面促进历史学科学习，另一方面对于学生能力培养大有裨益。

五、调查结果分析

研究者通过 F 中学以及对区域内其他学校综合实践活动课程的开展情况进行观察研究发现，在中学历史综合实践活动课程的实际开展过程中或多或少存在以下问题。

（一）缺乏时间开展活动

目前在一些中学，由于学业压力较大，各科课时安排紧张，没有单独开设综合实践活动课程。对初中生来说，除了展示课，大部分的活动经历和活动成果来自课后。这对课程的进一步发展带来较大的阻碍。

（二）缺乏专业教师指导

综合实践活动课程作为一门相对新兴的活动课程，目前还没有设置相应的师范类专业对口该课程的教学。也就是说，参与该课程的中学一线教师均是来自不同学科的教师，主要通过平时的少量培训和自我学习了解该课程，并探索该课程的教学方式。因此不可避免地造成授课教师缺乏系统的专业知识、课程缺乏专业教师指导的现象。

（三）活动开展流于形式

综合实践活动课程的开展，关键环节必然是活动的开展。除了课堂之外的实践活动环节，在课堂内，为了展现教学效果，教师往往采用小组合作、交流展示等活动形式，教学素材的选择上多偏向视频、照片等形式丰富的材料。但事实上，教师容易忽略一个重要的问题——教学目的的达成与否。所有课堂活动的设置、素材的选择，都应该为了达成教学目的而采用，而在综合实践活动课程的课堂中，存在着为了活动而活动的现象，这显然是有违该课程开设的初衷的。

（四）学生缺乏主观能动性

正是由于上述在教育、教师、教学的环节上存在一些问题，导致部分学生并没有真正了解到综合实践活动课程开设的目的，没有完全明确在活动的过程中自己为了什么目的、要做什么任务以及怎么完成任务。本是为了培养学生全面发展、主动实践探究的课程，依然与传统的课程相似：学生跟着教师的指挥棒完成相应的任务，缺乏主动性。

结合 F 中学问卷调查结果，以下现象值得关注：一方面，对于学生来说，他们对历史学习有较强的兴趣，对于通过参加综合实践活动课程来进行历史学习同样抱有较强的兴趣，并且认为该类活动能够对历史学习有所帮助；另一方面，当下校内的历史教学多以教师在课堂上通过课件及史料的方式进行，实践类的学习活动较少开展，频率较低，与学生的期待有所差异。

为了提高教师在初中历史教学中利用课内外有限的课程时间开展综合实践活动课程的能力，应关注与历史学习主题相契合的活动该如何设计和开展。同时根据相关理论和实践基础，结合教学实际和调查结果，提出有针对性的、操作性较强的策略，并根据策略的指导，开展不同的课例。通过具体详细的课例，可以对不同的学生活动在实施过程中的生成表现和整个活动中的学生学习效果进行比较研究，以探究各类学生综合实践活动课程在初中历史学习过程中的设计和运用。

第三节　初中历史教学与综合实践活动课程理念有效结合的策略

学科教学与综合实践活动课程理念结合的常见策略，适用于初中历史综合实践活动课程。

一、设置前置体验，初步感知活动

处在初中阶段的学生年龄并不大，理解生活往往停留在表面，在实践中运用相关理论的能力还比较欠缺，以上的着眼点正是开展初中综合实践活动课程教学的创新点，将初中生的课堂学习与生活实践相联系，将学生从书本引向生活，这样能够更快地将相关理论与实践相结合，学有所获、学有所用。并且处于这一阶段的学生，其认知特点比较适合上述方式，通常情况下，这一年龄段的孩子聪明活泼，喜欢冒险和好奇，喜欢摸索新生事物。考虑到以上认知特点，教师可以利用相关实践活动鼓励学生在实践中去体验、感知，更好地对周围生活去观察、认识。在日常生活中，各学科知识应用比较常见，教师要善于利用生活元素，以此为依托和凭借，向学生传授相关概念和知识，使教学达到事半功倍的效果。

现阶段，新技术发展速度更快，应用的领域也越来越广泛，其中也包括在教学中的应用。教师在开展教学活动时，可以选择播放幻灯片演示各种知识内容，或者利用网络资料等。比如在物理课教学中，教师可以融入多媒体手段，将学生更深入地引导进情境当中，通过生动丰富的效果让学生产生浓厚的兴趣，喜欢学习这一门课程并主动思考、主动探究。例如，教师在多媒体利用上给予足够重视，设计出精彩的教程。

导入在学科教学中的重要作用毋庸置疑：课堂导入由教师的一系列活动步骤组成，这些活动旨在使学生将注意力集中到课程目标上。教学研究表明，课堂导入通常是在上课的前五分钟，此部分会对学生一堂课学习的知识量产生重要影响。而在综合实践活动课程中，导入同样至关重要。作为一门注重实践和应用的课程，导入的体验感十分重要。深刻的体验感能够让学生在此后的活动环节中充分置身其中，为后续的认知和应用活动做好准备。

总之，用初中综合实践活动课程的理念指导学科教学，将课堂引向生活，是为了强调学生的真实体验和感受，并且将实际生活和教材内容结合在一起，增加学生的真实体验感，教学效率也会显著提高。这也是以学生为本观念的一个重要体现：将原本抽象的知识变得具体生动，学生的理解更加直观，学生会更有兴趣，热情也会明显提高。

二、鼓励小组活动，给予充分时间

千篇一律的室内课堂教学难免会让学生觉得乏味无趣，初中综合实践活动课程教学模式创新可以从这方面入手，将综合实践活动课程引向对自然资源的利用，从中鼓励学生主动参与、积极思考、善于提出问题并予以解决，使学生潜能得到发挥。

在综合实践活动课程理念下，应该帮助学生进一步探索教材和课堂之外的内容，比如一门学科的发展背景、历史文化，只有这样，学生才能拥有更加宏观的学习视野，学习兴趣得以提高，学习效率显著提升。

合作学习和探究是培养学生实践能力和综合素质十分重要的方式和途径。当下，中学教师在进行各学科教学的过程中，也会注意小组活动的开展。在综合实践活动课程的开展过程中，无论是课堂内还是课堂外探究，都需要小组活动，它是展现学生综合素质的绝佳方式。只是在课堂中，由于时间有限，容易出现小组讨论活动以及后续展示结论环节时间不足，无法引导学生深入展现思维成果的情况。对于此问题，建议教师将讨论环节提前开展。在课堂讨论的过程中，进行前期讨论的总结，这样时间相对充裕，但务必要做好前期预备工作。

以初中历史教学为例，在课堂教学之余，教师可以在综合实践活动课程理念的指导下，为学生不断延伸理论知识中的文化背景，引导学生进一步探索教材和课堂之外的内容。比如开展《中国通史》《明朝那些事儿》课外历史读物的交流活动，或者组织学生进行历史事件发生地、相关博物馆的实践探索活动。在学习中国近代史的部分时，教师可以组织学生参观辛亥革命博物馆，如果经济和时间条件不允许，也可以为学生展示博物馆相关的图像资料，并开展班级探究活动。通过对辛亥革命博物馆的探索，学生可以看到签订不平等条约时历史场景的再现，可以看到打响武昌起义第一炮的场景的再现，可以看到孙中山先生为辛亥革命做出努力的过程，从而使学生对于中国近代史有更加深刻、全面、多角度、多层次的印象和感触。

就历史学科特色而言，这一学科的一个基础性核心素养就是历史价值观，要求学生在判断历史事实和价值方面形成辩证统一，在追求历史真实和历史意义过程中形成价值取向。通过学习历史课程，学生将立足史实完成历史价值判断，客观辨别历史真伪等；同时在认识历史层面进行外延，延伸到其他社会层面，从中获得精神营养，立足实践层面对历史价值有所感知、有所收获。

这样的历史实践探究活动可以使学生在更加深刻、更加富有内涵的历史作品中挖掘知识，感受历史并不是过去的、尘封的，而是现存的、发展的，它指导着人类文明的不断进步。只有有了这样的视野和角度，学生才能在真正意义上锻炼出新课标要求下的历史核心素养。

三、引导讨论互评，催生观点交互

教学中传统的评价方式以教师评价为主，而新课程更关注发挥学生的主体性和主动性，把课堂更多地还给学生。学生之间进行相互评价，既能让学生感受到来自同伴的认可，也能够学习同伴的智慧，在同龄人身上发现思维的闪光点。当然，教师在这一环节的作用依然要发挥，即组织和引导学生进行友善、智慧的互评，促使学生在思维的碰撞过程中有所成长。

在初中综合实践活动课程教学中，作为教师需要对学生真实体验和感受给予足够的重视，初中生已经具备独立思考和辨别是非的能力，教师要立足教材知识点，同时密切联系现实生活，将二者结合在一起，指导学生开展讨论，扩大教学内容覆盖的范围，鼓励学生动手动脑，促进其实践能力得以提高。为此，在课堂教学环境创设中，教师要开动脑筋，营造出开放民主的环境氛围，启发学生对问题进行主动探究，引导学生主动发言，相互之间开展良性互动。当然，以上的内容所体现的也是以学生为本的原则，学生得到教师的尊重，也会增加自尊心、自信心，对于个性化培养作用明显。在轻松民主的课堂氛围中，将主动权更多交给学生，使他们成为真正的主体，既能够善于发现问题也能够积极思考解决问题的方式，同时能够增进师生之间的情感，对于整个课堂教学效果作用明显。

因需而导，看似简单，操作起来却需要大学问。因需而导，要求教师能够根据学生的需要帮助学生去解决学习和实践过程中遇到的困难和问题。一个高明的教师，需要完成的是引导学生提炼问题，找出解决问题的关键；如果找到问题之后仍然不能解决，则需要为学生提供一个跳跃的支架，也许是一个更高层次的创意和灵感，在此基础上，引导学生进行思考。倘若学生能够解决问题，即可圆满完成，倘若问题没有解决或者出现新的问题，那么教师需要重复这个引导的过程。

教师需具备独立思考的能力，不断积淀对学科和诸多教学观点的正确认识。学生如何完成自主实践，教师如何真正因需而导，应该多从教学实践中去体悟。总而言之，在综合实践活动课程教学中，创生是常态。

四、实施多样评价，及时明确反馈

任何教学模式和教学方式最后都要回归到教学评价上来，对于初中综合实践活动课程来说更是如此。初中综合实践活动课程的教学评价应该是多元化的。

教师应该注重对过程的评价，这个过程评价也被称为形成性评价。与以往针对学生成绩和结果评价的方式不同，初中综合实践活动课程的过程性评价更注重对学生学习过程的评价，这种教育评价方式与培养学生综合实践核心素养的要求相适应。在过程性评价过程中，教师一定要把握好自身的主体作用和向导作用。

初中综合实践活动课程的过程性评价重视学生对于学习和实践活动的主动性和能动性。评价不再仅限于对于学习成果的体现，而要从求知态度方面和学生自我发展方面开展。求知态度包括学生对综合实践活动课程是否具有浓厚兴趣、学生是否积极主动参加活动、学生在活动中是否有认真观察和思考；学生的自我发展方面包括学生是否具有强烈的自主学习意识、学习是否能够反省学习活动中的表现并不断增强问题意识、学生是否善于阐述自己的想法和建议。

教师在进行初中综合实践活动课程的教学评价时，不仅要关注学生最终实践探究的成果，还要对学生在整个实践课程中的参与程度、活跃程度、思考问题的能力和动手实践能力等进行多角度、多层次的评价。

过程性评价方式重视教育评价过程与教学质量提升的一体化原则，过程性评价过程通过观察、记录学生的学习信息来评价学生某一节课或者某一个阶段的发展水平，并且根据评价结果为学生制定个性化教育策略。这种评价方式站在了学生学习实践活动的本质和实际需求上，并以此为基础为初中综合实践活动课程教育提供了有效的教育策略，从而实现了教育评价与教育质量提升的一体化。

以上一直在强调综合实践活动课程中学生的重要性，但不可否认，教师依然发挥着无可替代的作用。从根本上讲，课程活动的教学设计已经体现了教师对于学生认知和实践活动的设计引导和预计成果。而在活动实施过程中，教师在放手让学生尽可能地进行自主探索的同时，应当进行即时的引导和点评，因为学生得到了教师的明确指导和肯定以后，能够更有信心地进行下一步深入探究。因此，适时的鼓励、即时点评、明确反馈，必不可少。

第四节　初中历史教学与综合实践活动课程理念有效结合的效果分析

一、实践课例

以下是 A 中学历史实践课程的几个课例。

（一）走进博物馆之一："博"览古今

【课例 6-1】

"博"览古今

中华文明源远流长。结合教材中关于中华文明的相关内容，学生们利用假期开展小组活动，在团结协作中完成各项文化探究活动，探访历史文化古迹，了解中华民族悠久历史和灿烂文化，从书本走进生活，在现实中了解往昔，培养民族自豪之情。

在本次学习活动中，学生们开展小组活动，通过参观访问、查找资料等形式，了解早期中华文明的不同方面，感受中华文明的源远流长，激发民族自豪感；通过学习调查、参观访问、参与体验、设计制作等形式开展实践活动，提高收集和处理信息能力、思维能力、活动组织能力。

具体活动内容和方式如下：

班内自由分为 4 个组参观省博物馆，各组分别完成以下任务。

组 1：寻找早期中华文明的印记；体验志愿者工作，向游客展现祖先的智慧和灿烂的文明成果，并拍摄视频记录志愿者服务的过程。

组 2：访谈博物馆管理员在游客管理过程中遇到的问题，并为其出谋划策，将问题和对策记录下来。

组 3：了解早期的陶器发展历程，以创意年代尺或思维导图等形式绘制其发展历程；仿制自己认为最有特色的一件陶器。

组 4：仔细观察早期先民房屋的模式结构和用材细节，还原早期先民的房屋模式，并拍摄视频记录过程。

在本次活动中，根据课本相关知识点，教师制定了相关的探究目标，学生在活动中了解了中华文明的发展过程,也了解了中华早期文明中陶器的发展历史以及原始民居的建筑特色,并研究了相关的自然和人文因素。考虑到让学生能够从各个方面参与到博物馆的探究过程中,教师除了引导学生了解相关的文化知识,还让学生体验志愿者工作、绘制陶器发展思维导图、还原原始民居模式,以及对博物馆的游客管理出谋划策。在活动过程中,学生非常投入地参与到活动中,在过程中遇到问题时能够及时地跟教师反馈,包括关于实践活动开展的困难以及对一些知识的困惑等。可以感受到,比起在课堂中听教师讲解,学生在实践活动的过程中思维非常活跃,能够主动地进行思考,活动气氛较为热烈,也获得了一定的进步。活动虽然没有全方面地覆盖到课本涉及的相关知识点,但是学生对于涉及的知识点有了非常深入的了解。

活动结束后,同学们上交的成果包括:当志愿者录制的视频、为博物馆出谋划策的一张记录单、自己动手制作的陶器、手绘的陶器发展年代尺、早期先民房屋的模式。同学们上交的成果充满创意。当志愿者的过程中自信满满,而且通过这样一次经历,不仅全面地了解并记住了相关知识,还锻炼了个人的语言和社交能力。为了还原早期先民的房屋,有些同学寻找最原始的材料,用树枝、草等制作了民居,有些同学用现代更加先进的材料和技术还原出一个类似的民居。可以说,所有活动的目标基本达成。

(二)走进博物馆之二:丝路明珠

【课例 6-2】

丝路明珠

我国是世界丝绸的发源地,回顾发展的历史,我国丝绸制品熠熠闪光,无论是色彩还是文化底蕴都在世界上绽放着夺目的光彩,为我国悠久的历史文明谱写出灿烂的篇章。独具特色和魅力的丝绸产品,催生出丝绸之路,丝绸产品及其生产技术和艺术成为丝绸之路上最重要的内容被传播到世界各地,为东西方文明互鉴做出了卓越的贡献。本次活动带领学生走近丝绸之路,回望这条丝绸之路上曾经流行的物品,触摸历史,感受历史变迁,回顾东西方交流历史。

在本次学习活动中,教师指导学生开展小组活动,学生在活动中能够结合所学知识,围绕要探究的问题通过多种途径收集资料、整理资料,了解丝绸之路畅通的缘由;通过对史料的整理、查阅和分析,理解丝绸之路是古代中外文明交融之路,在沟通东西方交流中发挥着重要作用。

具体活动内容和方式如下:

以小组为单位,完成以下任一自主活动。

活动1:参观中国丝绸博物馆,参观"锦程:中国丝绸与丝绸之路"等展览,按照中国古代朝代的时间顺序,选取代表性文物,设计能体现历代变化的文物展览词和展板。

活动2:参观博物馆,参观临展"丝路流金·丝绸之路上的金银货币精华展"等展览,根据观展内容,利用年代尺或思维导图梳理我国古代和西方商贸交易的历程,并在世界地图上标注在展览中观察到的有代表性的金银货币。

活动3:参观杭州工艺美术博物馆(杭州中国刀剪剑、扇业、伞业博物馆),选择某一件曾经流行于"丝路"的工艺品,根据博物馆展览内容,完成该工艺品的"前世今生"的历史制作。

活动4:参观博物馆,通过咨询博物馆管理员,询问目前国内文物交流、国内外文物交流中遇到的问题,并商量讨论对策。

西汉时期,张骞出使西域,开通了丝绸之路。汉朝和西域沟通之后,中国与西方的贸易日益活跃,为了让学生深刻了解丝绸之路的重要性,以及丝路沿线的相关特色产物,教师把活动的重点放在了丝路沿线的代表性文物以及丝路沿线的东西方贸易上。学生参与活动的积极性很高,并且由于本次活动涉及的相关历史知识更加纷繁复杂,所以学生在活动中收获较多。活动结束后,学生收获了介绍丝路沿线代表性文物的展板,完整的梳理我国古代和西方商业贸易历程的年代尺,丝绸之路上一件工艺品的历史梳理等。通过这样一系列的活动,同学们对于丝绸之路上的相关文物和商贸概况有了一定的了解,最后在教师的引导之下,同学们得出了一个结论:丝绸之路不但使西域和中原牢固地联为一体,而且对中西方文化交流和人类文明的发展产生了深远的影响。通过这样一个结论的得出,可以认为,大部分同学在本次学习活动中完成了知识目标的学习,获得了知识水平的提升。当然,在活动过程中,同学们也经历了一定的困难,特别是在一开始选定主题和研究对象前,因为可选对象较多,光是选择哪一种文物进行研究,就花了比较长的时间,但是确立了探究对象以后,大部分学生都能热情地投入活动中,每个人都完成了各自的任务,受益较多。

(三)碧血丹心,回眸荣光

【课例6-3】

碧血丹心,回眸荣光

杭州历史悠久,早在4700多年前,就有人类在此繁衍生息。浩瀚的历史长河中，一大批名垂青史的前辈相继出现。本次活动带领学生了解杭州的悠久历史和灿烂文化，探访历史文化古迹，从书本走进生活，在具体可知可感中了解往昔，激发和弘扬爱国主义精神。具体了解杭州历史上两位名人：岳飞和于谦。

一、课程目标

探究知识：了解岳飞和于谦的生平事迹，悟精忠报国精神文化，颂爱国精神，承爱国之志。

提高能力：通过学习调查、参观访问、查找资料等形式开展爱国主义探究活动，提高收集、处理信息能力，思维能力，活动组织能力。

解决问题：实践队通过网上查找资料，实地走访名人古迹，了解历史名人，感悟精神文化，并整理成报告，展示给身边的同学和家人，宣传家乡的文化。

展示成果：多种形式，如设计活动记录表、制作汇报文稿进行展示等。

二、活动内容

要解决的主要问题是身边的同学和家人对家乡的历史文化缺乏了解。设置网上查找资料、实地走访名人古迹、总结整理制作宣讲文稿等多种形式，希望通过此次活动让周围的人了解岳飞、于谦的生平事迹，能够更深入地感受到家乡悠久而厚重的历史文化。

三、具体活动计划和目标

（一）计划一：收集资料

目标：了解岳飞、于谦所处的时代背景，收集有关岳飞、于谦的生平与相关的民间故事，做好活动准备。

活动：实践队成员根据"探访历史文化古迹，弘扬爱国主义精神"小组活动记录表，通过网络、书籍等多种方式，了解相关背景知识，并完成活动记录表。

（二）计划二：走访古迹

目标：在走访历史古迹的过程中，实践队成员可以挖掘更多的名人相关信息和历史渊源。

活动：在讲解员带领下，参观岳庙、于谦祠。参观过程中，摘录参观的景点内的诗词楹联、经典故事等。

（三）计划三：弘扬精神

目标：通过宣传岳飞和于谦的事迹，弘扬爱国主义精神，加强民族自豪感和家乡认同感。

活动：材料整理完善以后，实践队将进行展示汇报，向同学们介绍岳飞和于谦的经典故事、古迹的所见所闻所感、朗诵相关诗文等。

本次主题探究活动以杭州历史上的两位名人为主题："抗金名将"岳飞和民族英雄于谦。之所以以此为主题，一方面，学生通过对这两个人物的全方面的了解，可以更加客观地开展评价，对人物评价的方式有更加深刻的掌握和理解；另一方面，通过对这两个历史名人的事迹的了解，学生对他们所处的时代，以及当时面临内忧外患的社会背景也会有更加具体的认知。这是计划一环节中涉及的目标。最后的环节，教师组织学生整理了实践过程中收集的各类资料，以各个实践队为单位进行展示汇报，向其他同学展示，这个输出的过程正好也强化了学生的认识和理解，而且这种正向、积极的知识输出对于学生的个人成就感获得也有极大的帮助。所以在这次活动中，教学目标基本完成，学生的受益程度较高。学生参与活动的积极性很高，并且思维活跃，创新了多种宣传展示的方式，比如，组内排练了一段小品展现了岳飞和于谦在面对国家危难时，挺身而出，毫不畏惧的形象；也有学生把参观岳庙、于谦祠的过程录制成一段视频，增加了后期的说明和剪辑，非常清楚地向学生们展示了自己参观的过程，以及对岳庙和于谦祠的认识。总之，学生们的成果展示方式多样，参与热情很高。显而易见，本次活动的学习效果还是令人满意的。

（四）"过一个传统的端午节"开题活动

【课例6-4】

"过一个传统的端午节"开题活动

在我国四大节日中，端午节发展历史比较久远。这一节日融合了诸多民俗，各地习俗不一，虽然很多地区都会有独特的习俗，但是普遍相同的习俗就是吃粽子和赛龙舟。2006年5月，国务院将端午节列入首批国家级非物质文化遗产名录。自2008年起，端午被列为国家法定节假日。2009年9月，联合国教科文组织正式批准将端午节列入《人类非物质文化遗产代表作名录》，端午节成为中国首个入选世界非遗的节日。继承和弘扬中国传统文化，是我们每一个华夏儿女都应该肩负的责任。

本次活动通过课内外各项活动的有机结合，开展相关实践活动，达成以下目标：让学生们知道端午节日的由来、相关民俗和诗词歌赋等；初步掌握实践活动前期主题选择、制订计划的方法；组织开展小组交流，让学生们主动讲解其中的体会、收获，锻炼语言表达能力；组织开展团队活动，让学生们认识到团队合作的意义；从这些活动中体验中华优秀传统文化，感受生活中处处折射着传统文化的影响。

本次活动分三个环节——制订前期方案、开展中期活动、展示后期成果，活动开展和成果展示均按照前期的方案进行。前期的方案制订在课堂中开展，具体过程如下：

环节一：了解文化

教师提问并讲述有关端午节的起源、民俗等，引发学生思考相关问题，拓展思维，产生兴趣。

环节二：了解现状和需求

教师让学生分享端午节是怎么过的，带领大家审视端午节的现状，同时了解学生对端午文化的需求点，引出主题。

环节三：制订计划

教师组织学生完成探究单，指导学生形成初步计划，明确思路。

环节四：分享交流

呈现经过完善的探究单并总结活动。教师请各小组选出学生代表，上台进行分享，交流自己的学习体会和收获，由其他同学边听边记录，准备评价并提出建议，最后调整完善探究单，以此培养学生的探究精神。

以上展示的是本次活动中的开题课流程，即活动开展前发现问题并确定主题、制订计划的一堂课。本活动开展前期，正好是即将临近端午节，为了让同学们对传统节日文化有深刻的了解和体验，教师带领学生开展了这样一次活动。在这节方案制订的课上，同学们集思广益，计划了各种有创意、有意义，且具有很强可行性的一些活动。有小组提出要自己动手制作端午节香囊，并发动所有同学开展香囊制作的活动，在香囊上写上自己美好愿望，挂在学校操场的树枝上，既能够参与节日活动，也能够为校园文化增添一抹色彩；有小组提议邀请老人教大家包粽子，把包好的粽子煮熟以后，分发给社区一些独居的老人们；更有小组创造性地设计了形式多样的粽子，比如正方形等，并有红豆馅、肉馅、蔬菜馅、水果馅等不同口味；也有同学想到做一些粽子和香囊等端午节的节日特色礼物去商场、地铁站、社区门口等地方售卖，挣得的钱可以捐赠给贫困地区的同学们（这个计划最后因为安全性和可行性的问题被大家否决了）。在同学们各式各样的方案里，同学们展现了创新才智、善良友爱，也有理性和智慧，这是同学们身上非常宝贵的美好品质，能够在这样一个活动中让他们尽情地展现，本课育人的目的也就达到了。当然，通过这样一次活动，同学们除了集思广益和动手实践的过程，在查找端午节相关文化习俗的时候，对有关的文化传统有了深刻的了解，对端午节的习俗起源，例如吃五黄、包粽子、赛龙舟、挂香囊、挂艾草等的缘由也有了清晰的认知。

二、效果分析

为了了解课例实施的效果，教师对部分参与实践课程和活动的学生进行了访谈，询问了关于在历史课堂上一般采用的学习方式，开展历史相关实践活动过程中采用的学习方式；开展实践活动后对历史学习的帮助；在实践活动过程中最大的收获；希望教师采用哪种教学方式辅助历史学习；对于历史学习过程中开展的实践活动的建议。

①关于学习方式，一般在历史课堂上，教师多利用多媒体辅助讲解的方式开展教学，这也是大部分学生进行历史学习的常态，而在开展综合实践活动课程的过程中，学生都参与到了小组讨论、文化探究、实践活动、设计制作等综合性学习活动中。有学生表示："从来没有想过学习历史还可以有这么多有意思的方式，可以去博物馆参观，还可以和小伙伴们一起合作完成一些手工艺品，感觉太有意思了。跟平常单纯在课堂上听老师讲课很不一样，如果所有的知识都可以通过这样的方式获得，那就太好了。"

②关于开展实践活动对历史学习的帮助，同学们根据自身在学习过程中的不同体验，各有心得。大部分学生认为是有所帮助的，如"虽然花了蛮久的时间去完成一些活动，但也正是因为非常深入地参与了活动，我对于这一部分的知识印象非常深刻，当老师或者身边的同学在讨论到这个话题的时候，我有很多可以讲得出来的东西，也有自己的一些体会""我找到了学习知识的另外一些有意思的方式，原来不仅可以听课、看书、网上查找资料，也可以这样去实地考察，还可以跟同学们一起讨论和合作完成一个任务，第一次觉得学习这么开心"。当然，也有同学没有很好地参与到活动中去，或者在活动中没有扮演比较出色的角色，心存遗憾，如"虽然很多同学都觉得这样的活动方式很有趣，但是对我来说，我花了那么多的时间，学习到的知识本来只需要课堂几分钟就可以完成的，我觉得偶尔这样玩一下还是可以的，但是长期这样学习的话太浪费时间了"。同学们能够坦诚地说出自己的想法，这比较让人安慰。需要看到的是，在世界上很难找到两个完全相同的人，正如哲人所说，世上找不到两片完全相同的叶子。个体之间差异性较大，比如生理方面或者心理方面。正是由于个体之间心理上的差异性，需要对学生因材施教。从同学们的反馈来看，教学确实也应该注意这些问题，每个学生的个性特征不一样，适合的学习方式也不一样，对于一部分有特殊学习需

求的学生，教师应该在过程中有所考虑。

③关于在实践活动中的收获，同学们也各有体验，如"我们小组有上网查找资料，在去实地考察的时候还采访了别人，了解到了很多教材上没有告诉我们的东西，对书本上的相关知识也有了更深的认识""对于我来说，一方面是学习到了知识，另一方面，在参加各种实践活动的时候，可以和很多同学一起学习。平时和同学们一起学习的机会并不多，我也是个很内向的人，但是因为每次小组合作的任务大家都有不同的任务，所以我也挺喜欢和同学们一起完成任务的"。还有同学在参与活动的过程中，有了不一样的成长，如"我所在的小组，我们独立完成了很多项计划，包括手工艺品制作、访谈考察等。其实在平时生活中，每天上学、放学，两点一线，还都是爸妈接送的，生活也就这样习惯了。这次老师带我们开展的活动，鼓励我们自主完成，自己坐车，自己制订计划，让我掌握了一些生活技能，我觉得这也是我的收获"。从这些同学们的语言中，能够很明显地感受到他们在学习的过程中产生了成就感。有研究已经指出："当我们将初中生的学习活动放在长期教育任务中进行研究时，就可看到，这样的方式比在局部的单一活动中学习心理状态更加明显，比如学生的成就感。在这些学生解决具体问题时，上述心理状态并不容易被观察到，作用也很难衡量。"因此，在推动学生保持长久的学习动力过程中，需要这种非智力因素——成就感。

④关于希望教师采用的辅助历史学习的教学方式，同学们也有不一样的看法，如"原来不知道历史还可以通过这么有趣的方式去学习，仿佛发现了新大陆，希望老师以后可以多让我们去走访一些历史古迹。很轻松，很有意思，要学习的知识也记得印象更加深刻一些""我觉得课内小组讨论还是挺较好的，大家可以互相交换观点，关键是比较省时间，在有限的学习时间里就可以完成，所以希望老师多给我们小组讨论的机会""我喜欢去博物馆。虽然博物馆里没有历史古迹之类的这么真实，很多都是历史的还原，但是我觉得在博物馆可以看到的东西更多，文物旁边也都有文字解释，能在比较短的时间里面学习到多一点的知识"。从同学们访谈的结果来看，同学们还是非常关注在参与活动的过程中学习到的知识，说明学生的目标意识较强，完全有能力参与综合实践类活动，甚至有能力自行组织和策划综合实践活动课程。

⑤关于历史学习过程中开展的实践活动的建议，同学们给出的答案和理由也比较充分，如"我建议在一次活动中可以多设计一些小活动。比如我们去参观博物馆的同时，也可以设计制作博物馆中最有特色的一些藏品之类的，可以让活动更加丰富一些"。也有同学想得比较长远，如"我有个建议，老师可以带领我们

做一系列的探究项目,就像我们去浙江省博物馆,那我们之后也可以参照之前的方案,去杭州市的博物馆、丝绸博物馆、南宋文化展览馆等。就是类似这样的杭州市的博物馆,我们都可以考察一下,应该会有更多的收获""我的建议就是,老师可以先给我们上一次课,或者一个讲座,告诉我们一个活动应该怎么样去策划完成,等我们有大致的了解以后,大家再自由组队去课后完成,这样就不需要花费太多的课堂时间。而且我们可以周末去开展活动,既探究了文化,也当作外出休闲了,一举两得"。同学们都很有想法,还有其他很多充满建设性意见的提议,相信是同学们进行了深入思考以后给到的积极意见。

  主动思考,是一种态度,更是一种能力,只有学生开始主动思考,才能够推动学生开始主动学习,才是真正有意义学习的实现。部分教育者秉承人本主义学习理论,他们指出,相对而言,比较容易学习和保持的都是有价值、效果和益处的概念或者技能,对此学生们也会主动认识并投入必要的时间和精力。这些教育者并不认同灌输式教学模式,比较关注学习内容对学生个人有无意义,对学生需要等因素比较关注,认为开展的学习是关系到学生个人的才是有意义的。罗杰斯认为,所谓有意义学习实则将逻辑与直觉等相结合。通过上述方式学习,学习者成为完整的人,也就是充分运用自身的刚柔能力开展学习。他指出,个体之间具有学习的自然潜能,这种天生的学习内在驱动力需要引起教师重视,进行充分利用,组织学生进行有意义学习,对于那些没有意义的材料不应该去学习。教师在开展教学过程中,对学生个人经验应给予足够重视,对于所学内容对个人的意义要让学生知道,由此才会让学生明白学习的意义,喜欢学习,想得到发展,寻求发现,希望独立,要求创造。这就是学生进行主动思考和主动学习的最大意义。

  概括而言,无论是哪一个学科的教学,取得的成效如何都要考虑实现教学目标程度。首先,在上文提及的案例中,在历史教学中融入综合实践活动课程以后,学生的知识目标基本能够完成,而且多数情况下可以对一个知识点有更加深入和全方位的了解和认识,在立足教材知识的基础之上,能够超越教材,扩大学习的范围;其次,关于能力目标的达成,从课程结束以后对学生的访谈结果看,学生在过程中无意识地提高了学习和生活的各方面能力,并且有一部分认知水平较高的学生,能够在活动结束以后认识到自己在各方面的进步和提升;最后,在学生价值观和情感的培养和提升上,通过对历史知识的深入了解,潜移默化地让学生慢慢启发家国情怀,通过参与小组各项实践活动,和同学们之间培养了良好的积极情感,包括在课程结束以后,对自己在活动中的表现表示肯定的态度,这些都是学生价值观、情感方面的提升。目前的教育学领域,已经很少再用传统的这种

"三维目标"分析了,不再把目标的达成简单割裂成知识、方法和情感三个维度,确实,通过研究不难发现,情感就蕴藏在学生参与学习的整个过程中,不需要教师有意地进行情感教育,活动的开展过程中会有各种各样的情形使学生潜移默化地受到影响和启发。

三、教学反思

在本次历史综合实践活动课程的课例研究过程中,经过反复设计和调整,参与的教师和学生均收获颇多,成果主要包括课程成果、教师成长和学生学习三个方面。

(一)课程成果成效客观

现阶段综合实践活动课程的开展已经比较成熟,而在中小学,尤其是中学,深入涉足该课程的学校和教师数量并不乐观,尤其是与学科内容相结合的综合实践活动课程更是少之又少。教师通过反复的课程实践,在初中历史的教学中融入了综合实践活动课程的形式,同时与学生共同参与活动,取得了较大的活动成果,为该课程在本校的开展提供了有益的指导,同时也为如何进行本课程实施活动的环节有效设计提供案例经验。

上文涉及的课例种类各有不同,有走进博物馆进行文化探究的,有去历史遗迹或者纪念馆现场考察的,有课堂内外联合实践的,也有课堂上以丰富的材料开展小组学习的;涉及的方法也比较全面,包括文化探究、调查访问、设计制作、实践活动等;呈现的活动过程也比较完善,从发现问题、确定主题、制订计划、实施方案、解决问题到成果展示和交流,每一个环节都有详细的教学过程,可以作为以后课程开展的参照依据。

同时,教师也将活动过程中所有的资料作为过程性成果和展示性成果进行了保存和整理,包括学生参与课堂的照片和视频、学生讨论后自主制定的方案以及修改调整后的方案、学生参与实践活动过程中的照片和视频、学生开展成果展示和交流的照片和视频、活动结束后学生自我反思的文字内容等。通过浏览这些资料,可以让一个活动非常具体、详细、生动地展现出来,不管是对教师还是其他阅读者来说,都是宝贵的经历和经验。美国的学者苏泽对什么样的课程成果是有效的,曾表达过以下论点。第一,应该对与成果有关的信息做出具体解释:高质量的内容应该包括什么信息类型、概念和资源;制作产品时应该包括的步骤,比如计划、编辑、时间的有效使用和组织;详细描述产品的特征,比如大小、耐用性、格式、结构、精确性和预期观众。第二，要能够告诉学生怎样利用研究材料，支持学生集体讨论想法、时间表，支持学生互相评论、批评和修改对方的产品。第三，为学习兴趣、学习风格和学习准备状态不同的学生提供不同的产品形式。若以此作为参照标准，那么上文提及的课例基本能够满足有效的课程成果的标准，可以为往后的开展提供有效经验参考。

当然，这里也要做出一点重要的说明，尽管教师在初中历史的教学中设计了综合实践活动课程，让学生在更加丰富的形式和内容中学习历史知识的同时，提升个人的实践能力和成长经验，但不推荐将初中历史教材中任一知识点采用或借鉴该方式开展实践活动。倘若不加以选择，也有可能浪费师生大量的时间和精力，最后还没有达到应有的教学效果。

（二）教师成长增量显著

对于该领域的新入门教师，综合实践活动课程是一个全新的课程。不同于学科课程注重对知识的理解，综合实践活动课程关注的是学生对于实际问题的理解、探索和解决。也正是在这样的课程中，教师能够真正地把课堂还给学生，能够感受到学生在课堂中的思维绽放。在这个教学相长的过程中，教师能够从与学生的共同活动中获取新知，而且课程是对教师综合素质的挑战和培养，需要精心准备的教学设计、合理的课堂掌控和引导、智慧的即时反馈，这些都比学科课程对教师的要求更高，也更能促进教师的成长。

首先，该课程有助于教师教育理念的提升。相比起在传统的初中历史课堂上的教学，融入了综合实践活动课程后的课堂，极大地增加了学生的参与和组织活动的机会，学生能够有大量的机会展现自身的智慧和能力；同时也让教师感受到学生思维的能量和魅力，从而开始尝试把课堂交还给学生，愿意让课堂成为学生自我展示的舞台，从开始对教学的迷茫到信心满满。对任何一所学校来说，教育理念的重要性，远远超过师资、生源、组织结构等要素。从实践来看，教育理念构建的是学校持续性发展的指导思想，帮助学校勾画出未来发展的胜景。正是因为有了正确的教育理念的指引，学校的教育教学活动才会稳步推进，方向明确，可预期的目标才会实现，否则就容易出现方向的迷失，甚至南辕北辙。要形成正确的教育理念则需要人们亲身体验和理性思考，需要对教育本身以及价值和价值实现途径进行重要的判断。教育理念对教师、学校的影响深远。

其次，该课程有助于教师教育智慧的提升。在传统课堂中，学生安静坐在座位上听教师讲课，或专注，或分神，没有特殊情况的话，课堂上的情境和气氛比较稳定可控，而在开展实践活动的过程中，情境更加复杂，学生需要完成的任务更加繁杂困难，同学们之间的交流合作也在增加，这很容易产生各种不可控的情况。例如，有学生在出发到目的地之后，因为计划不够充分，发现找错了位置，转场时间又来不及，活动无法开展；有学生在进行设计制作类任务的时候因为错误使用工具意外受伤了；还有小组成员在合作的过程中，因为意见不合吵架。类似上述情况还有很多。如果遇到了这些问题，教师应该采取什么措施及时正确地处理，这是对教师教育智慧的一种实力考验。叶澜教授通过系统研究，创建拥有教育智慧的教师理念。他认为，智慧绝非通常意义上的逻辑思维能力，而是依托实践对经验进行改造实现自身能力提升，从表现来看，就是妥善解决应对各种复杂情境和问题，在这个过程中，获得新思想、新理念、新观点。这就是一种创造智慧，从而提升个体的境界。为实现上述目标，必然对教师开展教育教学活动提出更高要求，其个人素质需要不断完善，还需要培养独创精神。其他学者也指出"教师的教育潜能能够表现在实践场景中，即教育智慧。总体来看，教育智慧包括这些内容：伴随着教学过程的教育机智，独特的教学个性，灵性与创造性。当然要形成这样的教育智慧也不是一蹴而就的，需要一个较长的过程。对于教师专业成长来说，教育智慧作用明显，同时会不断丰富"。可见，提高教育智慧对于教师的专业发展有极为重要的意义。

最后，在此类课堂中指导学生开展学习，能够提升教师的教学技巧。应该看到，在这类活动的开展中，引导者正是教师，教师要积极引导学生自己去独立发现问题、解决问题，然而学生的思维有时候容易受到限制或者碰到阻碍，这时候就需要教师充分发挥提问的技巧来引导学生继续进行思考，通过提问来获取学生个人或者集体的学习信息，再通过提问启发学生产生更多的信息。教师就经常在学生遇到思维困惑的时候提问：所有同学都来思考一下，有没有更好的方法解决当前的问题？这样的提问可以让信息在课堂中流动起来。学生的能力和创造性远比一般预想的要强，往往在大家不断抛砖引玉、集思广益后，可以获得一个满意的甚至是令人惊喜的答案。这是提问的技巧带给教育人员的意外惊喜。

（三）学生投入"真实学习"

讨论、计划、展示、修改、实践、总结……学生在参与综合实践活动课程的过程中可以充分地发挥自我意识，开展头脑风暴，只要过程合理且可操作，就可以按照自己的想法积极实施。学生的大脑和身体，会共同地投入在这个学习的过程中。这种促进学生全面活动和学习的课程内容，有着学科课程所不具备的特点，在促进学生全面发展的过程中能够起到重要作用。

首先,学生在掌握基本知识的前提下,能更深入全面地掌握该知识相关的内容。例如,在探究中华早期原始民居的活动中,教材中虽然只要求同学们能够掌握长江流域、黄河流域各具特色的杆栏式房屋、半地穴式房屋,但在开展探究活动过程中,同学们不仅了解了这两种房屋的结构差异以及产生的原因,而且在博物馆中近距离地观察了杆栏式房屋的实物模式。为了能够更好地还原模式,同学们还深入研究了房屋的构造、用材等。通过对学生设计图的观察可以看出,他们已经对此有了相当程度的了解,完全可以把掌握的知识内容向同学们分享和展示。

其次,学生的综合能力在学习活动的过程中能够获得提升。按照维果斯基最近发展区理论,在儿童成长过程中,发挥主导和促进作用的正是教育,在这一过程中需要对儿童两种发展水平进行明确,包括已经达到和可能达到发展水平。二者之间存在着最近发展区。这一区域显然成为开展教学活动的主要着眼点,提供的内容适当提高难度,引导学生主动参与其中、发挥内在潜能,从而实现最近发展区的跨越,获得更高发展水平,并进入新的发展阶段。采取实践活动,就是给学生创造了这样一种最近发展区,为学生的进一步提高做准备。同时,小组合作的过程,对学生来说又有很特别的意义。同学们在交换意见的过程中,能够了解同伴的想法,参考同伴的观点和听取同伴思维的方式,并且在评价他人观点的时候,也能反馈自己的想法。初中阶段的学生对于同伴的信任程度是很强烈的。

最后,在这样深入的学习过程中,学生的情感触动更加强烈,价值观也能够获得一定程度的提升。学生看到丰富的材料和数据,包括文字、图片和视频时,以及在亲自体验的过程中,情感触动相较于普通课堂上听教师讲解要深刻得多。同时,每一次实践学习结束以后,学生都有展示的机会,形式多样,包括演讲、海报展示、幻灯片展示、视频展示、微型课堂、角色扮演、小品、短剧等,学生了解并参与了过程后,体会很深刻,尤其是个别学生将一些历史片段以角色扮演的形式展示出来后,表示自己真实地体会了历史的场景。这些感受的获得也是学生在活动过程中宝贵的体验。

第七章　初中地理综合实践活动课程的设计应用

初中各学科的教学应适应现代社会的发展，改革传统的教学方式与形式，才能达到更好的教学效果。学科实践活动课程是立足学生的生活实际创设的课程，主张学生动脑"想"与动手"做"，手脑并用，亲自体验生活。本章结合地理学科特点，对地理实践活动课的设计应用进行了初步探究。

第一节　地理综合实践活动课程概述

一、地理学的概念

地理学是一门关于空间变迁和地表事物如何以及为何会有差异的学科。而且，地理学研究的是所观察到的空间模式是怎样随着时间推移而逐渐形成的，例如，为何图尔基耶经常发生地震，美国东部山区为何呈圆形而美国西部则地势险峻。

地理学家在解答上述问题时，着重探讨了人类与社会团体的相互作用及其与地球环境的关系。他们努力理解自然与文化在空间上的模式是怎样的，以及为何会随着时代的变迁而改变。因为地理学家不但要研究自然环境，而且要考察人们如何使用这些环境。地理学家对于事物之间的关系非常敏感。举例来说，为说明巴西人为什么每年都要烧掉大量的热带雨林，地理学家要研究亚马逊的气候和土壤、人口压力、土地流失以及巴西的农业发展、国家外债、木材市场需求，要理解森林燃烧对环境的影响，同时还要知道一些东西，如氧气和碳的平衡、燃烧速率、导致温室效应的燃烧、酸雨、臭氧层的消耗量、森林砍伐、土壤侵蚀和洪灾等。

二、地理学的重要性

第一，地理学是研究不同地域的自然与文化现象的方法。比如，可以让人了解造成地形弯曲、褶皱、断裂、火山形成、地震和海啸的构造力量；文化地理的讨论将为人提供一个理解文化技术、社会和意识形态的结构，以及文化在时代的影响。

第二，对地理学和地理学论题的广泛关注，对于了解国家与国际问题非常重要。温室效应和全球变暖，艾滋病和其他疾病的扩散，国际贸易的不平衡，发展中国家粮食供应和人口增长，所有这些问题都有其地理特点，而地理学有助于对这些问题进行解释。有地理学的素养，不仅不会对当地问题和世界问题茫然无知，而且能有机会对处理这些问题的政策制定做出有意义的贡献。

第三，地理学科的研究范围十分广阔，因而在该学科的初中教育中存在着大量的"工作"岗位。地理教育可为学生提供大量的实践。地理分析技术用于解释遥感图像、确定新企业的最佳位置、监测传染病的传播、划分选区等。

三、地理综合实践活动课程的内涵

要对综合性地理实践教学进行深入的探讨，必须对其进行系统的归纳。

（一）关于综合实践活动课程

根据《中小学综合实践活动课程指导纲要》，综合实践活动课程是从学生实际生活和发展需求出发，通过调查、服务、生产、体验等方式来培养学生的综合素质。

综合实践活动课程以学生的亲身体验为依据，与学生的日常生活、社会生活紧密联系在一起，体现了综合运用知识的过程。综合实践活动课程是指在教师的专业指导下，结合学生自身的实际情况开展综合性的教学活动，是一项与生活实际紧密结合的学习活动，体现了学生对知识的充分运用。综合实践活动课程是一门以体验为基础的课程，针对不同的学习层次制定了特定的教学目的。综合实践活动课程是国家顺应时代发展对教育的新需求而开设的，同时也是新的发展契机。综合实践活动课程与学科课程相比，缺乏相对固定的知识系统，教学内容具有很强的多样性和选择性。

综合实践活动课程以社会需求、社会实践、学生经验为主要内容，以专题的方式将课程资源整合于一体，以教育学生问题意识、科学态度、探究思维、性格、责任心、问题解决能力、综合实践能力等方面。

（二）关于地理综合实践活动课程

1. 地理综合实践活动课程与综合实践活动课程的关系

地理综合实践活动课程与综合实践性教学是相互独立的，同时二者之间相互影响和促进。

首先，综合地理教学是以综合实践为基础的。综合实践活动课程的产生与综合实践性课程的发展息息相关。其次，综合实践活动课程的开展制约了地理综合实践活动课程的开展。要发展综合实践性课程，必须从尊重出发，开展全面的实践性教学。全面实施地理综合实践活动课程，要按照全国统一的课程计划进行，而不能脱离综合实践活动课程的教学系统。总之，地理综合实践活动课程与综合实践活动课程并非对立，而是相互影响、相互促进的。

2. 地理综合实践活动课程的层次解析

地理综合实践活动课程的概念包含三个层次。

从课程目的的视角出发，既要增加学生的地理知识，又要注重学生的主动实践，从而提升他们的综合素质。在学习形式上，将情境、实践活动、游戏等多种教学形式有机结合起来，实现课程内容、形式、方法的有机结合，真正实现学生自主学习，并进行创造性的探索和体验。从教学内容上，地理综合实践课的实践活动并非单纯的教学活动，而是以地理实践活动为媒介，促进学生综合素质的提高。

3. 地理综合实践活动课程的概念

地理综合实践活动课程是一门以地理为基础的实践性课程，将多种资源整合为一门课程，以提高学生的地理学知识和综合素质。

四、地理综合实践活动课程的性质

地理综合实践活动课程是对地理教学的补充，而地理教学是一种实践性的活动。地理综合实践活动课程以地理为依据，通过调查、服务、生产、体验等方式指导学生，使地理资源得到最大限度的开发，并注重学生的综合素质和核心能力的培养。

五、地理综合实践活动课程的目标

地理综合实践活动课程的教学目标体系分为总体目标与特定目标两部分。初中地理综合实践活动课程的总体目标是通过对个人、社会和自然的全面了解，培养学生实用、全面和创新的技能。七至九年级的特定目标是提高学生对自然环境的认识，从建立人与自然的科学认识入手，树立环保意识，提高环境保护能力。

课程旨在促进学生在社会生活中积极探究地理问题，增进对社会的认识，增强运用地理知识服务社会的观念，积极参加社会服务活动，培养实际应用能力。地理综合实践教学应注重培养学生自主获取和掌握地理信息增强学生科研创新能力；鼓励学生主动发现和解决问题；加强学生对问题的调查能力和对问题的认知；发展学生解决问题的能力。

第二节 初中地理综合实践活动课程的现状调查与分析

一、调查问卷制作

（一）问卷设计

本研究通过问卷调查了解初中地理综合实践活动课程的发展状况。研究内容包括基础知识、综合实践活动课程、地理综合实践活动课程等。这些问题有一项选择题和多项选择题。问卷题目设置情况见表7-1。

表7-1 学生问卷结构表

调查内容	问题分布
基本情况	Q1、Q2
对综合实践活动课程看法	Q3、Q4、Q5、Q6、Q7
对地理综合实践活动课程看法	Q8、Q9、Q10、Q11、Q12、Q13、Q14、Q15

（二）访谈设计

本研究以3所初中学校为研究对象，对4位教师进行了访谈。4位地理教师均有丰富的地理教学实践经验。访谈内容主要有综合实践活动课程的学习、地理综合实践活动课程的开发、课程设计、课程评价等，详情见表7-2。

表 7-2　中学教师访谈内容表

访谈对象	任教年级	访谈内容
袁老师	初一	1. 您了解过《中小学生综合实践活动课程指导纲要》吗？有参加过相关培训吗？ 2. 您的学校开设过综合实践活动课程吗？ 3. 一周课时是多少？ 4. 您作为授课老师开设过地理综合实践课程吗？ 5. 设计课程难点在哪里？ 6. 您觉得开设地理综合实践活动课程会给您增加教学负担吗？ 7. 您如何看待地理学科与综合实践活动课程的结合？ 8. 您认为目前影响课程实施的因素有哪些？
叶老师	初二	
姚老师	初一	
程老师	初二	

二、样本的选择

样本选取了 3 所普通中学，每个学校随机抽取一个班进行问卷的填写。本次问卷调查发放采取纸质问卷的形式，总共发放问卷 175 份，回收有效问卷 167 份，有效率为 95%。

三、实施现状调查分析

（一）学生问卷统计结果分析

1. 学生基本情况

在回收的 167 份问卷中，如图 7-1 所示，61 人为七年级学生，约占 37%，57 人为八年级学生，约占 34%，49 人为九年级学生，约占 29%。年级分布较均衡，偏差度较小。如 7-2 所示，男生和女生占比分别为 52% 和 48%，男女比例适当，性别偏差较小。

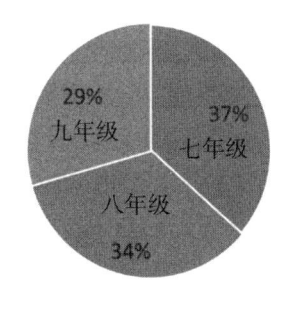

图 7-1　年级分布情况图　　图 7-2　性别分布情况图

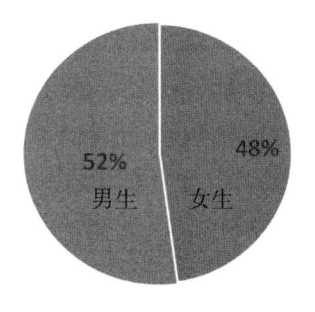

2. 综合实践活动课程现状

①学生对课程的了解程度如图 7-3 所示。

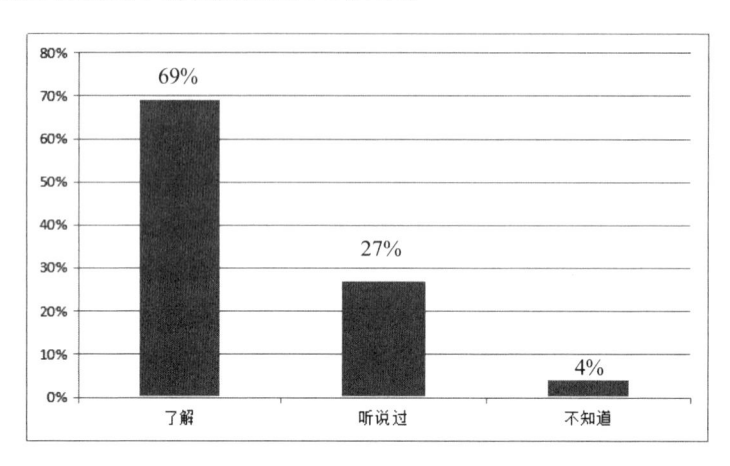

图 7-3　学生对课程的了解程度调查数据图

图 7-3 表明，69% 的受访学生对综合实践活动课程有认识，27% 的人听说过，4% 的人不知道综合实践活动课程。结果显示，大部分的同学都认识这个课程，而另一些人仅仅知道这个课程的名字，另一些则完全不知道这个课程。通过与同学的沟通，研究者发现，部分学生对实践课程的特征、本质的认识还不够透彻。学校在提供不同的活动时，应为学生提供更为完整的课程讲解，建立一套完整的实践性教学。

②学校开设综合实践活动课程情况如图 7-4 所示。

图 7-4　学校开设综合实践活动课程调查数据图

如图 7-4 所示，大部分的同学都认同学校按照国家的相关规定来安排综合实践课程，而有些则不认同。在调查中，研究者发现，在学校进行教学时，教师会按照课题来设定课程的题目，这样就会造成学生对综合实践活动课程的认识不够。

结果显示，初三年级没有开设综合性的实践教学。

③在被问到课时安排时，如图7-5所示，有60%的同学表示所在学校的综合实践活动项目一周不超过两个小时。根据政府的要求，综合实践活动课程每周至少要上两节以上的课。据访问，综合实践活动课程大多是按照教师的要求进行的，有些同学反映，有部分上课时间被学科学习占用了。由于"以考试为本"的教学思想没有发生变化，因此学校对综合实践活动课程的关注不够。

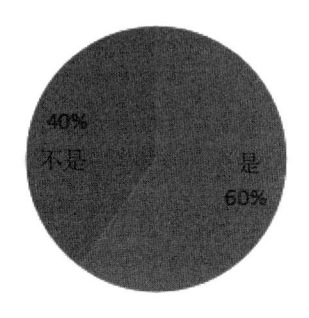

图7-5 课时安排是否不超过2小时的调查数据图

④图7-6表明，大部分的同学很有兴趣参加综合实践活动课程。部分学生对本课程的学习态度较为中性，既不积极参加，也不反对。只有少数的学生对这门课抱着消极的态度，并且完全不愿意参加。学生对综合实践活动课程的态度是影响其实施效果的重要因素。通过内在的学习动力来激发学生对课程的持久兴趣，有助于教师推进课程。研究结果显示，教师在设计综合实践活动时，应充分发挥学生的主观兴趣，并力求提高综合实践活动的效果。"以知识为中心"的观念也会造成部分学生对综合实践活动课程的忽略，这就需要教师在进行课程教学时，要注重课程的层次与深度。

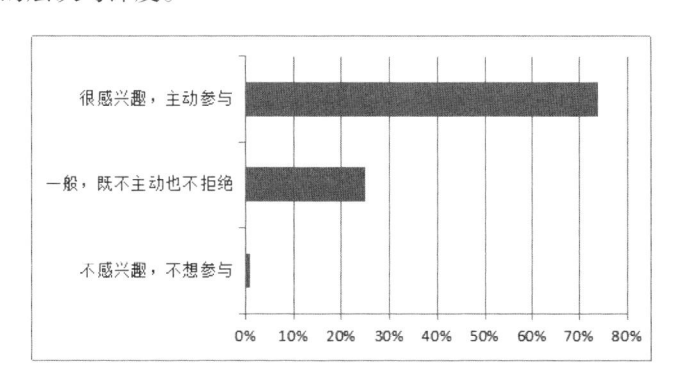

图7-6 学生对综合实践活动课程态度调查数据图

初中综合实践活动的设计与实施

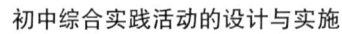

⑤在被问到"你在综合实践中的变化"时，如图 7-7 所示，97% 的学生选择了"加深对社会的了解"、"增强合作意识""提高了实践创新能力"。同时，这体现出了综合实践活动课程的重要性，增强了学生与社会的联系，增强了他们的动手能力。综合实践活动课程与学科课程不同，没有完备的知识库，它注重以学生的体验和社会生活为中心的课程发展。

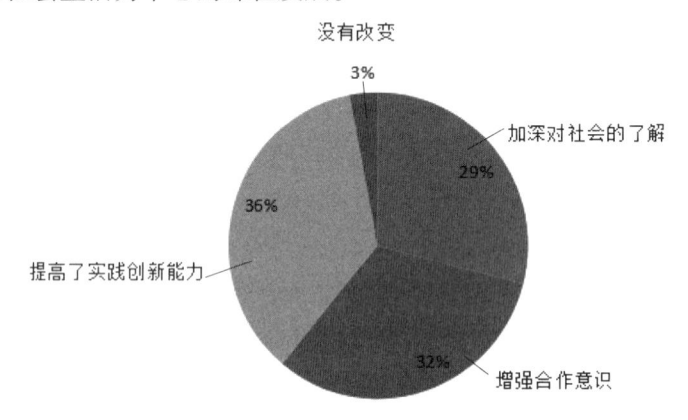

图 7-7　课程给学生带来的变化调查数据图

3. 地理综合实践活动课程现状

①学习动机是影响初中地理教学的一个重要内容。对喜欢地理的学生而言，最主要的动力就是"对地理感兴趣"和"提升地理分数"。这说明，分数机制对综合地理教学的发展有很大的影响。很多同学都把提高地理分数作为激发学习动力的关键因素，说明很多同学还存在着"以分数为中心"的思想。地理综合实践性教学的教学内容不能很好地反映学生的学习成绩，而对地理分数的重视常常会造成学生对地理综合实践性教学的忽略。

②在地理综合实践课的教学中，从图 7-8 可以看出，79% 的人认为这门课是值得的，13% 的人持中立的观点，8% 的人觉得这门课不需要。通过与同学们的沟通，研究者发现，一些学生不愿意开设综合实训课程，主要有两方面的原因。首先，在入学考试中，地理占据分数较低，开设该课程会耽误其他课程的学习。其次，学生对地理的兴趣不大，因此教师也不愿意开设综合性的地理实践教学。研究者认为，以上所说的第一个因素是体制方面的，不可能在短时间内发生变化；另一个因素可以由教师的努力而改变。

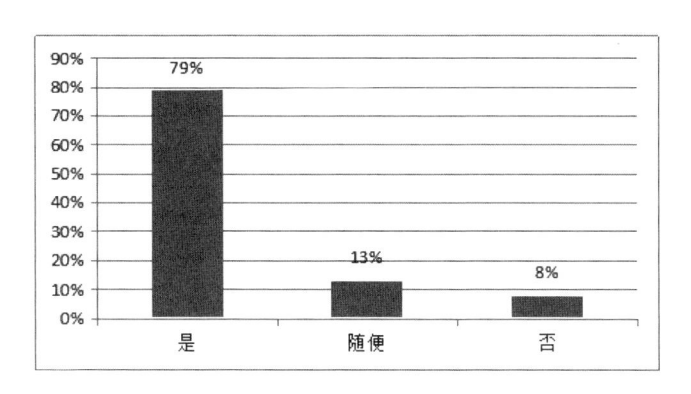

图 7-8 开设地理综合实践活动课程意愿调查数据图

③合理的选题是开设地理综合实践课程的一个重要条件。调查结果显示，大部分学生愿意进行野外地理学习与实验，其次是探讨地理问题，最后是地理调查。要想培养学生的地理学基础，就不能只停留在教室里。从调查结果来看，学生有很强的想要走出课堂的意愿，促使地理教师充分利用现有的资源来了解综合性的实践活动，从而推动地理学与综合实践活动的融合。例如，地理调查能够在学生自身兴趣的基础上，发挥地理教师的专业指导作用，进行野外探究式学习，引导学生主动获得知识，并观察、记录、思考，对问题进行分析和解决。地理知识丰富，可以用于实际操作，也可以用于综合实践。

④图 7-9 表明，大部分的同学想与教师一起来设计综合性的地理教学，13%的同学想要自己设计，9%的同学想由教师主导。可见，大部分同学愿意参与综合地理实践活动课程的教学设计。在地理综合实践活动课程中，学生的学习意识很强。在教学过程中，教师要加强与学生的交流，充分考虑学生的意见。

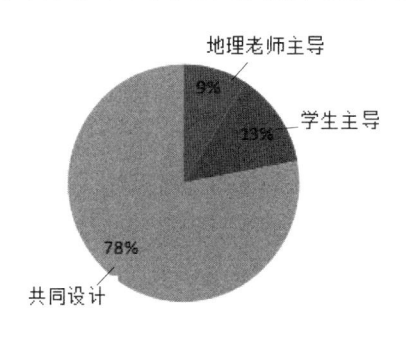

图 7-9 课程设计主体调查数据图

⑤在地理综合实践活动课程中，如图 7-10 所示，学生往往会选择小组合作研究方式，或外出实践，较少有教师辅导。教师的教育方式具有不确定性和多样

性。要想取得理想的教学效果，就必须采用容易被接受的教学方式。通过对地区性实践活动的研究，研究者发现，在实践活动中，学生更愿意采用团队协作、探究、户外实践等方式。因此在教学中，要尽量把课堂教学分成小组来进行，让同学们在学习的同时也能感受到彼此的协作，从而增强他们的协作精神。在确保安全的情况下，地理综合实践活动课程应该多做一些符合学生预期的活动。

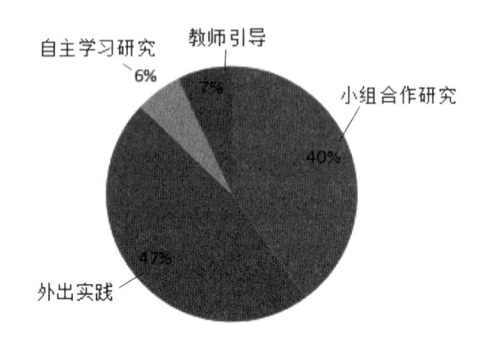

图 7-10　上课方式调查数据图

⑥关于地理综合实践活动课程的教学价值，经调查，学生普遍认同"了解人与自然""加深对地理学的兴趣""乐意发现地理问题"等三大价值观念。研究发现，"提升地理学习成效"在学生心目中的地位最低。

⑦对课程评估方法的研究，包括评估方法的选择以及对课程成绩的评估。图 7-11 展示了不同的评价方式，如问卷调查、试卷测试和实践测试。在评价结果方面，如图 7-12 所示，大部分学生愿意与老师、家长、同学共同参与评价。在课程评价的设计中，要从多个方面入手，既要重视结果，又要重视过程。评价调查也显示出，学生并不认同单一的测试成绩，同时也反映出地理综合实践课与学科课程在课程设置上的不同。

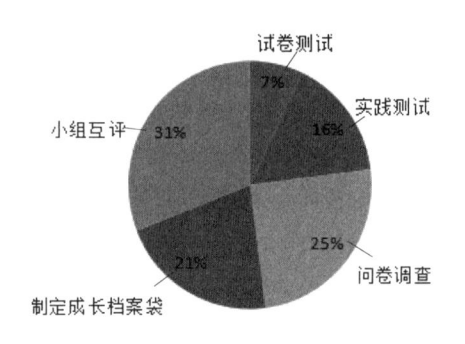

图 7-11　评价方式调查数据图

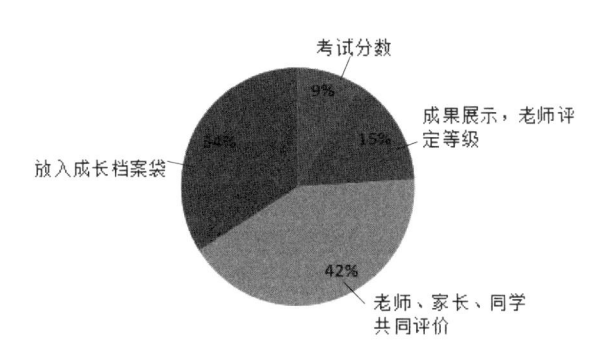

图 7-12 成果评价调查数据图

（二）教师访谈结果分析

通过对4位教师的访谈，研究者得到以下结果。

全体教师均参与了综合性的实务实践活动，并在校进行了一系列的实践活动。他们所在的学校均已制定并设计了各类综合性实训活动，并定期组织教师进行专题研修。袁教师表示："我们的综合实践课程分为两个学期进行，同时还会邀请有关的专业人士来授课、培训。"

4位教师所在的学校都有相似的综合实践活动课程，但是他们的课程名是不一样的。姚教师说："学校会开设一些与专题课不一样的课程，但是并没有专门被称作综合性实训课，而是以相关的科目名称来命名。我们学校的七、八班都有这样的课，一周两次，九年级没有这样的课……关于开放式地理综合实践活动课程教学有没有可能给我们带来更大的压力，我想这样做会给我们带来一些压力，让我们更加重视课程的发展。"谈到地理综合实践活动课程，袁教师表示："2021年，由我校地理教学小组接管了这一学期的综合实践活动课程，由我负责。本课程的设计重点以植物仿生学为主，按照中学的教学大纲来建构。教学过程中最大的难点是对学生的评估。当时我们地理系的几位教师意见不统一，这个问题就比较复杂了。"

4位教师都同意将地理与综合实践活动课程相结合，并将二者有机地结合起来。叶老师认为："初中地理教育的发展方向应当是培养学生的地理基础能力，而传统的地理教育难以做到这一点。"程教师说："尽管综合地理实修课的课时较长，而且校方的反馈与专家的观点也表明，这个课程是非常有意义的，可以提升地理学的影响力。"

4位教师也指出，在实际操作中，有很多因素会影响实际操作。姚教师认为最主要的原因是"第一，师资力量不足，教学水平低，科研水平低；第二，缺乏足够的教学资源，也没有将地理学和综合实践课程相结合的更多案例"。

四、调查结论及分析

（一）学生对于地理综合实践活动课程积极性高，主体意识强

要进行地理综合实践活动课程的开发与设计，必须先了解学生的主观感觉。只有使学生满意，才能保证教学的顺利进行。研究发现，大部分的学生都认同地理综合实践活动课程，并愿意参与到课程的设计中去。研究同时发现，地理综合实践课程对学生的学习意愿有天然的"优越性"，即学生积极主动。从目前的情况来看，课程应该以"以人为本"的教学模式进行教学。

（二）教学内容需要多样化，注重实践性

通过问卷调查发现，学生对地理综合实践课程的兴趣有差异，其中对户外地理学习的兴趣最大。在初中阶段，学生可以从地理课本上学到一些相关的地理实践活动，比如做一个小球和一个雨量仪。地理实践活动可以在教学内容的基础上进行，将本地的社会资源与地域问题相结合，以求达到较好的效果。

（三）教师专业水平与学生发展需求之间的矛盾

通过对地理综合实践课程的教学实践，研究者认为，在开发和设计地理综合实践课程时，存在着理想与实际的偏差，以及学生对地理综合实践活动课程的不同评价。当前的师资力量没有充分满足所设定的课程目标，也没能使学生的职业发展得到更好的发展。

其一，学校对教师发展的管理不甚理想，而且很容易忽视实践课程。大部分的初中教师都会参加专业的讲座，参加综合性的实践活动，但供给不足，缺乏与之对应的教学与科研活动。这就导致了教师对课程的认识不清、课程编制与设计不清、课程设置缺乏科学性。

其二，难以制定教学大纲。在设计地理综合实践活动课程时，需要教师具备扎实的课程知识和丰富的地理教学设计经验。地理综合实践活动课程的教学模式与传统的地理教学模式存在着较大的区别。比如，教师在运用"任务驱动"的情况下，难以把握其困难程度。

第三节　地理综合实践活动课程设计

一、课程设计的理论依据

地理综合实践活动课程的设计要立足于理论，以教育学理论、地理科学理论、课程发展模式为理论依据，以防止教学过程中的任意性，保证课程的价值。

（一）教育学基础

1. 儿童中心主义

"儿童中心主义"是由教育思想家卢梭提出的。卢梭主张教育要顺应孩子的天性，也就是要让孩子主动地参加。教师的角色就是要营造良好的学习氛围。

美国教育家杜威将"儿童中心主义"的思想阐发为"以儿童为本""以学校为社会"，相信循序渐进的教学方式可以让学生在活动中学习，认为体验是学习主体与被认知对象相互作用的过程。现代课程应从现实生活中选择最现实的主题，结合具体的理论知识。杜威在批判"经验"的基础上提出了一种新的经验理论。

我国教育家陶行知深受"儿童中心主义"的影响，其教育思想包括"生活即教育""社会即学校""教育与实践"等。

2. 建构主义理论

瑞士心理学家皮亚杰提出建构主义的概念，认为儿童在与外界互动时会逐渐认识外界，进而形成自己的认知结构。

苏联学者维戈夫斯基提出了建构主义理论，它为教学和发展提供了理论依据，更新了传统教学观念，使师生成为教学的主要内容。建构主义课程观是一种开放的教学模式：课程是学生的"履历"，课程实施则是动态的。传统的课程观念认为课程是一种系统化的专业知识，是一种静态观念。建构主义理论认为课程是一个动态概念，强调教师和学生积极参与课程设计与实施，并通过不断学习获得个人经验。一方面，教师、学生、家长之间的关系建立在课程基础之上；另一方面，应把学校融入社会。这一理论旨在突破课程局限，将课程实施延伸至自然和社会。

3. 发现学习理论

"发现学习"是由美国学者布鲁纳提出的。研究结果显示，学习方式强调学习过程、内在思想、非逻辑思维和信息收集。研究结果表明，学习者在学习过程中应该积极主动，而不应消极。发现学习理论为探究学习提供了理论依据，说明实践学习是对专业知识的深刻理解。这种主动引导的思想激发了对学生主体性的认识，从而指导学生主体性。当然，在积极的学习和实践中，学生也能获得知识增长和进步。

地理综合实践活动课程教学应充分发挥学生的创造性，充分发挥学生对实际生活的兴趣，转变传统地理学教学模式，促进学生学习和发展。

（二）地理学科基础

1. 地理科学理论

随着对地理的研究不断深化，地理学科的内涵不断丰富，逐渐形成了一套完整的学科体系。初中地理综合实训活动课程的设计可以以下面三个基本概念为中心。

第一，人地关系。在课程设置中，要坚持人地科学观，并逐步形成人地和谐发展的思想。要尊重自然，遵守自然法则，然后才能改变和使用它。

第二，整体性。整体性是地理学的一个重要组成部分，也是地理学的一个重要特点。在自然条件下，各种地理要素互相作用。在地理综合实践课的设计中，要注重树立"整体"的观念。

第三，区域性。区域性是对自然整体的认识，也是对局部地区的认识。在地理综合实践课的设计中，要把握整体性，依托小范围区域性的实践研究。

2. 地理教学理论

地理教育本质上是一个过程，包括师生的主导作用、学生直接体验与间接体验、知识技能学习、过程和方法、情感态度和价值观。在地理学研究方面，学者袁晓婷认为地理学和教学最主要的方法论基础是对地理学的思考。地理教育是一种基于地理的教育理论。因此，有必要深入探讨地理教学基础理论。

地理综合实践活动课程教学理念应使学生了解协调人地参照在地理教学中的重要作用。地理客体空间关系是教学实践中促进学生发展的重要手段。地理教学理论是地理学理论的重要组成部分，也是地理学教育工作者进行各种地理学研究和探讨的基础。要克服地理教育的随机性，就必须遵循基本的地理教育原则。

（三）课程开发模式基础

1. 泰勒课程开发模式

泰勒在《课程与教学的基本原理》中提出了以下四个方面的问题：学校要达

到什么样的教育目的；哪一种教育方式最容易达到上述目的；如何有效组织这种教学方式；我们如何看待实现这些目标。这一模式又被称为"泰勒模式"，它包括教学目标的设定、课程的选择、课程的准备和课程的评价。

2. 过程模式

"过程模式"是英国课程专家斯坦豪斯在反思"目标模式"存在的缺陷之后提出的。他认为课程学习应注重目标与现实。斯坦豪斯认为，作为课程发展的基石，教师可以通过讲授内容和程式原理，了解教育的价值。

研究发现，在教学目标控制教学中，过程型和目的型教学存在着不同的观点。目标模式强调教育的规范化和效果，过程模式强调教育自身的内在价值。课程开发是一个动态过程，而非机械地实现课程目标。课程开发没有一成不变的模式，只有遵循基本的课程开发原则才能实现。课程开发过程模式是地理综合实践课程设计的重要组成部分。课程开发不能以实现目标为基础，而是要体现知识形态和实施程序。教师在教学过程中不仅要诊断学生的整体行为，还要评价学生的测试结果。

二、课程设计原则

（一）以学生为主体

初中地理综合实践活动并非纯粹的课余活动或纯粹的活动。实践活动以学生主体能力的全面发展为主要目标，以教学交流为媒介，注重学生学习的持续和深入。在初中地理综合实践活动课程中，应以学生为主体。这门课有别于传统的科目，能产生经验性的知识。因此，传统的教育理念已不能适应新的教学理念，要转变固有的教学模式。在本课程中，教师的作用是指导学生根据已有的教学流程进行实践，让学生自己去发现、解决问题。在课程设计中，应坚持"以人为本"的原则，充分调动学生的学习兴趣，转变传统的知识传授模式，使学生充分发挥自身的潜能。

（二）课程内容具有综合性

综合思维能力的培养，既能帮助学生进行地理问题的解析，又能促进学生全面的地理实践。在初中地理综合实践教学中，要充分利用其综合性特点，使课程知识的完整性得到充分体现。在教学实践中，需要综合各专业的知识并借助其他学科的力量来完善教学内容，在地理学科的指导下，运用多种学科知识，开展综合性的地理实践活动。教师要结合学生的兴趣，开展综合性的教学活动。整合课程的教学内容应促进学生的全面思维与对问题的全面分析。

（三）课程活动具有实践性

保证教学活动的实践性是课程的一大特色，也是对学生地理知识的培养。综合地理实践活动课程的设置有助于培养学生的地理学习兴趣。初中地理实践活动是以学生亲身经历为基础的地理教育的延伸。课程要求教师在教学中进行实践性的教学活动。在设计活动时，要充分利用学校资源、社会资源等资源。在初中地理综合实践活动课程的设计中，可以借鉴综合性的实践教学形式，采取实地考察、问卷调查等方式，并与其他学科有机结合，保证教学活动的实践性。

三、课程设计模式

在课程设计方面，应以学生为主体、以全面课程内容和实践活动为导向。下面从课程目标设定、课程主题选择、课程实施与课程评价四个层面阐述初中地理综合实践活动课程的设计模式。

（一）课程目标设定

地理综合实践活动课程结合全国指导方针及有关的研究，其整体目的在于培养学生参与地理实践活动的能力，对个人、社会及自然的全面了解，以及掌握实用、全面和创新的技巧。教育大纲指出，在不同的教育层次，整体的目标和教育目标是以不同的方式来实现的。

在地理综合实践活动课程的教学目标设定上，要坚持整体的目标计划，并与学习阶段的目标相结合，以具体的内容、主题为依据。课程的目的在于提高学生的能力；教学目的要突出内容、突出主题，不能脱离课程。

在实际活动课程中，教学内容的不确定会造成课程目标的变化。如果课程目标是围绕着整体的学生发展目标而设置的，那么描述方式就会变得多种多样。

（二）课程主题选择

综合实践活动课程的教学内容一般都是以主题为参照的。主题的选取与组织要坚持自主性、实用性、开放性、整合性、连续性。主题教学有三种方式可供选择。

第一种是封闭式教学，即老师和学校考虑社会、社区和学生的不同层面来决定学习的话题。第二种是开放式教学。教师和学校根据学生的兴趣及课程资源来决定主题在确定课程主题时，最主要的因素是学生。第三种是半开放式教学。老师在与学生进行交流时，事先了解学生的兴趣爱好，并将学校内外的资源整合起来，形成教学内容。这样既能保证课题与学生的兴趣相适应，又能充分发挥学生的积极性，也能保证课题的可持续发展。

在地理综合实践活动课程教学中，应以设计活动为核心，以课程主题为基本内容。在选题的过程中，要将专家资源、社会资源、学校资源等多种资源进行综合利用。地理综合实践活动课程的教学内容，应突出地理学科的特色，超越学科的界限。地理教学内容的广泛，为地理综合实践活动课程的选题奠定了坚实的基础，同时也为地理教师在教学中的发展提供了有益的启示。

（三）课程实施

综合实践活动课程的主要策划单位是学校，学校承担着整体设计的责任。课程的实施主要包括组织与管理、教师分配、实施方法及辅导等。

学校可成立一个能够有效推进教学计划的领导团队。在师资配置方面，教师是课程的主体，是完成课程教学任务的重要组成部分。在具体实施方法上，要通过整合资源、人员、方法、组织形式，打破传统的扁平化教学模式，实现学校教育的价值。在活动实施过程中，教师扮演着培训者、组织者、参与者和推动者的角色。在实施地理综合实践活动课程的同时，要制订教学计划。课程的具体实施过程如下。

首先，建立一种情境，然后进行课堂的介绍。地理综合实践教学是注重学生经验的科学，是一种教学活动，是一种教学过程，通过教学活动，学生能够在课堂一开始就能进入和调动情感。

其次，统筹课程的组织方式，对个别的、团体的活动进行适当的安排。教师要根据本课程所规划的各项活动，灵活地开展个别或集体活动，以推动本课程的发展。在此基础上，进行一系列的地理实践活动，并鼓励学生发现问题、解决问题。在地理综合实践活动课程中，课程的重点不在于传授科学知识、提升测试分数，而在于学生的发展。

最后，组织同学们进行课堂教学活动，在此基础上进行一堂综合性的地理实践活动，引导同学们把学习的结果用自己的亲身经历和实践来组织起来。这些成果可以通过不同的方式进行沟通，不必通过口头汇报，也可以通过辩论、研讨会和其他方式进行沟通。

（四）课程评价

全面的地理实践活动课程评价是课程的结束与下一个起点，是课程发展的保障。

地理综合实践活动课程的评估人员包括学生、教师、专家、家长等，而非一种单一的评估。考核方式以书面考试为主，通过发表作品、成果汇报等方式进行。在教学过程中，可建立一个学生的个人资料，以便及时地了解学生的学习情况。地理综合实践活动课程的评估方式主要是由教师和学生的评估来决定。为了保证评价的客观，教师要编写评价表格和说明评价准则。

对地理综合实践活动课程进行评估，目的是提高学生的学习兴趣。评估要注重学生在评估中的成绩，以评估为目标，促进学生发展。可采用档案袋评定，将各类资料列入课程档案袋。

四、教学案例设计

下面将结合具体的教学实例，对地理综合实践活动课程的教学设计进行具体阐述。

（一）校园植物的自然环境调查

1. 课程主题

由于不同的地理位置，不同的植物具有不同的生物学特征。特色植物是以地理环境为基础的。地球上的植物数以百万计，品种繁多，形态多变。校园内也有许多种类的植物，这些都能为这门课提供充足的素材。另外，初中生对自己生活中的植物的各种习惯有了一定的了解，而这种了解对课程设计有很大的启发。要对植物进行科学的地理环境分析，才能真正认识其特征。这门课旨在探讨植物的生长环境与其生长习性的关系。

2. 教案设计具体内容

教案设计具体内容通过【课例7-1】来体现。

【课例7-1】

课程确定

一、课程名称

校园植物的自然环境调查

二、课程目标

①价值体认：参加调查以加深对自然环境的了解，使其对自然环境的整体意识得以建立。

②责任担当：对植物生长的地理环境进行调查，培养环境保护和保护生态环境的责任感。

③问题解决：利用学科的知识内容，对自然条件下的植物产生的问题进行调查，并编制调查报告。

④创意物化：依据调查报告，设计植物创意书签。

三、课时安排

4课时

四、重难点

（一）重点

①选择调查的校园植物。

②对选择的植物进行习性分析。

③收集植物生长的地理环境资料。

④对自然环境影响植物习性进行分析，并制成调查报告。

（二）难点

①对植物生长地理环境的分析。

②调查研究报告的撰写。

③植物书签的设计与制作。

第一课时安排

一、观校园，寻植物（问题驱动，导入课程）

（一）教师活动

①播放视频（校园中的植物风采），提出问题：视频中出现了哪些植物？你最喜欢哪种植物？

②带领学生参观校园，向学生口头介绍各植物。

③组织学生讨论交流，选择自己要调查的植物。

（二）活动目的

①引起学生的探究兴趣。

②实地考察校园内的植物，加强实践活动。

③加强对学校的认识，使其成为学校的主人。

（三）学生活动

①观看校园视频，说出所知道的学校里的植物。

②在教师的指导下，到学校里去游览，了解校园内的花草。

③选取有兴趣的植物进行调查和研究。

（四）活动效果

①参观校园的活动方式可以激发学生的学习热情，活跃课堂气氛。

②学生们进行积极的交流和沟通，找到校园内的调查和研究植物。

二、植物标本制作（亲自体会植物研究，增加课程实践性）

（一）教师活动

①按科学方法制作植物标本。

②讲解制作植物标本。

③制作简易版植物标本制作教程。

（二）活动目的

①学校植物标本的手工制作能提高学生动手能力，提高学生实际问题解决能力。

②使学生对研究地理问题有一定的认识。

（三）学生活动

①学习植物标本的制作方法。

②动手制作植物标本。

（四）活动效果

学生能够通过教师的讲解学习植物标本的制作，并且有制作标本的想法。

三、查找资料，总结植物习性（小组合作，突破难点）

（一）教师活动

①给出资料查找的途径建议：学校图书馆、网络搜索、专业书籍、专业纪录片等。

②根据学生选择，调整和组织学生调查小组。

③给出任务：根据"校园植物调查表——习性篇"填写植物习性；小组选人作汇报。

（二）活动目的

①小组活动旨在加强学生在实践活动中的合作精神，培养合作交流的能力。

②提供信息检索途径，使学生能够自行查找，掌握信息收集的能力。

③培养学生的口头表达能力。

（三）学生活动

①找到和自己选择的植物一样的同学，并进行组队。

②收集资料，再填写表格。

③根据小组汇总资料，制作PPT进行汇报。

（四）活动效果

在参观完校园之后，学生能够保持主动的情绪进行组队。

第二课时安排

一、第一课时总结

（一）教师活动

教师组织学生按照小组汇报PPT（每组限时3分钟）。

（二）活动目的

对上节课内容进行总结；限时汇报能够锻炼学生逻辑思维和口头表达能力。

（三）学生活动

学生展示制作的PPT，并对小组调查植物的结果作汇报。

（四）活动效果

学生在规定时间内能够清晰地进行汇报，总结本组的优缺点。

二、播放视频，解析"复活草"（初步认识地理环境对植物的影响）

（一）教师活动

①准备视频，视频源于纪录片《非洲》。

②讲解视频中的植物复活草。复活草"有水则生，无水则死"的生存绝技。

（二）活动目的

①利用影像资料，引入教学案例。

②利用"复活草"这一案例的分析，能够让学生直观感受到地理环境对植物的影响。

（三）学生活动

①观看视频，了解"复活草"。

②思考为什么复活草"有水则生"。

③小组讨论问题，并回答教师问题。

（四）活动效果

①学生能够主动思考课堂上的问题，积极地与小组成员沟通，回答教师的问题。

②学生初步形成地理环境影响植物的意识。

三、布置任务，促进活动展开

（一）教师活动

安排下一阶段任务：小组完成"校园植物调查表——环境与植物篇"。

（二）活动目的

案例分析后进行任务安排，启发学生对所调查的校园植物的思考。

（三）学生活动

①观察植物，查阅相关资料，小组讨论。

②完成调查表。

（四）活动效果

学生能够找到调查的突破口，并且能多途径收集资料进行汇总分析。

第三课时安排

一、植物创意书签的制作（拓宽思维，培养审美水平）。

（一）教师活动

①展示植物书签。

②组织学生讨论交流创意书签的想法。

③介绍植物书签制作的简要步骤。

a. 首先最重要的是准备好压制好的植物。

b. 比照着所选植物的大小，把牛皮卡片修剪成适当的大小。

c. 在选好的植物后面，用棉签粘上粘纸专用胶水。

d. 最后挑自己喜欢的彩笔或者墨水笔在书签上修饰。

（二）活动目的

①通过展示植物书签，激发学生动手实践的兴趣。

②通过思想交流，学生能够感受到集体力量的完善。

③介绍制作过程的基本步骤，使学生能够进行创意设计。

（三）学生活动

①学习制作植物书签的基本方法，与同学交流思想。

②根据自己的想法设计、制作创意书签。

（四）活动效果

①学生能在教师的指导下掌握书签制作基本方法。

②学生在制作过程中遇到问题时，能够和教师进行及时沟通。

二、设计书签的草图，制定实施计划

（一）教师活动

①指导学生进行草图的绘制。

②组织学生进行组内分工，制定组内实施计划。

（二）活动目的

①绘制目的在于让学生把想法落实在草图上。

②合理的小组分工能够提高工作效率，也能让学生学会团体合作。

（三）学生活动

①进行绘制书签的草图，按照组内成员意见进行合理分工。

②小组内制订可行的制作计划。

（四）活动效果

学生在进行草图绘制时可以按照喜好进行设计，小组分工时能够合理安排。

三、制作书签

（一）教师活动

指导学生按照小组分工，来进行植物创意书签的制作。

（二）活动目的

在教师指导下进行制作，能够即时解决学生遇见的问题，保障学生顺利完成实践探索。

（三）学生活动

小组合作完成植物创意书签的制作。

（四）活动效果

在书签制作过程中，小组成员合作较为默契，遇到问题能够在教师协助下解决。

第四课时安排

一、地理调查汇报，植物创意书签展出（通过物化的作品彰显成果）

（一）教师活动

①组织学生有序介绍自己小组的调查结果。

②组织策划"植物创意书签"的展示会。

（二）活动目的

①展示自己实践成果，增强学生对自己能力的信心。

②向他人进行介绍汇报，锻炼学生的口头表达能力。

（三）学生活动

①参加展出，展示自己的植物创意书签。

②汇报调查结果。

（四）活动效果

①学生设计制作的书签创意十足，并且有十分具有美感的作品。

②学生能流利表述调查的校园植物和自然环境之间的关系。

二、总结评价反馈，师生参与

（一）教师活动

①教师对于此次实践活动进行总体评价，包括实践结果和实践过程。

②组织学生互评他组的表现。

③自评自己在课程中的表现，做总结。

（二）活动目的

①对于地理综合实践活动课程进行过程和结果的评价，有利于促进学生全面发展。

②学生根据教师所给的评价单项目进行自评、他评，能够保证评价结果的客观性。

（三）学生活动

学生开展自评和互评。

（四）活动效果

①进行总结时，学生能够根据教师引导对自己表现做客观评价。

②学生在互评时也能保持理性的态度指出其他同学的优缺点。

（二）校园气候记录与分析

1. 课程主题

气候是地理教学的重要内容之一。校园气候记录与分析的主要内容如下：利用简易的气象工具，对校园的气候资料进行收集和整理，并对校园的气候进行分析和归纳。

2. 教案设计具体内容

教案设计具体内容通过【课例7-2】来体现。

【课例7-2】

课程确定

一、课程名称

校园气候记录与分析

二、课时安排

4课时

三、课程目标

①价值体认：参与实践活动，加深对成都气候的认识，形成科学调查地理问

题的意识。

②责任担当：调查分析气候的两大因素（气温和降水），形成爱护环境、节能减排的责任意识。

③问题解决：运用学科知识，制作完成简易专业仪器，对校园的气候进行调查。

④创意物化：能够制作出简易的气象仪器，进行校园气象数据的收集，完成气候分析报告。

四、重难点

（一）重点

①了解气温、降水的测量方式和测量仪器。

②制作能用于实践的简易测量仪器。

③按照要求，定时记录气温和降水数据（总周期为三个月）。

④依照数据对校园气候进行分析。

（二）难点

①气温和降水的测量仪器制作。

②记录数据的周期较长，需要合理的分组安排。

③对校园气候的分析和报告。

第一课时安排

一、播放视频，导入新课（视频内容为《航拍中国》第二季中的四川篇）

（一）教师活动

①准备视频，视频内容主要为展示四川地区的自然风貌。

②提问：我们生活的城市属于什么气候？该气候的特点如何？你是怎么判断该气候的特点的？

（二）活动目的

①通过视频的播放让学生直观感受四川地区的自然环境，特别是气候。

②课堂提问，让学生复习亚热带季风气候及其特点，进而让学生思考知识的生成，有助于进一步探索。

（三）学生活动

①观看视频，观察四川地区气候条件。

②回答教师问题：我们属于亚热带季风气候；气候特点为夏季高温多雨，冬季温和少雨；判断气候特点根据的是气温和降水。

（四）活动效果

①学生能够根据视频观察到所在地区气候。

②学生能回答出教师问题。

二、介绍气温测量仪器，讲解测量方法（建立实践开展的理论基础）

（一）教师活动

①用课件展示气温测量工具：百叶箱、气温温度计。

a.百叶箱：百叶箱为白色；百叶箱安装在高度为1.25米的架子上，箱底保持水平；百叶箱一般设在草坪上。

b.测量气温的仪器：最高温度表、最低温度表、干湿球温度表。

②气温测量方法：气温有定时气温（基本站每日观测4次，基准站每日观测24次）和日最高、日最低气温。

（二）活动目的

①通过教师更为细致的讲解，对教材内容做出补充。

②让学生充分理解气温测量仪器的工作原理以及科学的测量步骤，以便后面对仪器进行简化改造。

③让学生感受到地理研究的科学性以及严谨性，树立良好的学科意识。

（三）学生活动

①认真听教师讲解气温的测量仪器以及步骤，理解仪器运作的原理。

②回忆气温的相关概念：最高气温、最低气温、平均气温。

（四）活动效果

在教师讲解时，学生能够在原有知识基础上跟随教师拓展，能够理解气温测量仪器的运作以及测量的步骤。

三、讲解降水的测量仪器和测量方法

（一）教师活动

①降水测量仪器：雨量器。雨量器是用来收集降水的专用器具，并通过与之配套的雨量量筒，用来测定以毫米为单位的降水量。

②降水测量方法。

a.将雨量器安放在室外，每天定时将里面的水装入容器里测量。

b.液态降水直接用量杯进行测量，固态降水则是将雨量器拿回室内融化后测出降水量。

c.单位为毫米。

（二）活动目的

①学习降水测量的科学方法，了解雨量器的原理。

②为后面制作简易的降水仪器打好基础。

（三）学生活动

①听教师讲解雨量器的使用以及降水的测量方法。

②感受地理问题研究的科学性。

（四）活动效果

学生能够理解雨量器的构造以及工作原理，并且了解到降水的科学测量方法。

四、小组合作，完成任务（通过任务驱动实践探究）

（一）教师活动

①对学生进行合理的分组（每组5～7人）

②布置任务。

a. 收集简易的气温测量仪器以及降水测量仪器制作方式。

b. 设计自己的简易测量仪器。

c. 汇报展示小组的设计方案。

（二）活动目的

①小组合作的模式有利于提高学生的沟通交流能力，利用集体的力量完成较难任务。

②从收集别人的制作过渡到设计自己的仪器，有利于学生完成模仿到创新的过程。

（三）学生活动

①按照安排组成小组，在组内积极发挥自己的作用。

②和组员合作完成教师所给的任务，设计简易可操作性的测量仪器。

（四）活动效果

小组成立后，学生能够群策群力地完成教师所给任务，信息收集在教师指导下能够顺利进行。

第二课时安排

一、回顾第一课时，展示小组成果

（一）教师活动

①组织学生以小组为单位按顺序汇报自己的设计方案。

②对各组方案进行及时的评价。

（二）活动目的

①这一节是对第一课时的总结，同时也是成果的展示。

②增加课堂连续性，调动课堂氛围。

（三）学生活动

①展示自己组设计的作品。

②对其他小组的作品提出建议。

（四）活动效果

学生能够流畅、完整地展示自己小组的作品，并且诚恳地对其他小组做评价。

二、师生讨论，确定最终设计方案

（一）教师活动

①让全班学生对刚才展示的各种方案进行投票。

②结合教师的可操作性分析确定最后的制作方案。

a. 气温测量仪器：把大小适中的塑料盒四周戳出规则的洞（保障盒内通风）来代替百叶箱；温度计选用室外温度计，固定在盒内。

b. 降水测量仪器。

简易雨量器：高度15厘米以上的塑料瓶，以毫米为单位在瓶上画好刻度；去瓶子上部锥形部分；把剪下来的锥形部分倒扣在瓶子中，形成一个漏斗；将漏斗与瓶身固定好，使其牢固。

雨量杯：向水文站借用或者直接购买。

（二）活动目的

①征求全班学生的意见能够让每个人都有参与感，能筛选出可以后续操作的仪器制作方案。

②对各种方案进行对比，能够让学生发现自己方案的优缺点，进行合理总结。

（三）学生活动

①按照教师的讲解对各种方案进行投票。

②在确定最终方案时，积极和同学沟通并向教师反映自己的想法。

（四）活动效果

学生可以根据自己的想法投票，并积极地提出他们的想法。最后，综合各组设计方案和教师的想法，确定测量仪的方案。

三、安排小组任务，动手制作仪器（完成想法到实物的过程）

（一）教师活动

①按照全班师生最终确定的安排去制作测量仪器，小组任务如下：第一组制

作简易百叶箱；第二组制作温度计的固定装置；第三组制作雨量器；第四组准备雨量杯。

②协助学生完成制作。

③对制作的仪器进行试用和相应的调整改造。

（二）活动目的

①把复杂的仪器制作分解为小组任务，能够降低任务难度，同时让学生体会集体的力量。

②对仪器的试用和调整能够保障后续测量的科学性，同时培养学生严谨的探索精神。

（三）学生活动

①按照小组分工任务进行制作，遇到问题时及时和教师或者小组成员进行沟通。

②按照测量的方法对仪器进行试用和改进，完善测量工具。

（四）活动效果

学生能够合理选择材料，发现问题之后主动解决。

第三课时安排

一、制订数据收集计划，规范数据收集要求

（一）教师活动

①选择6月、7月、11月、12月这四个月份开始记录。

②制作气候数据记录表。

③以小组为单位发放记录表。

④规范记录要求（结合学生在校作息时间安排）：选择7点30分、下午1点30分这两个时间节点记录气温；选择下午5点测量并记录降水量。

（二）活动目的

①根据学生学期安排和调查目的，选择夏季、冬季四个月的气温、降水量观测记录，以保证实践活动的实施。

②制作记录表记录数据，有效地保证规范性。

③规范要求是为了控制观测时间变量，保证实践活动的科学性。

（三）学生活动

①按照教师安排和要求合理进行小组分工。

②熟悉测量仪器的使用。

③按照记录要求完成对每天气温以及降水量的测量记录。

（四）活动效果

学生能根据教师的安排合理分工，正确填写数据表。不熟悉仪器使用情况的学生可以在同学的帮助下完成测量和记录。

二、数据的保存与分析

（一）教师活动

①每周都对本周的数据进行汇总，并且记录在电子表格中。

②每周都要求学生制作气温变化曲线图以及降水量柱状图。

（二）活动目的

①把数据都记录为电子表格，方便存储，防止丢失。

②制作专业图表有助于学生更全面地掌握气候研究方式。

（三）学生活动

提交自己的数据，按照要求绘制气温变化曲线图以及降水量柱状图。

（四）活动效果

气温变化曲线图和降水量柱状图为学生已学习过的内容，学生能够正确地进行绘制。

第四课时安排

一、温故知新，复习重点（气候的分析）

（一）教师活动

①带领学生复习气候的特征，认识到气候的特征要素包括气温和降水量。

②复习气温曲线图以及降水量柱状图的判读。

（二）活动目的

为后面对校园气候的分析奠定基础，并且回顾重点内容。

（三）学生活动

掌握对于气候的特征分析，学会从气温曲线图、降水量柱状图分析气温和降水特征。

（四）活动效果

学生能够通过这部分的复习掌握气候的特征分析，并且学会利用图表进行分析。

二、展示数据，分析气候

（一）教师活动

①展示班级此次实践活动收集的四个月的气温、降水量数据。

②让学生自己对数据进行讲解和分析。

③得出结论：学校属于亚热带季风气候，其特点为夏季高温多雨、冬季温和少雨。

④组织学生交流此次综合实践活动课程的收获，进行自我评价和评价其他小组成员。

⑤教师对各组学生表现进行评价。

（二）活动目的

①通过对实践活动的总结，使学生能够直观地感受到课程成果。

②学生对数据进行分析和解释有利于对已学地理知识进行内化。

③交流与分享环节有利于培养学生表达和交流的能力。

④自评和他评有助于学生全面了解自己在本次实践活动中的表现，有助于日后的改变和提高。教师评价与学生评价相结合，保证了评价主体多元化。

（三）学生活动

①利用收集的数据分析气候，使用温度变化曲线和降水量柱状图进行分析。

②分享实践经验，评价自己及小组成员。

（四）活动效果

①学生能够科学地对收集数据进行分析，能够得出教师预设的结论。

②在分享交流时，学生能够积极发言，并且合理全面地进行自评和他评。

三、制作评价量表，师生评价相结合

（一）教师活动

①根据课程目的以及教学内容设计符合学情的评价量表。

②发放量表，组织学生组内进行打分。

③对班级学生进行打分，并放入学生档案袋中。

（二）活动目的

评价量表的使用能够保证班级评价标准的统一和客观。教师评价和学生评价相结合保证评价主体的多元性。

（三）学生活动

使用评价量表对自己以及组内同学进行打分。

（四）活动效果

学生能够正确使用评价量表对同学和自己进行评价。

第四节 案例应用及分析

一、应用案例

（一）应用过程

①应用前：设计教学案例"校园植物的自然环境调查"，选择 B 中学八年级六班开展地理综合实践活动课程。

②应用中：根据案例设计进行相关课时安排，对八年级六班进行授课，具体课时安排见表 7-3；在课程实施过程中，进行教学反思并记录。

表 7-3 具体课时安排

时间	课时安排
3月11日、25日	第一课时（活动课）
4月8日、22日	第二课时（活动课）
5月6日、20日	第三课时（活动课）
6月3日	第四课时（成果展示课）

③应用后：采用 Likert 量表形式，制作问卷调查表；将问卷发放给八年级六班全体同学，收集数据后，利用软件进行统计分析，检验课程实践效果。

（二）应用对象

本次研究选择 B 中学八年级学生，授课对象是八年级六班的学生。八年级六班的基本情况见表 7-4。

表 7-4 学生基本情况表

八（6）班	男	女	合计
	21人	23人	44人

选择八年级进行课程实验的原因有三点：其一，经过一年的地理的学习，八年级学生基本掌握了分析自然环境的方法（从区域气候、地形、水文、土壤、生

物入手）；其二，八年级学生纪律性、组织性较强，能够根据教师安排进行实践活动；其三，八年级学生能够较为客观地进行自我评价与他人评价。

二、教学反思

本课程以"校园植物的自然环境调查"为主要依据。教学设计参看【课例7-1】。本部分着重于对教学过程中的学生的反馈与教学的思考，以期对今后的教学设计有所帮助。

（一）第一课时

在"校园植物的自然环境调查"的教学中，教师带领同学们参观校园内的植物，激发了同学们的兴趣。同学们可以在听教师讲解的时候专心观察。在这种情况下，按照教师的要求，学生分成了银杏组、三叶草组、菊花组、爬山虎组。

在制作植物标本时，经教师和学生的讨论，确定了下列几个适宜于教室学习的教学环境：寻找种植对象并进行清洗；把植株放在A4纸上，再用一片纸包好；仔细地把一份拷贝放进报纸里，把它关上，把它系紧，并做好进出的标识；将一些旧的报纸放到干燥的木板上，将它们和复制品一起放入一堆，再放些报纸；把纸板和重量按在整个试样上，烘干成型。

在小组讨论之后，同学们可以收集到完整的资料，然后需要完成校园植物习性问卷。

（二）第二课时

针对第一课时总结，学生汇报采用的是PPT汇报形式，各个小组的成员分工不一。根据实际教学效果，较好的分工模式如下：2～3人负责PPT制作；4～6人负责汇报；1人负责总结。对于"复活草"的讨论也能初步让学生体会自然环境对于植物的影响，有助于学生完成"校园植物调查表——环境与植物篇"。

（三）第三课时

创作创意植物的书签是课程的核心内容。从实践中发现，学生的完成程度较高。在设计草稿完成之后，小组可请美术教师一起分享，美术教师非常愿意给出一些专业的意见。可见，在实际操作中，学生在面对教师布置的任务时，会自觉、积极地利用身边的各种资源。

（四）第四课时

在展出中，学生被看作计划的目标。教师们按照各自的分工来安排学生的活动。按照实际情况,学生们被分成展台分配组、道具布置组、嘉宾邀请组和活动嘉宾组。

评价部分是对这门课的一个小结,同时也是对学生的学习情况的回顾。教师评价是以教师为主体的自我评价与其他评价方式。从教学实际出发,评价量表更能适应地理综合实践活动课程的发展。为方便评价,建议将多种评价题目合并成一张表。本节课的教学是本课程的升华。通过对学生的评价,把他人评价和自我评价有机地结合起来,学生能够对自己和他人进行科学、正确、全面的评价。

三、效果分析

地理综合实践性教学选择问卷调查的形式了解教学成效的原因如下:首先,地理学综合实践性教学是一种实践性的教学,而非以测验的方式进行课程评价。其次,如果以考试的分数来衡量教学的成效,则会受到试卷难度、学生考试情况等诸多因素的影响。综合地理实践活动以全面提升学生综合素质为主要目的。这些内生因子的改变并非由主观决定引起,而由主观决定所决定。

为了解B中学校园自然调查地理综合实训课的教学成效,研究者制作了一份问卷,以保证用Likert量表和SPSS软件进行定量分析。

(一)问卷设计及效信度检验

1. 问卷设计

问卷以Likert量表为基础。五步Likert量表中所列的题目有五个选项,分别是从"坚决赞成"到"坚决反对"。在每一位教师的陈述声明中,有五种回答:"非常同意""同意""不一定""不同意"和"非常不同意"。本课程的主要目标是让学生们对不同问题进行客观评价。

调查内容包括四个维度:个性化、交互性、地理学科能力、综合能力。在设计调查问卷时,研究者参照了国内和国外高信度的调查问卷,并以此为基础进行了设计。表7-5展示了层次设计的范围,以及对应于各个变量的主题。

表7-5 问卷各变量题项

变量名称	题项
个性化	P1 我喜欢本课程的活动设计
	P2 我认同本课程的评价方式
	P3 课程中我有很多实践机会

续表

变量名称	题项
交互性	I1 课程的教学形式能加强同学们之间的合作
	I2 通过小组合作,能更好地完成课程任务
	I3 老师能够及时给我帮助,了解学习情况
地理学科能力	G1 我对地理学科兴趣得到极大提高
	G2 我能够运用地理学科知识解决课程任务
	G3 我愿意积极探求生活中的地理问题
综合能力	C1 我能运用多学科知识解决课程任务
	C2 我提升了对自然、社会的认识
	C3 我愿意积极解决实践中的问题

2. 问卷信度检验

为了保持问卷结果的可信度,研究者对课程应用效果调查问卷结果利用SPSS软件进行信度检验。SPSS软件被用来对个性化、交互性、地理学科能力、综合能力四个变量进行检验。本研究采用克隆巴赫系数表示样本的信度。在一般实证研究中,克隆巴赫系数在0.6以上即被认为可信度较高。从表7-6可以看出,本研究问卷总体系数为0.885,高于0.6,说明本问卷信度较好,可以应用于结果分析。

研究者在进行总体信度分析后,为了查验各题的信度,对其再进行"如果项已删除再进行度量"的分析,得到如下结果。从表7-6可以看出,在这12道题当中删除任一题都低于12道题的克隆巴赫系数。从这一结论可以证明,问卷中每一道题都不能删除。

表7-6 项总计统计量

题项	项已删除的刻度均值	项已删除的刻度方差	校正的项总计相关性	项已删除的克隆巴赫系数值
I1	37.750	27.494	0.784	0.865
I2	38.227	28.831	0.557	0.877
I3	37.659	29.393	0.559	0.877

续表

题项	项已删除的刻度均值	项已删除的刻度方差	校正的项总计相关性	项已删除的克隆巴赫系数值
P1	38.000	27.907	0.492	0.884
P2	37.705	28.539	0.570	0.877
P3	38.159	30.462	0.383	0.884
G1	37.682	26.920	0.764	0.865
G2	38.364	28.609	0.650	0.872
G3	37.636	30.004	0.441	0.883
C1	37.636	26.562	0.758	0.865
C2	38.386	29.359	0.598	0.876
C3	37.545	28.998	0.523	0.879

本研究以四个不同的维度进行问卷调查，并运用 SPSS 软件对其进行分析，以确定其可信度。结果表明：四个维度的克隆巴赫系数都在 0.6 以上，具有很好的适用性。见表 7-7。

表 7-7 四维度的克隆巴赫系数

维度	克隆巴赫系数	项数
个性化	0.623	3
交互性	0.629	3
地理学科能力	0.642	3
综合能力	0.625	3

（二）问卷分析

1. 现状分析

研究者对八年级六班的课程应用效果调查问卷调查结果首先进行现状的整体分析，以保证问卷分析的完备性。研究者利用 SPSS 软件对四个维度进行描述统计，得到以下结果，见表 7-8。

表 7-8 四维度的描述统计

维度	N	极小值	极大值	均值	标准差
个性化	44	2.67	5.00	4.36	0.565
交互性	44	2.00	5.00	4.12	0.456
地理学科能力	44	3.00	5.00	4.01	0.488
综合能力	44	1.00	5.00	3.84	0.503

在问卷设计中，每道题设有"非常同意""同意""不一定""不同意""非常不同意"五个选项，分别对应分值为5、4、3、2、1。可以看出，学生在自我个性化成长、交互性、地理学科能力方面都得到非常积极的反馈，调查意愿处于"同意"到"非常同意"阶段。同样，学生在综合能力这个维度处于"不一定"到"同意"阶段，说明实践活动的开展对培养学生综合能力方面还需要提高。

2. 相关性分析

研究者对本问卷的四个变量的相关性分析，见表7-9。

表 7-9 四维度的相关性

维度	个性化	交互性	地理学科能力	综合能力
个性化	1			
交互性	0.629**	1		
地理学科能力	0.486*	0.857*	1	
综合能力	0.586*	0.850**	0.925**	1

注：*表示 $p < 0.01$，水平（双侧）上显著相关。

研究发现：个性化、交互性、地理学科能力、综合能力四大维度均有显著的相关性，说明个性发展对交互性的发展和技能的提升具有正面的作用。四大要素之一的改善将会对其他三个领域产生正面的影响。

3. 影响因素分析

研究者在对问卷进行相关性分析之后，为了验证学生综合能力的提高与个性化、交互性、地理学科能力的关系，利用SPSS软件进行影响因素分析，见表7-10。

表 7-10 影响因素分析结果非标准化系数

模式	非标准化系数 B	标准误差	标准系数贝塔	t	显著性	VIF
—	—	—	—	-0.38	0.706	—
（常量）	-0.105	0.276	—	—	—	—
个性化	0.136	0.063	0.152	2.158	0.037	1.686
交互性	0.102	0.132	0.092	0.769	0.446	4.863
地理学科能力	0.797	0.11	0.773	7.26	0.00	3.845
—	—	—	—	—	0.882	—
—	F	—	—	—	99.884	—
—	P	—	—	—	<0.001	—
因变量：综合能力						

因变量设置为"综合能力"，自变量为"个性化""交互性""地理学科能力"。本次线性回归模式的拟合度良好，意味着本次的运算结果可以真实反映出个性化、交互性、地理学科能力对综合能力的影响情况。三个变量之间不存在多重共线性，VIF 全部小于 5。个性化可以显著影响综合能力；交互性不能显著影响综合能力；地理学科能力能显著影响综合能力。

影响因子分析结果显示：个性化与地理学科能力对学生的综合能力发展有明显的影响。研究发现，在完成该课程后，学生的综合能力提升主要表现在个体成长和地理学科能力的发展上；但同时也表明，这样的课程设置在某种程度上忽略了学生与教师之间的互动发展，并没有为师生间的沟通创造一个良好的平台。

四、应用结果

该研究结果能较好地反映出学生在实际运用中的经验及对该课程的满意程度。

（一）满意度较高

学生对个性化、交互性、地理学科能力、综合能力等都很满意。首先，教学活动的设计使学生获得了更多的锻炼机会。其次，教师在地理综合课程中所设计的教学实践活动，能够促进学生之间的协作，降低作业的难度，从而保证教学的顺利进行。最后，地理是一门综合性的实践性教学课程，能激发学生对地理的兴趣，能使学生积极主动地将所学到的知识应用到实际问题中去，能使学生更好地了解自然与社会，并能促进跨专业的学习。

（二）四个维度相互促进、相互影响，呈现正向相关关系

研究发现，个体发展有利于培养学生的互动性、地理学科能力、综合能力；提高地理学科能力，增强了学生的个性化、互动性和综合能力；综合能力还限制了学生的个性化、互动性和地理学科能力。

（三）交互性不能显著影响学生综合能力

首先，在调查问卷的基础上，初中生的交互发展并不会对学生的综合能力产生明显的影响。其次，不能简单地认为学生的综合素质与交互发展没有关系，而仅仅是指学生的交互作用在整体水平上的作用要比地理学科能力和个性化的差异要小。最后，其成因主要有两点：一是课程设置未能有效地加强学生与教师的交流；二是学生对小组协作的学习方法不够熟练，对教师的问题也不能及时汇报。

第八章　初中语文综合实践活动课程的形成性评价

语文综合实践活动课程评价质量的高低，是活动能否高效展开的一个重要因素。语文综合实践活动课程的评价不仅需要评判学生是否达成活动目标，而且要深入语文综合实践活动课程的过程当中，关注学生语文听说读写能力、合作探究能力以及创新能力等其他各项能力是否提高，对学生学习行为和教师教学行为给予评价反馈，以改进和完善不当活动行为。形成性评价是在学习过程中展开的，可以及时发现学生活动的优势与不足，做到即时反馈。学生可根据反馈信息，充分发挥自身主观能动性，对自身行为适时调整，以提高活动效率。语文综合实践活动课程所需要的评价与形成性评价的基本内涵有很高的适配性，形成性评价在语文综合实践活动课程中的运用具有重要意义。

第一节　初中语文综合实践活动课程形成性评价的意义

一、适应语文综合实践活动课程的特点

形成性评价在活动过程中开展，并通过及时的反馈，助力学生在活动过程中学习行为的改进与完善，这与语文综合实践活动课程综合性、语文性、活动性和自主性的特点相适应。

（一）适应综合性的特点

语文综合实践活动课程是语文学科内部综合的过程，即听说读写能力综合的过程。在语文综合实践活动课程中，识字写字、阅读、写作、口语交际不再是割裂的板块，而是通过真实的实践活动，在生活的场域下，帮助学生有机整合语文学习中的听说读写等能力，让学生在语文实践中学会综合应用语文知识，并在此

过程中使自身能力得到进一步提升。

语文综合实践活动课程也是语文学科与其他学科的综合。语文综合实践活动课程是在生活实践中开展的，生活是一个由复杂关系组合的几何体，单纯的语文知识和语文思维难以解决活动中碰到的复杂难题，这时需要借鉴其他学科的知识、思维方式或学习方式，以提供多种解决问题的可能。语文综合实践活动课程的开展打破了学科间的界限，密切了语文学科与其他学科之间的联系，有利于学生在语文学科与其他学科交流的过程中丰富自身见闻，提高综合素质，开阔自身眼界。语文综合实践活动课程是语文知识与生活实践综合的过程。语文综合实践活动课程的开展依赖于各种各样的活动形式，如组织文学活动、参观、访谈、办刊等活动。这些活动的开展需要学生走出课堂进入生活的领域亲身实践，只有这样，才能获得活动任务所需要的材料或信息，保证活动的进行；才能在实践生活中综合运用语文知识并进一步提高运用语文知识的能力，实现听说读写能力全面提高的活动目标；才能在实践中对语文有更加深刻的理解，实现语文综合素质的提高，促进全面发展。

语文综合实践活动课程是知识与能力、过程与方法、情感态度与价值观三个方面目标的综合。这三个方面的目标在实际的教学过程中不是割裂的、单一的，而是和谐统一的，在语文综合实践活动课程中，这三个方面的目标需要同时兼顾、密切联系、协调发展、共同提高。语文综合实践活动课程的综合性要求其评价内容要注重丰富性，活动评价的内容不能仅仅局限在学生的语文知识是否增长，而且要关注到学生综合运用语文知识的能力，学生参与活动的情感态度以及在活动中的合作交流能力、创造能力、信息搜集筛选整理能力等。如果仅采取单一的终结性评价方式，只根据最终活动成果展示在活动结束时简单地给出总结性或量化的评价，容易重新走上以结果为导向的传统评价模式的老路，造成对学生活动过程的忽视，难以全面地评判学生，不利于学生各项能力的提高，这与开展语文综合实践活动课程的初衷相背离。而形成性评价重视学生活动过程中的各种学习行为，如知识的增长、能力的提高以及参与活动的态度等，在过程中开展评价，有利于有效保证评价内容的全面性，适应语文综合实践活动课程综合性的特点，满足教师和学生活动中的需要，有助于促进活动的高质量开展。

（二）适应语文性的特点

语文综合实践活动课程的综合性可以概括为以下三种：语文＋语文，语文＋其他课程，语文＋生活实践。可以看出，语文综合实践活动课程是从语文学科内部出发，在语文学科的基础之上展开的。比如，在语文综合实践活动课程中，学生需要与同伴之间展开合作交流，在此期间，学生需要认真倾听别人的意见，并从中迅速筛选出有用的信息，这是"听"的能力的实践活动。发表自己的意见时需要条理清楚、逻辑缜密，用易于使人接受的话语给予同伴意见，这是对学生口语交际能力的考查，是"说"的能力的实践活动。在语文综合实践活动课程开展期间，需要阅读大量的文献资料，学生在搜集筛选资料的过程中，无形中提高了"读"的能力。在活动中，学生要撰写各种活动报告、宣传语、广告语以及对教师和同伴的书面评价，这些都是"写"的能力的运用。无论语文综合实践活动课程的主题如何、形式如何，语文性始终是其不可脱离的核心内容，语文综合实践活动课程的目标始终要指向语文学习。

语文综合实践活动课程具有综合性的特点，学生难免在活动中受到其他学科或不同活动情境的影响，出现偏离提升语文能力的活动目标的情况，而形成性评价关注活动的过程，在语文综合实践活动课程过程中，能够随时发现学生的不当行为；如果发生活动行为偏离活动目标，脱离语文性的情况，可以通过及时的反馈帮助学生改进和完善活动中的表现，使其重新回到语文学习的正轨上来，确保活动始终围绕着语文的要素展开。

（三）适应活动性的特点

美国教育家杜威重视直接经验的获得，认为学生对于直接获得的知识更为熟悉，具有更深层次的理解。语文综合实践活动课程的开展是对杜威教育思想的直接践行，也是其活动性特点的具体展现。语文综合实践活动课程主张在真实生活情境中以活动的形式展开语文学习，在活动过程中获取直接经验，从"做中学"，让学生对知识感到亲切，加深对知识的理解。活动性是语文综合实践活动课程的主要特征，也是有别于其他教学形态的优势所在。在活动过程中学生有独立思考、小组合作、探究交流的机会，这有利于提高学生语文学习的内驱力，激发语文学习兴趣，培养学生创造性思维和合作交流意识。

语文综合实践活动课程活动性的特点要求在评价过程中，不仅要关注活动结果，而且要对活动过程给予充分的关注。形成性评价是过程中的评价，评价随着活动的开展而展开，在活动中，形成性评价针对学生的学习行为给予及时有效的反馈，让学生对自身的表现有清楚的认知，从而明确与教学目标的差距。学生根据反馈的内容，及时改进错误的学习行为，并通过调整活动中的行为，使活动朝着正确的方向进行，促成教学目标的有效实现。

（四）适应自主性的特点

语文综合实践活动课程的主体为学生，相较于传统教学，学生在语文综合实践活动课程中有较大自主性。有关语文综合实践活动课程的选题、设计、实施和评价四个方面的内容，都主要由学生自主完成，教师不再是权威的象征，而是以朋友、建议者、参与者的身份进入活动中去。在活动选题上，教师可以结合学生实际情况给出建议，但具体的决策权要由学生来执行。活动的方案由学生合作小组自主设计，小组成员由学生自由组成，共同商量开展哪些活动环节，采用什么样的学习方式，如何进行人员分工，采取什么样的方式进行成果展示等。学生既是语文综合实践活动课程的决策者、设计者，也是实施者，在活动实施过程中，学生综合运用语文知识，自主解决活动过程中出现的问题，从而获取知识，提高能力。语文综合实践活动课程的自主性还体现在学生在活动中拥有自主评价的权利。在活动的评价过程中学生的身份具有双重性，既是接受来自教师、家长或同伴评价的被评价者，同时也是活动的评价者。作为学习活动的参与者，他们深入学习内部，对学习活动本身有着深刻的了解，清楚活动的内在构成，以及自身在活动中的表现，学生自主评价使评价更具针对性和有效性，极大地提高了活动的评价效率。而形成性评价主张保障学生自主评价的权利，以学生评价为主，鼓励学生自我评价和相互评价，充分满足了语文综合实践活动课程自主性的需求。

综上所述，语文综合实践活动课程的特点对其评价方式做出了要求。其综合性的特点要求在活动评价过程中不仅关注语文知识方面的内容，还需要加强对学生能力发展和情感与态度方面的关注，从而全面的评价学生的学习；语文性的特点要求在评价过程中应专注于语文能力的提高；活动性的特点则要求评价采取过程性的评价；自主性的特点要求评价注重学生主体的参与。而形成性评价独特的优势正满足了基于对综合实践活动课程评估的需求。形成性评价注重学生的主体性，通过对学生的各项活动进行评估，使其能正确反映学生的优点和不足，并能适时地做出相应的调整，以推动今后的语文教学活动。因此，形成性评估是适应综合语言综合实践活动课程的评估标准，真正地发挥其在综合语言实践中的作用。

二、符合初中阶段学情的要求

形成性评价的实施需要考虑到学情的要求。首先，初中阶段的学生处在重要的身心发展阶段，渴望得到外界的肯定，希望自我意识得到观照，而形成性评价尊重学生的主体地位，适应处在这一阶段学生的发展规律。其次，初中阶段的学生也拥有了一定的自我认知和认识世界的能力，具备开展形成性评价的条件。最后,《义务教育语文课程标准》也明确在评价建议中指出,应在语文教学中采用形成性评价。所以说,在初中语文综合实践活动课程中应用形成性评价有一定实施基础,符合初中阶段学情的要求。

(一)适应初中阶段学生特点

初中生的生理发展为形成性评价的展开提供了"物理"基础。初中阶段的学生身体外形发生变化,外形特征与内部机能不断完善,体力也随之增强,脑和神经系统机能渐趋成熟,这为初中生高层次的学习活动提供了重要的物质前提。在这一阶段,学生大脑进入高速发展期,学生的自我认知、自我管理、自我监控能力较之前都有了明显提高,有了实施自主教育的条件,可以开展形成性评价。同时,这个阶段的学生大脑也表现出不稳定发展的特点,表现在语文综合实践活动课程中,学生时而呈现出兴奋的状态,时而呈现出厌倦的状态,容易激动也容易疲乏,需要借助外部环境的力量加以约束调整。形成性评价关注学习过程,可以为学生活动提供外部约束力量。

初中生的认知发展为形成性评价的展开提供了"心理"基础。进入初中阶段,学生的专注力明显提高,感知能力迅速提升,思维品质全面升级。由于认知水平的提高,学生在生活上和精神上的独立意识越发明显,开始专注自身,渴求在一些重要场合发表个性化的观点并得到认同,社会化能力迅速发展。学生的学习自觉性有了飞跃的提升,具体表现为:在学习动机上,向间接动机转变的倾向愈发强烈,由原来的渴望取得高的分数、得到教师家长的称赞和同学的赞赏,转变为学习是为了自身的成长、为了社会的发展;在学习态度上,由对教师情感上充满依恋,转变为开始公正地评价教师,出现了怀疑的眼光,不再盲目地视教师为权威的象征;在学习兴趣上,初中生的学习兴趣呈现出广泛性、深刻性、选择性和自觉性的特点。初中生的这些发展特点为形成性评价提供了评价质量保障。

初中生的情感特点需要形成性评价的监控调整。语文综合实践活动课程以学生知、情、意、行的全面提升为学习目标,其中情感态度的提升在学习目标中占据着重要地位。初中生处于生理和心理加速发展的一个特殊阶段,情绪波动较大,情感外露,两极性明显,有时甚至会出现不能控制自己的情况,这为形成性评价提供了"观测"的便利。在学习时间跨度较长的语文综合实践活动课程中,学生的情绪反应会得到集中体现,过度的激动和过度的消沉都不利于活动的顺利进行,通过对学生活动表现的观察,可实时监控学生情绪状态,发现不良情绪时,采取形成性评价的措施,及时对学生情绪进行调整,从而改进学生不良情绪,保证活动的进行。

综上，初中阶段的学生对自己的能力水平有了一定的认知，思维品质获得质的提升，学习能力不断加强，学生的自我意识进一步增强，渴望摆脱老师和家长的控制，自己对自己负责，希望通过实现自我价值得到外部环境的认可。语文综合实践活动课程的评价方式选择形成性评价，是适应学生认知发展、满足初中学生自我意识觉醒的需要，也是使学生自我意识得到观照、在活动过程中掌握话语权、充分发挥自我作用的重要保障。同时，初中生自我学习能力的提高也反过来为高质量开展形成性评价奠定了基础。但也要注意，初中生的自我认知发展还不成熟，情感波动起伏较大，心理脆弱敏感，自尊心强，处于半幼稚半成熟状态，评价过程中要注重教师和家长的引导，提高评价的效率和质量。

（二）符合义务教育语文课程标准的要求

《义务教育语文课程标准》对初中语文综合实践活动课程如何开展以及如何评价做出了相关要求和建议，在教学过程中具有重要参考意义。语文综合实践活动课程的评价方式要适应语文课程标准对语文综合性学习实施的要求，其评价要关注学生学习过程，注重学生发展。而形成性评价在过程中展开，关注学生成长，在活动中采取形成性评价，有利于及时揭示问题、帮助教师和学生及时改进活动中教与学的不当行为，可以充分满足语文综合实践活动课程的评价要求。因此，综合考虑到评价的可行性和有效性，在语文综合实践活动课程中应采取形成性的评价方式，助力语文综合实践活动课程的展开。综上，在语文综合实践活动课程中运用形成性评价符合语文课程标准的要求。

三、理论基础支撑

（一）多元智能理论

美国哈佛大学教授霍华德·加德纳认为智力的构成是多元的，并于1983年提出了多元智能理论，在《智力的结构：多元智能理论》一书中阐释了人的智能由七种智能构成，分别是音乐智能、身体-动觉智能、逻辑-数学智能、语言智能、空间智能、人际智能、自我认知智能。在之后的研究中，构成中又加入了自然观察智能和存在智能。加德纳认为，这九种智能相互独立又相互联结。每个人同时拥有这些智能，在不同的个体身上有不同的展现，九种智能的地位都是平等的，不存在孰高孰低的情况。

在教育领域，多元智能理论认为每个学生都是独一无二的存在，有自己个性的智力组合方式，不存在智力水平完全一致的学生，每个学生都蕴含着独特的发展潜力，有的学生可能在物理方面擅长，有的对音乐方面表现出极厚的兴趣，但他们都有持续发展的可能。这就要求教师善于发现不同学生的智能优势，用发展的眼光引导学生积极发展优势智能，同时兼顾其他智能的共同提高。

多元智能理论的提出，对教学的评价也做出了相应的要求。传统的评价方式大多只关注学生学习任务完成后的结果，而对其学习过程中的表现"视而不见"。加德纳则认为，对于教育来说，让一个人变得聪明或更聪明的过程远比他本身有多聪明更重要。形成性评价关注学生活动的过程，重视学生在学习过程中不同智能的发展，通过给予学生学习过程中及时有效的反馈，促进学生进一步发展，真正做到"以评促学"。同时，由于学生的智能是多元的，要求评价的内容要具有全面性，评价的主体注重多元性，评价要兼顾到每个学生不同的个性特点。这些要求形成性评价都可以满足，是形成性评价与传统评价相比存在明显优势的表现。

（二）建构主义学习理论

建构主义学习理论的代表人物有皮亚杰、维果斯基、布鲁纳等。建构主义认为，学习者学习知识是根据自身已有的经验，在真实的情境当中，同外部环境产生联结，主动建构认知的过程，在这一过程中特别强调个体主动建构结构认知的关键作用。建构主义学习具有六大基本特征：积极、建设性、累积、目标导向、诊断与反思。因此，建构主义的评价观认为，在评价过程中应注重学生评价的主体地位，发挥自我评价以及同伴评价在评价体系中的重要作用，评价要关注学生从已有知识获取新知识的过程，重视评价中的反馈，引导学生找到最近发展区，达到潜在发展水平。

形成性评价的追求与建构主义评价观的内容相互吻合，互为观照，从理论层面上证明了在教学过程中采取形成性评价的价值。

（三）人本主义教育理论

人本主义主要代表人物有马斯洛、罗杰斯等，人本主义教育思想源于人本主义心理学，人本主义心理学主张重视人的价值，积极开发人的自我潜能，关注人的内心生活，最终达到自我实现，促进人性的完美。人本主义教育思想受人本主义心理学的影响，主张以学生为中心，以育人为最终教学目标，学习过程中突出学生的主体地位，主张激发学生的内在驱动力，发展学生更多的可能性，不仅要关注学生的智力提升，而且要促使学生全面发展，健全学生人格，实现学生的整体发展。人本主义教育思想重视情感的作用，重视教学过程中教师和学生、学生和学生之间的交流,将情感的互动贯穿教学活动的始终,反对过度重视流程化的教学模式,提高学生在教学中的地位。

人本主义教育思想的评价要促成"整体的人的学习"和人的综合素质的发展。人本主义教育思想影响下的学生评价,更要关注学生的发展,引导学生自主学习,开发学生内在发展潜力,重视学生作为评价者的主体地位,主张通过"以评促学"实现学生的自我实现,这也是形成性评价致力于实现的价值目标。

形成性评价是过程的评价,是为了学生学习的评价,它的发展经过了多年实践教学的检验,并有一定的理论基础,存在其独特的、无可替代的优势。语文综合实践活动课程是为了更好地促进学生语文学习、实现学生的全面发展而开展的,它的评价方式理应起到促进学习的作用。语文综合实践活动课程与形成性评价有很高的适配性,在语文综合实践活动课程中应用形成性评价,对保证语文综合实践活动课程高效展开、促进学生语文能力及其他各项能力的提高、完善学生健全人格有着重要的意义,发挥着不可替代的作用。

第二节 初中语文综合实践活动课程形成性评价的现状

随着初中语文综合实践活动课程的开展,一线的教师和学生越来越注重评价的作用,在语文综合实践活动课程中实施形成性评价对活动高效开展具有重要的意义,已经成为教师和学生的共识,但是在形成性评价的实际操作应用当中出现了一些问题。为了解语文综合实践活动课程中形成性评价的现状,研究者针对实际教学中形成性评价的评价理念、评价标准、评价方式落实以及评价过程出现的问题展开调查,对Z中学发放了电子问卷,其中教师42份、学生425份,问卷全部回收,在回收整理、分析问卷的过程中,研究者发现,初中语文综合实践活动课程在进行形成性评价时存在着一些问题。

一、评价理念缺乏发展意识

"培养学生合作交流意识,拓展其创新思维,实现综合素质的提高",为了实现这一评价目标,与现代评价理念接合,初中语文综合实践活动课程的评价理念应当着眼于评价对象本身,以生为本,关注评价对象的活动过程,尤其是在实际语文综合实践活动课程中语文知识的增长和各项能力的提高。对学生在活动中的评价不能仅仅满足于得出当下的评价结果,更要具有未来意识,用发展的眼光分析学生在活动中的具体行为，为学生的长远发展考虑，做出有益于学生未来发展的、有价值的、具有前瞻性的评价。语文综合实践活动课程应当将发展的评价理念贯彻到整个评价过程中，树立发展意识，促进学生健康成长。

（一）忽视学生能力发展

在语文综合实践活动课程中，师生的评价理念应当具备发展意识。评价过程中，对评价内容的选择和对评价结果是否合理利用可以在一定程度上反映师生的评价理念。

研究者通过对 Z 中学教师和学生关注的评价内容以及师生对评价结果的利用情况展开调查发现，89.05% 的教师将"学生语文知识增长"视为评价内容的重点，所占比例最大，七成以上的教师关注"学生的活动方案和活动成果"等实体性的内容，而对于"学生各项能力提高"这一评价内容的关注只占不到六成，像"学生的参与程度和活动进度"这类需要深入学生的活动过程当中，且难以量化的评价内容，也只有一半的教师表示在活动中有所关注。从这一数据分析来看，教师更加关注与当下某一活动本身有关的评价内容，对于侧重学生主体本身方面的评价内容关注相对不足。在对学生评价结果的监督方面，教师并没有引起足够的重视，问卷调查显示，仅近三成的教师对学生根据评价结果的后续改进关注频率较高，大部分教师对学生后续发展的关注不够，甚至是忽视的。这一调查结果显示，在教师层面上，部分教师即使将学生主体能力发展作为评价内容的重要部分，也对其后续的能力发展缺乏持续性关注。

在针对学生的问卷调查中，研究者发现，两个主体问卷调查结果高度的相似。在被调查的学生当中，76.74% 的学生在评价中关注自己的活动方案，86.51% 的学生对活动过程中的成果比较重视，62.09% 的学生将语文知识的增长视为活动的重点，但关注自己活动进展程度和自身活动参与程度的学生只有一半，且只有 51.63% 的学生把自身能力增长视为评价内容的一部分。在充分利用评价结果完善能力发展方面，调查结果显示，60.42% 的学生偶尔会根据评价结果改进自己的行为，甚至 16.75% 的学生表示没有利用评价反馈改进自身学习行为，说明学生自身也忽视了自身能力发展的重要性。

可见，在语文综合实践活动课程的评价中，教师和学生普遍更关注活动内容本身和可以实体记录的评价内容，而相对忽视与活动主体相关的能力提高等隐形的评价内容，且对利用评价结果改进自身行为的频率较低。对评价内容的关注和选择以及对评价结果是否合理利用，在一定程度上可以反映教师和学生的评价理念。不难发现，在一线语文综合实践活动课程形成性评价中有忽视学生主体能力发展的现象，评价具有局限性，反映出实际活动中评价理念缺乏发展意识的问题。

（二）评价偏离以生为本

评价理念具有发展意识意味着在评价过程中着重关注评价对象本身，为评价对象的长远发展考虑，而不是局限于某一活动的结束。而根据问卷调查结果，在实际的语文综合实践活动课程中，教师和学生没有对评价理念进行更新，缺乏发展意识。究其原因主要在于，实际教学中的评价偏离了"以生为本"。具体表现在如下方面：其一，语文学习的学习形态发生了改变，而教师和学生的评价理念却没有随之更新，语文综合实践活动课程的评价依然受到传统语文教学评价观念的影响，固守以结果为导向的评价思维方式，将评价目的指向活动任务的完成，错误地认为活动完成就代表着评价目标的达成，忽视了学生主体的发展。其二，在活动过程中评价重点偏移，注重实用性，偏离促进学生语文能力发展的活动初衷。活动是在客观世界中实实在在发生的，具有可见性，与活动相关的流程、进度、成果等内容在活动过程中易于被观测，容易被教师和学生把握，学生在评价中关注活动方面的内容，能真切地感受到活动的推进和具体的成果，会产生获得感和成就感。相反，学生自身能力的提高是一个长期的、隐性的过程，学生在活动过程中不易体会到，甚至有时会因为认知能力的限制而无法察觉。久而久之，教师或学生便将评价重点放在了活动成果这类易于观测的评价内容上，导致评价过程中出现忽视学生主体健康发展的情况。其三，即使一部分教师意识到要在活动评价中着眼于学生能力的发展，也大多停留在表面，缺少对学生主体活动行为的分析，只是根据学生的行为给出评价结果，却没有深入了解学生做出此活动行为的动因以及根据学生的行为分析学生的发展潜力，评价依旧难以对学生形成影响。

二、评价标准缺少分层

评价标准是语文综合实践活动课程形成性评价的评判依据，也是活动评价方案的核心部分，它反映了活动的价值导向。学生在活动中会为了达到评价标准而不断努力，其行为受到评价标准的影响。在语文综合实践活动课程的形成性评价中，评价标准是面对所有参与活动的学生制定的，要照顾到所有的学生需要具备一定的普遍性，但学生并不是都处于同一层次，学生的智力水平和知识储备存在差异，普遍的标准可能会适合大多数的学生，但也会在无形中阻碍一部分学生的发展。制定合适的评价标准是高效开展语文综合实践活动课程、展开有效形成性评价、发挥评价对学生促进作用的重要前提，因此，为满足不同学生在活动中的需求，评价标准需要体现出层次化和差异化。

例如，某老师针对八年级上册"人无信不立"的主题活动的班级演讲环节，设计了不同层次的评价标准。以语言方面的评价标准为例：能根据情境，精准使用词语的褒贬色彩，使演讲者和听众之间产生共情，表达自如，富有吸引力为优秀标准；能够设定讲述者的身份，注意词语的感情色彩，语言表达明确，有一定吸引力为良好标准；语意明确，能运用一定的词语表达自己的感情为合格标准。学生在活动中根据自身语文水平匹配对应的评价标准，调整自身的语言表达，最终取得了不错的活动效果。

较高的评价标准对程度相对落后的同学来说有些难以达到，在活动中容易使这部分学生产生放弃的念头，而较低的评价标准对程度较好的同学来说缺乏挑战，在活动中难以调动这部分学生探究的主动性。无论是哪种情况，最终都会造成一部分学生语文综合实践活动课程效率低，甚至无效。只有合适的评价标准才能最大程度发挥评价的导向作用，充分激发学生学习的内在驱动力。因此，为了尊重学生主体的多元个性，引导学生积极主动参与到语文综合实践活动课程中来，评价标准需要在照顾到多数学生的基础上，兼顾学生个性和主观意愿，进行分层化处理。

（一）评价标准缺少灵活性

语文综合实践活动课程形成性评价的评价标准作为评价过程中的重要指导依据，在实际教学评价中应受到重视，应制定灵活有效的评价标准，确保能真正适应学生的多元个性发展。单一僵化的评价标准只会阻碍学生在语文综合实践活动课程中发展，是进步的绊脚石。

研究者针对Z中学一线教学制定语文综合实践活动课程评价标准现状展开调查发现，近八成的学生在活动中是以评价标准为引导的，并以此作为努力的方向。可以看出，大部分同学可以认识到评价标准的重要性，然而真正实施到活动中的评价标准却难以满足学生的发展需要。调查中67.65%的学生表示活动只有一套评价标准，甚至21.76%的学生表示活动没有明确的评价标准，仅10.59%的学生认为活动设置了针对不同层次学生的灵活的评价标准。在此基础上，研究者做了进一步提问"你认为现依据的评价标准能否满足你的需求"。针对这一问题，约六成的学生反映评价标准可以满足自己的需求，约16.01%的学生感到自身水平已经高于评价标准，活动缺乏挑战性。再分析教师的调查结果，高达89.74%的教师表示没有设置过分层的评价标准，同时，询问学生的评价标准达成情况，绝大多数教师表示大部分同学可以达到评价标准，但同时也反映出有些教师无意中忽视了对少部分同学的关注，没有考虑到远高于或远低于评价标准的这一部分学生在活动中的需要。

研究发现，绝大多数师生认识到评价标准对学生在活动中发展进步的重要性，然而在活动中应用评价标准时，没有考虑到具体的学情，用同一个评价标准去评判个性不同、知识程度不同的学生。在评价过程中采用这种机械化的、缺乏灵活性的评价标准，等于放弃了对学生多元个性的培养，阻碍了一部分学生的进步。

（二）忽略学生多元个性

语文综合实践活动课程注重学生多元个性的挖掘和开发，致力于将课堂上学到的语文知识，结合学生个体体验和生活经验，通过语文实践的方式展示出来，因此，语文综合实践活动课程的评价标准制定必须把学生的需求放到第一位，尊重学生的主体差异，不能忽视不同的学生在活动中不同的表现。然而在一线的实际教学中，评价标准单一化现象较为普遍，缺少灵活性，其原因主要在于，一刀切的语文教学模式和传统考试评价的形式，让教师养成了只要班级里大部分学生达到教学目标就等于完成了教学任务的评价思维，导致在语文综合实践活动课程中制定评价标准时也"一刀切"，忽视了参加活动的学生智力水平高低不同、智能发展存在差异的情况，忽略了学生个性的多元化。此外，在被调查的初中学校中，只有占比20.33%的老师深入学生内部了解学情，约四成教师仅凭平时印象做简单了解，甚至有小部分教师完全不了解学生情况就开始制定评价标准——这是对学生完全不负责任的表现，对学生本身都缺乏必要的了解，更不用说兼顾学生多元个性发展了。

三、评价方式未突出形成性

语文综合实践活动课程相对于普通的语文学习来说，周期较长，所以，对其评价更关注活动过程，故采用形成性评价的评价方式。其目的是关注学生在活动中的具体表现，并对学生在活动过程中的各种活动行为做出即时反馈，使学生在活动过程中就可以纠正自身不当行为，以期更好地实现活动目标。因此，形成性评价在语文综合实践活动课程中不能仅满足于在过程中给出学生一个评价结果，而且要合理利用评价结果去改进完善学生活动行为。比如，在"天下国家"的活动中，有一个活动环节要求学生朗诵自己喜爱的爱国诗歌，朗诵完毕之后需要对朗诵者的朗诵水平展开评价，此时，如果对该生仅给出一个简单的分数，而不给出具体的朗诵问题和建议，那么，这种评价虽然是在活动过程中给出的，该朗诵者很难通过这样的评价去改进自己的朗诵,这与形成性评价的内涵相去甚远,未突出其形成性的特点。真正"落地"的形成性评价的评价反馈应采用有效的描述性语言,如"你第三句的断句需要再调整一下,第五句的第五个字需要重读,最后一句要读得慷慨激昂一些,在朗诵时最好了解作者的生平和写作背景,加入更多的感情",让学生明确改进的方向,并过一段时间后再进行检查,直到达到活动目标,如此,才是真正地开展形成性评价。教师和学生在评价过程中应避免让形成性评价仅成为语文综合实践活动课程的一个"口号",要真正发挥形成性评价在活动过程中的促学作用。

(一)评价方式落实不到位

评价方式是否落实到学生的学习活动中,主要看评价结果也就是评价反馈的内容是否有效,以及评价结果是否对学生的后续活动行为起到改进完善的作用。研究者就以上内容对 Z 中学展开问卷调查后发现,语文综合实践活动课程形成性评价在过程中的评价结果的形式多以分数或等级为主,30.48% 的学生表示评价结果以具体分数的形式给出,42.34% 的学生表示在过程评价中以等级为评价结果,只有不到三成的学生表示在过程中收到具体的质性评价。教师的问卷调查结果显示,被调查的教师中有一半以上表示以分值或等级的形式给予学生评价,23.54% 的教师给出具体的质性评价,18.77% 的教师以两者结合的形式作为评价结果的形式。结合教师和学生的问卷结果可以看出,评价结果的量化现象比较严重。

虽然量化的评价反馈比较直观,便于学生开展横向比较,明确自身在活动中的位置和水平,但语文综合实践活动课程开展并不是为了比较,以分数或等级作为评价结果的形式,大多数情况下在形成性评价中只是起到一个形式的作用,难以有效地改进和完善学生的行为,评价结果容易沦为流程化、形式化的内容。

分数或等级这种量化的反馈形式虽然很难对学生起到促进作用,但如果合理利用的话,对学生来说也并不是完全无效,于是,研究者做了进一步的调查,以了解学生是否在活动中有效利用评价结果,得出以下结果:首先从认识上来说,45.63% 的学生认为在形成性评价中给出评价结果的作用是让语文综合实践活动课程的活动流程更完整,33.89% 的学生认为在过程中进行评价是毫无作用、浪费时间的。在对教师的问卷调查中发现,在教师眼中认真对待评价反馈结果的学生仅占 10.33%,高达 62.45% 的教师认为学生没有利用好评价结果,认为只是收到了一个评价结果。学生没有利用好评价结果改进后续的活动,教师也没有做好监督学生后续改进的工作。由此可以看出,评价方式在实际教学中的落实情况非常不乐观，落实不到位现象严重，更多以语文综合实践活动课程其中的一个活动流程介入，原本应产生的功效被弱化了，形成性评价的形成性特点未在实际活动评价中突显出来。

（二）对评价结果重视不够

形成性评价在实际语文综合实践活动课程落实不到位的主要原因在于对评价结果重视不够，体现在以下几个方面：第一，对评价结果的内容重视不够，在实际语文综合实践活动课程中，形成性评价的评价反馈内容质量不高。从调查结果来看，占比八成左右的教师和学生认为有具体描述性评语的评价结果对后续的活动起到有效的促进作用，然而在实际教学中，评价结果多以非描述性语言的量化形式呈现，这与人们的认识相悖，导致评价结果本身缺乏有效性。第二，对评价结果关注的持续度不够。语文综合实践活动课程持续的时间较长，过程中需要学生参与的活动内容众多，在活动期间要逐一对这些活动内容展开评价，对教师和学生的耐心是一个比较大的考验，教师和学生难以保证对每次的评价结果进行持续关注。在缺乏足够动力的情况下，处在活动之中的教师和学生可能会忽视一部分的评价反馈，进而忽略利用评价结果改进自己的后续活动。第三，对评价结果的作用认识不够。传统评价的结果导向的评价思维依旧发挥作用，缺乏过程意识，对过程中的评价结果重视不够，利用率低，最终导致形成性评价落实不到位。

四、评价过程重评学、轻评教

语文综合实践活动课程的活动主体是学生，目的是提高学生在活动过程中综合运用语文知识的能力，培养学生创新精神，以及提升学生合作探究意识，可知，学生自然而然成了被评价的对象，在活动过程中受到教师、家长、同学甚至自己的监督与评价。

但语文综合实践活动课程的参与者不仅只有学生，教师也是一个重要元素，由于初中生的生理和心理尚处在发展阶段，他们生活阅历较少，考虑问题还不够全面，缺乏足够的自主性和独立性，很难将活动完成得尽善尽美，这时就需要教师加以引导，帮助学生走出活动误区，改进完善学习行为，以达成活动目标。因此，形成性评价把教师和学生共同作为评价的对象，关注教师和学生语文综合实践活动课程中的指导过程和学习过程，针对教师和学生正确或错误行为及时反馈，强化或改进师生教学和学习行为，促进之后的教学和学习。评学和评教从语文综合实践活动课程评价的两个角度出发，最终的目的都指向学生综合素质的提高。其中评教的影响深远，因为教师工作对于大多数教师来说是一个长期的事业，教师的发展不仅使当下的学生受益，保证"这一个"语文综合实践活动课程的顺利展开，还会促进未来的教学，影响到未来的学生，甚至促进语文综合实践活动课程教学体系的完善。比如，研究者在调查"有朋自远方来"的活动期间，曾鼓励学生积极向老师提出宝贵意见和建议，直接说出老师在活动中的不足和希望保持的地方，有同学曾建议，"在有效的课堂时间里，尽可能地增加与同伴交流意见的时间，因为讨论交流的时间不够，导致一部分学生还未能有机会在活动中发表自己的看法，就下课了，使得一部分性格内向的学生没有展示自己的机会"。教师认为该同学的建议值得参考，于是在后面的活动中给足学生发挥的时间，整个活动学生积极参与，气氛热烈，表达欲望得到满足，沟通能力明显提高。由此看来，评教是形成性评价过程中不可或缺的一部分，对教师的专业发展，学生本次活动的改进甚至未来学生的发展都有重要的意义。

（一）忽视对教师主体的评价

评价主体是初中语文综合实践活动课程评价的一个重要元素，语文综合实践活动课程形成性评价主张评价主体多元化，但在实际活动过程中最重要的主体还是教师和学生。问卷就教师和学生在初中语文综合实践活动课程的关系展开调查后发现，在教师和学生的互动性方面，七成以上的人认为教师和学生在活动中互动较频繁，保持了良好的交流。同时，这种互动呈现出教师—学生的单向性，即评价依然以教师对学生做出评价为主，教师单纯地作为一个评价者的身份出现在评价过程中，活动缺乏学生对教师的评价。学生问卷显示，八成以上的学生认为自己经常或总是接受老师的评价，但只有不到三成的学生敢于评价老师，44.65%的学生很少在活动中对老师做出评价，甚至28.37%的学生从来没有对教师做过评价。在教师调查问卷中，研究者也得到了相似的数据，在被调查的教师当中，七成以上的教师很少或从未接受过学生的评价。从问卷调查结果来看，在教师和学生两部分主体中，对教师的评价是忽视的。于是，研究者通过教师问卷调查其他主体对教师的评价情况，发现受到其他主体评价频次较高的教师不到两成，66.67%的教师表示偶尔收到来自其他人的评价，有17.57%的教师从未收到来自他人的评价。综合以上调查结果可见，教师作为语文综合实践活动课程中的重要主体，在形成性评价过程中被忽视，整个活动呈现出重评学轻评教的特点。

（二）受传统教师权威的影响

在语文综合实践活动课程的形成性评价当中，教师和学生的地位是相同的，学生以评价者和被评价者的身份进入活动中去，在实施形成性评价时受到来自教师、家长、同伴等多主体的评价，同时也对教师、同伴、自己等展开评价，具有身份的二重性。同样，教师在评价过程中，不仅拥有评价者的身份，而且是被评价的一方。然而，身份的双重性这一点特征在学生身上体现得比较明显，在实际教学活动中，由于缺乏对教师主体的评价，出现了重评学、轻评教的现象。分析原因，语文综合实践活动课程主要是在教师为主导、学生为主体的双方互动下开展的，但教师作为活动过程的另一个主体，在实际活动中，被无形地强调着专业和权威，学生缺乏对教师进行评价的勇气，认为没有能力甚至没有资格对自己的老师进行评价，教师也习惯了教师—学生评价的单向行为，缺乏被评价的意识，久而久之就导致忽视了对教师主体的评价。另一原因是评价主体受限，在实际的教学中，评价过程大多只涉及教师和学生两个群体，缺少来自其他评价主体，如其他教师、家长、活动涉及的社区人员、学校领导等的评价，使评价过程主要集中在如何对学生的表现做出评判，而忽略了教师行为的合理与否。即使在活动中有来自其他人员的评价，也会有部分评价人员依然受到传统教师权威影响，认为自身知识能力有限，而教师专业性更强，自己无法对教师主体做出评价。

第三节　初中语文综合实践活动课程形成性评价的实施策略

一、融入发展评价理念，聚焦学生主体发展

形成性评价是具有发展性的教育评价，想在语文综合实践活动课程形成性评价中落实发展的评价理念，就要做到在评价过程中注重学生主体本身的发展，利用过程中的评价帮助学生更清楚地认识自我，监督学生利用评价结果巩固正确行为、改进不良习惯，激发学生内在发展动机，不仅要关注学生在此次活动中的表现，而且要将目光投向学生未来的发展。简而言之，融入发展的评价理念的主要的方向和途径就是聚焦学生主体的发展。

（一）唤醒学生主体意识

学生的主体意识表达了他们参与教学的感情倾向和价值判断，决定了学生愿意不愿意以及在多大程度上以主体的身份参与教学，是判断学生教学参与程度的重要标准，也是衡量学生主体性的主要参考。在语文综合实践活动课程中，学生主体意识被唤醒的表现为，学生在活动中关注自身语文知识的增长和各项能力尤

其是语文能力的提高,以及有渴望自身综合素质提升的想法。为了在语文综合实践活动课程形成性评价中唤醒学生主体意识,可以通过借助外部力量的干预和内在动力的激发两种方式展开。

1. 运用奖惩评价手段

奖惩评价手段是一种借助外力条件激发学生参与活动积极性的方式,在奖惩评价的外部力量的督促下,学生为了获得奖励避免惩罚,自主参加活动、寻求能力提升和自我突破的意识会进一步加强,有助于学生主体意识的唤醒,具有较强的可操作性。语文综合实践活动课程也可以利用奖惩评价手段,充分唤醒学生的主体意识。在语文综合实践活动课程中设置相应的奖惩评价机制,根据评价结果给予学生对应的奖励或惩罚,既可以充分调动学生参与活动,提高学生参与活动的热情,又可以对学生起到督促作用,规范学生活动行为。在活动开展过程中,对可以综合运用听说读写能力、表现优异、取得进步、积极参与语文实践的学生,可以进行物质或精神的奖励性评价,鼓励他们取得更大的进步;对参加活动态度消极,难以达到评价标准的学生,可以适当给予批评和惩罚,督促其改正不当行为,以起到反向激励的效果。需要注意的是,奖惩评价是唤醒学生主体意识的评价手段,而不是评价的目的,利用奖励或惩罚的手段激发学生参加活动兴趣和参与活动的积极性,促进学生语文知识增长和语文能力提高,才是最终的目的。在"有朋自远方来"这一语文综合实践活动课程,在开展"自我介绍"环节的活动时,教师给出以下奖惩要求:所有同学自我介绍完毕之后,比较哪位同学可以写出更多其他同学自我介绍的内容,再比较哪位同学的自我介绍被更多的同学记住,在这个过程中写出更多自我介绍的同学和给别人留下深刻印象的同学可以在后黑板的"活动之星"专栏里贴上自己的照片作为一项荣誉;对于写出其他同学自我介绍较少的和给人印象较浅的同学,要求其展开第二轮"测试"。在这一奖惩评价制度的创设下,学生会在准备自我介绍时,做一些表达上的自我创新,也会在聆听别人自我介绍的时候认真筛选有用信息。在"活动之星"这一奖励的正向激励下,同时也为了避免再一次的测验,学生自觉参与到活动中来,并在此过程中听的能力和说的能力得到了锻炼和提高,活动得以有效开展,学生取得了很大的进步。

奖惩评价是一个有效的评价手段,是对学生已经完成的部分语文实践活动展开评估,是面对过去的评价,但面对自我意识处在觉醒时期的初中生,会在无形中通过这种正向激励或反向激励的方式,帮助他们辨别好坏、明确是非,让学生在语文综合实践活动课程中明确进步的方向,引导学生未来如何改进。

2.充分利用语文情境

语文综合实践活动课程的展开依赖于活动情境的创设,同时,语文综合实践活动课程真实情境的创设,能有效帮助学生真正进入语文实践中,引导学生学以致用,让语文知识有"用武之地",是对学生内在学习动力的激发。恰当的活动情境创设可以激发学生的活动兴趣和思维的创造力,带动学生的情绪,丰富学生的情感体验,从而唤醒学生的主体意识,帮助聚焦自身,全身心地投入活动中去,进而开展发展性的评价活动。

《义务教育语文课程标准》多次提到语文综合性学习要结合学生的实际生活中的真实情境、亲身见闻以及个人经历,所以创设相关教学情境时需要着眼于学生的最近发展区,考虑到学生目前拥有的语文知识水平和生活阅历,切合学生的生活经验,让学生与创设的情境产生共鸣,激起学生在活动中倾听、表达、阅读和写作的兴趣。比如,开展"孝亲敬老,从我做起"语文综合实践活动课程时,教师可利用名言、故事、图片、视频等形式,充分唤醒学生内心感恩的意识,鼓励学生分享与父母或其他长辈之间温馨的事件。因为活动情境的真实性和生活性,学生容易产生共鸣,便会主动地完成接下来的活动,在自然的状态下完成之后的学习。又如"倡导低碳生活"这一活动,环境遭到破坏、空气污染严重是学生正在经历的现实,教师适时出示当地环境污染的相关资料或图片,能够让学生有直观的感受,引导学生观察生活,展开探讨。

(二)做好学生活动过程记录

做好学生活动过程记录,就是在语文综合实践活动课程中要求学生对自己在活动过程中的活动行为做好文字、图片或影像保存,记录整个活动过程。但这并不意味着对活动过程中所有的行为都事无巨细地记录,记录内容应聚焦于学生主体语文知识的增长和综合运用语文知识等各项能力的提高,主要记录与学生听、说、读、写能力运用相关的内容,与教学目标保持一致。

在语文综合实践活动课程中,要求学生做好活动过程记录,理由如下。一方面,形成性评价是在活动过程中展开的,教师或者学生做出评价,将评价内容反馈给评价对象之后,很难确保学生是否根据评价反馈做出调整或巩固自身的学习行为,而对整个活动记录之后,教师和学生本身会清晰地观测到学生是否听取了反馈意见,语文能力是否有所提高,起到监督作用;另一方面,活动过程记录的主体是学生自身,学生在记录活动的过程本身就是一个复盘自身活动表现的过程,在此期间,学生可以直观地看到自己的活动成果,真切地体会到能力的提升,使学生获得心理上的满足，有利于学生将目光聚焦于自身的发展上来。

由于初中生年龄和能力的限制，学生在记录活动过程时难免会出现内容上的偏差，需要教师对活动记录做出指导，帮助学生明确活动记录的内容。教师对记录内容的指导可以参考以下几点：第一，与语文相关，语文综合实践活动课程具有综合性的特点，在活动中会涉及其他学科等与语文学科关联不大的方面，需要教师根据实际活动引导学生选择性记录；第二，与教学目标相关，并不是所有的活动行为都是围绕教学目标进行的，可能存在偏离目标的情况，记录内容尽量与教学目标贴合；第三，针对学习程度较差的学生，教师可以帮助这部分学生规定活动过程记录内容，以防学生漏记重要的活动过程，但不能过于"专制"，也要结合学生个人记录意愿、尊重学生个性。在活动过程记录方式上，教师可鼓励学生采取多种形式，如撰写学习日志、图片、电子档案、影像等，充分给予学生自由发挥的个性化空间。

比如，在开展"身边的文化遗产"主题活动时，教师可要求学生撰写活动日志，记录活动过程。由于语文综合实践活动课程大多在两周左右完成，可要求学生每日撰写活动日志，以确保活动记录的全面性。在记录时，不限制活动日志的形式，但对学生活动日志的内容做出要求，可包括每日的活动内容（活动重点内容，不需要流水账式的事无巨细的记录）、活动中体现语文知识和能力的部分、自己在活动中的表现（自我评价）等。在活动期间，教师在翻看学生撰写的活动日志时，发现有些学生在此基础上进行了个性化的发挥，比如，有些同学在记录活动内容的时候用照片记录，清晰明了；有的同学在教师规定内容的基础上加入了新的内容，如鼓励自己的话和明日的计划；有的学生用电子档案的形式记录日志内容，方便对视频、图片类的材料记录。通过要求学生记录活动过程，帮助学生聚焦自身发展，观测自己在活动中取得的进步，强化了学生主体意识。

（三）根据评价结果展开反思

语文综合实践活动课程形成性评价的评价结果是对阶段内学生活动表现的总结，是对学生活动过程中学习行为的评价反馈。给出过程中的评价结果之后，教师和学生应适时展开反思，反思评价结果的合理与否，反思得到这样评价结果的原因，反思自身蕴含的发展潜力，尤其是语文听说读写方面的发展潜力。如果学生在活动过程中仅收到评价结果，而未认真根据评价结果进行反思，那么形成性评价的形成性便无从体现，难以发挥出其真正的作用，实现不了"以评促学"的目的，更谈不上促进学生未来的发展了。反思的过程对学生后续活动的改进和完善甚至未来的语文能力发展都是有益的。重要的是，根据过程中的评价结果展开反思的主体是学生，当学生在思想层面上开始反思自身的行为时，便会开始意识到自身的不足，渴望寻求改变，取得进步，进而增强主体意识，提升自主学习的能力。

1. 正确对待评价结果

语文综合实践活动课程形成性评价的评价者是教师、同学或学生自身，甚至是家长和活动其他相关人员，活动过程中的评价结果大部分是由上述人员给出的。由于部分人员（如家长和社区工作人员等）的语文知识水平层次不一，对开展的语文综合实践活动课程的学习目标没有充分的了解，导致评价结果可能会偏离语文学科方向或语言表述不规范。比如，在开展"我们的语文生活"主题活动时，有一学生询问完某一店家关于招牌的深层含义后，请求店家给予评价，店家在学生的评价单上写下"有礼貌，但是有些害羞，不大方"。面对这类口语化的、表述不规范的评价结果，学生要将其转变为与语文能力相关的术语，便于在之后的语文学习中有针对性的改进。如上述评价结果可以转化为"说话有礼貌，但语言沟通能力有待加强，表达时要大方自然"。如此，学生才会根据评价结果得出正确的改进方向。除了评价结果语言表述不规范之外，语文学科的人文性较强，在语文综合实践活动课程过程中，对待同一件事情，每个个体都可能会做出自己的个性化理解，给出的评价反馈存在较强的主观性，评价者与被评价者的意见可能存在不一致的情况，因此，对于被评价者来说，要辩证地认识评价结果，对于绝对肯定或否定的评价需要慎重对待。比如，有一教师在开展"文学部落"的活动时，要求学生推荐自己喜欢的书布置文学角，有一学生推荐了一部优质网络小说，但由于这一小说非经典名著，被该教师严厉呵斥，给出"该同学文学鉴赏辨别力较差，缺乏审美，推荐书目缺乏文学价值，不适合中学生阅读"的评价。面对此类绝对否定评价，作为评价对象的学生需要辩证看待，不要轻易否定自己，可适当保留个性与看法，必要时可以向教师说出自己的见解，进行进一步的探讨。

2. 对评价结果做出反思

对评价结果做出反思是评价对象改进和完善自身行为、将评价结果与学生主体联系起来的重要一步，有助于形成性评价真正发挥作用。任何过程中的评价结果都不是凭空捏造而来的，都是结合活动目标、根据学生在活动中的各种表现得出的。学生身处活动当中，很难在活动过程中分身去评判自己在活动中的表现，而利用评价结果倒推自己在活动中的表现，展开反思，为后续的发展总结经验，可以快速提高发展自身。

以"古诗苑漫步"语文综合实践活动课程为例,教师设置"朗诵古诗"的环节,学生在朗诵完毕之后,由同学和老师分别做出点评,要求点评者从朗诵时的感情投入、朗诵技巧、背景音乐匹配程度等方面给出评价结果。学生对评价结果的内容展开反思,认真分析,回顾自己的朗诵过程,找出出现问题的原因,如断句不当、节奏不明、音调不准、重音不分、对作者及写作背景不了解等问题,并有针对性地加以改进,如此一来,可以帮助学生提高朗诵能力,达成活动目标。

二、制定多元评价标准,助推学生个性发展

评价标准是每位学生在语文综合实践活动课程中的方向指引。在活动中学生能力层次不同、个性多元,因此不能用一刀切的评价标准去衡量评判多样的个体。面对实际教学中评价标准单一僵化的现状,在制定评价标准时,需要充分考虑学情,在满足大多数同学的基础上,兼顾不同个性、不同能力的学生,制定多元的评价标准。

(一)共性标准与个性标准协同建构

共性评价标准是指针对参与语文综合实践活动课程的全体学生实行统一的评价标准,即根据《义务教育语文课程标准》,结合多数学生实际情况,在尊重教师教学和学生学习的客观规律的前提下,本次语文综合实践活动课程中学生应达到的标准。个性评价标准则是为满足不同层次的学生个体制定的,针对不同能力层次、不同个性的学生实施不同的评价标准,在活动中有针对性地引导学生各项能力的发展。在语文综合实践活动课程中,评价标准制定应将共性标准与个性标准协同建构,既明确活动需要达成的应然标准,保证活动过程评价的科学性与公平性,又考虑到学生的能力层次不同以及多元个性的发展,给予学生自主发展的空间,对学生起到激励作用,发挥评价标准应有的导向作用。

共性评价标准与个性评价标准协同建构的前提是对学情的充分调研。教师应深入学生内部了解学生当下对语文知识运用的能力,可采用问卷调查、学生谈话、纸笔测验等形式。了解学情之后,教师可结合自身教学经验、语文课程标准的要求和此次语文综合实践活动课程的内容,科学预测学生活动之后听说读写能力提升的程度,制定出针对全体学生的共性评价标准(共性评价标准应为语文综合实践活动课程中学生应达到的标准),在此标准基础上,尊重各个学生之间听说读写等各方面能力的差异,分析不同层次学生的语文水平和最近发展区,因材施评,制定个性评价标准。个性评价标准制定的主体可以由教师协助制定,也可由学生自主制定。

以七年级"有朋自远方来"主题活动为例，根据活动内容，主要对听、说、信息搜集与合作四个方面的能力进行评价。首先对学情展开分析，由于学生刚由小学步入初中，学习的自主性和学习的能力都在进步当中，为了鼓励多数同学，可以适当放低共性评价标准，比如共性评价标准可以制定为听话时保持专注、说话时有礼貌、能搜集相关主题资料、能与同学合作。但每位同学的语文基础不同，能力侧重不同，统一的共性标准可能会在无形中降低对某一部分同学的要求，影响这部分同学的发展。因此，教师需要在活动中为学生制定个性评价标准，针对整体语文素质较高的同学可以将评价标准制定为听别人说话时能听清楚主要意思、说话内容有条理、能与同学分享搜集的资料、与同学合作时能够承担组员或组织者的角色。针对某一部分能力突出的同学，可以在共性评价标准的基础上，有侧重地提高某一部分的标准。比如，某同学擅长从别人说的话中快速提炼出有用信息，吸收信息的能力特别突出，那么为该同学制定的个性评价标准可以提高听的方面的能力要求；某同学擅长从网络上搜集信息，那么在制定个性标准时可以适当提高信息搜集方面的标准。总之，语文综合实践活动课程评价标准的制定应在尊重学生客观发展规律的导向下，兼顾学生多元个性，促进学生学习活动的积极性和有效性，提高语文综合实践活动课程形成性评价的质量。

（二）预设标准与生成标准相结合

无论是共性评价标准还是个性评价标准都存在理想状态下应达成的目标，即预设的评价标准。然而，语文综合实践活动课程在实际生活中开展，依托于真实的活动情境，参与进活动的各个成员之间的互动是灵活的，充满了不可预测的变数，加上语文学科的人文性特征和初中生灵活多变的思维特点，规范的、静态的评价标准难以对处在真实情境当中动态变化的学生起到良好的促进作用，因此，需要制定动态的评价标准来适应学生复杂的活动行为，这种动态的评价标准就是生成性的评价标准。在语文综合实践活动课程形成性评价中，预设的评价标准反映了教师和学生的活动目标，有利于教师和学生把控整个活动的方向，在活动中起到指引的作用；而生成性的评价标准则更关注真实的活动情境和学生活动中的具体行为，制定符合该情境特征下的动态的评价标准，是对"以生为本"评价理念的具体落实，也是形成性评价注重活动过程的体现。预设评价标准与生成评价标准相结合，可以有效避免在形成性评价过程中过于注重成果评价而忽视过程中评价的情况发生，有利于将评价标准与真实活动情境相结合，激发学生的内在潜力。

初中综合实践活动的设计与实施

1. 贴合活动目标

评价标准规定了学生语文综合实践活动课程努力的方向和活动的内容,因此不可以随意制定。为保证活动有效开展,评价标准应与此次开展的语文综合实践活动课程的活动目标保持一致,尽量不发生偏离。预设的评价标准是静态的、客观的,所以容易与活动目标保持贴合,而在活动过程中生成的评价标准由于受到主体互动和真实活动情境的变化,在制定时容易发生偏离活动目标的情况。比如,在"我们的语文生活"主题活动中,其中有一活动环节为"寻找生活中的广告词"。活动目标表述为"学生联系生活实际,结合所学语文知识,通过多种手段搜集不同媒体、不同风格的广告,记录你认为有价值的广告词"。教师在活动开始前根据本次活动目标,为同学制定了预设的评价标准:"搜集广告词的方式要体现出多样化的特点,如通过互联网、电视、报纸、广播、杂志等渠道;寻找的广告词种类要丰富,如公益广告词、商品广告词等;搜集的广告词的风格要多元化,如富含趣味性、文学性、朗朗上口,便于传播等。"同时也给了学生自己制定生成评价标准的空间,学生可根据自身实际语文知识水平和生活环境适当调整评价标准,以满足自身需求。但在活动进行期间,由于学生寻找广告词大多利用课下时间,活动的空间集中在校园外,活动自由度高,再加上初中阶段学生的猎奇心理比较强烈,大部分学生忽略了评价标准中"要寻找种类丰富、风格多元的广告词"这一内容,在活动中自动缩小了评价标准的范围,生成了新的"动态评价标准",也就是说,学生仅将搜集具有趣味性的广告词作为评价标准,偏离了活动目标。

这样的生成性评价标准限制了自身视角,不利于活动的良性发展,所以,即使是在活动中生成的评价标准也要贴合活动目标,由于学生知识水平和生活阅历等方面受到局限,教师在过程中也应该为学生把好关,确保语文综合实践活动课程开展的质量,促进学生活动过程中的发展。

2. 关注真实情境下的学生

无论是预设的评价标准还是生成的评价标准,都以指导学生活动为制定目的,但学生在活动中是动态发展的,单纯的静态的预设评价目标难以满足学生的发展需要,故在活动过程中要重视生成性评价标准的作用,帮助教师和学生在预设的基础上,结合真实的活动情境,针对学生当下的活动状态,及时地调整活动方向。制定灵活的动态评价标准指引学生在活动过程中的具体行为,要求关注真实活动情境下的学生,使学生在活动中获得认知、情感上的满足。依旧以"我们的语文生活"中"寻找生活中的广告词"活动为例，由于实践活动的学校在农村，受条件限制，有些学生不会使用互联网，在课外搜集广告词时可供选择的信息搜集方式有限，对此情况，教师可以适当在活动中降低对这一部分同学关于搜集方式的评价标准，将相关评价标准动态生成为"能结合日常生活中的积累和观察，或与他人合作，搜集你印象深刻的广告词"。根据此种情境制定适合的评价标准，避免了处在"互联网缺失"情境当中的学生在活动中产生畏难情绪，有利于这部分学生后续活动的可持续进行。班级里也有一同学的家长从事相关广告行业，该同学从小耳濡目染，单纯地寻找广告词对该同学来说相对简单，于是教师对其提出了更高的评价标准，除了达到预设的评价标准之外，还要对其他同学搜集的广告词进行分类整理，以培养其信息整理能力。教师要在语文综合实践活动课程中，尽可能地了解学生的活动背景，关注学生真实情境下的状态，做出正确的引导，在不偏离活动方向的情况下，满足学生的发展需要，根据学生的生活环境、活动情境提高或降低相应评价标准。

（三）定量标准与定性标准相结合

评价标准的形式对学生的发展也会产生一定的影响，在一线教学中，评价标准主要有定量评价标准和定性评价标准。受传统教学评价观念的影响，在语文综合实践活动课程中，有一些教师实施评价时以评价量表的形式展示给学生，为每一项评价项目赋上相应分值，根据学生在活动中的表现，对照评价量表打上分数，将分数作为评价标准，评判学生在活动中的表现。定量评价标准在一定程度上有利于帮助学生直观地感受与理想状态下的活动目标的距离以及活动中与其他同学之间的差距。如某老师在"倡导低碳生活"语文综合实践活动课程中设计了四个评价量表，来评判学生的表现，表 8-1 为其中一个评价量表。

表 8-1　宣传策划书评价量表

评价项目	优（8~10 分）	良（7 分）	中（6 分）	差（1~5 分）
宣传目的明确、表述清晰（10 分）				
流程清晰、具体、合理（10 分）				
组内分工任务明确、合理（10 分）				

该老师在活动后表示，将评价标准量化有利于教师把握学生活动的完成情况，提高了活动效率，评价标准量化也有助于学生竞争意识的激发和自我潜力的挖掘，使活动更加富有生气，提高了学生活动的积极性。但是如果在活动中简单地将评价标准量化处理，如8~10分为优秀，7分为良好，一定程度上会模糊学生活动的重点，学生可能会过度纠结于分数的高低，将重点放在分数的攀比上，反而忽略了对自身行为的关注，使语文综合实践活动课程又重回传统语文教学的老路，无法发挥语文综合实践活动课程促进学生多元个性发展的作用，这与形成性评价的内涵不符。另外，语文综合实践活动课程致力于学生综合运用语文知识能力的提高和合作、创新意识的培养，重视学生主体真实的情感体验和语文思维的提升，但像意识、思维等这类指标在制定评价标准时难以量化处理，很难用简单的数字或等级来表示，所以在制定评价标准时，对于这类难以量化的指标，需要做出必要的定性描述，帮助学生明确活动努力的方向。如有位老师在"文学部落"语文综合实践活动课程的"课本剧改编"活动环节中，制定了以下评价标准：第一，主要情节和主题基本保持一致；第二，重要细节有发挥；第三，能对演出需要的服装、道具、布景提供建议；第四，舞台说明详细具体，有细致的人物动作、神态、语气、语调的说明；第五，小组内做好演出人员的分工（包括请其他小组人员作为外援）。

定性的评价标准导向功能更强，指向学生个体，学生根据具体的评价标准可顺利完成在活动中的自我评价和同学评价。定性评价标准不仅能在活动中起到导向作用，还可以帮助学生完成由被评价者向评价者的转变，丰富学生在语文综合实践互动中的身份，但与定量评价标准相比，只有文字表述，相对不容易激发学生学习动力，削弱了学生之间的竞争力。故研究者认为，在评价标准制定过程中可借鉴定量评价标准的优点，在定性描述的评价标准的基础上进行分层，针对某一标准，根据学生实际情况设置相应层级，做到既可以激发学生的积极性又能够给学生提供活动方向的指引。比如，在"文学部落""创立班刊"的活动环节中，老师设置的有一条评价标准为"准确概括所创立刊物的刊名"，并设置了三个级别：一级为新颖别致，吸引人；二级为积极向上；三级为空洞，没有寓意。这种将定性评价标准和定量评价标准结合到一起的评价标准可以很好地引导学生的活动，学生通过对自己的刊名进行衡量找到相对应的标准。同时，学生为了达到高的级别而积极主动地参与到活动中，有效地促进了学生的成长和发展。

三、充分利用评价结果，助力评价反馈执行

形成性评价在语文综合实践活动课程过程中存在未突出形成性、落实不到位

的问题，主要原因在于忽视了评价结果即评价反馈在活动过程的作用，因此，为了使形成性评价在语文综合实践活动课程中发挥作用，真正达成以评促学的目的，需要加大对评价反馈的利用，优化评价反馈内容，监督评价反馈执行。

（一）优化评价反馈内容

评价反馈是形成性评价的核心，教师和学生可通过评价反馈改进和完善自身行为。根据问卷调查结果，在实际语文综合实践活动课程中，常常在学生活动过程中以分数或等级的形式作为评价反馈的内容，对于大多数学生来说，这类的反馈内容难以为学生改进后续的活动提供有效的信息，使形成性评价在活动过程中仅充当了一个活动流程，难以对学生发展起到什么实质性的效果，因此，助力评价方式落地，需要优化评价反馈内容，提高反馈内容的质量。

1. 采取基于任务的"表扬+建议"反馈形式

"表扬+建议"的反馈形式就是在对学生进行形成性评价的时候采用定性评价，给出学生具体的评语，评语要有意识地分为两个部分——表扬的部分和建议的部分。语文学科重视个人的情感体验和感悟，因此，语文综合实践活动课程的形成性评价需要着眼于学生的优点，善于发现学生的进步，哪怕是很小的进步，只要与之前比较发生了改变，就值得得到教师和同伴以及自己的肯定。鼓励式的反馈让初中生感受到自我价值，有利于激发学生内在的学习潜力，提高学生参与活动的主动性，促进学生的活动行为朝向更好的方向发展。需要注意的是，表扬的内容不能过于笼统，像"你真优秀！""你真棒！"这类的表扬内容属于无效的表扬反馈，对学生来说，会感到对方的敷衍，难以真正起到激励的目的；应该根据学生表现给出学生具体的表扬内容，比如"你搜集的关于鲁迅生平的资料又全面又有条理""在小组活动中你多次发言并提出了很多有用的意见"等等诸如此类的落实到具体的某一任务上的鼓励，既起到激励的作用，肯定了学生的活动，让学生得到心理上的满足，又进一步地强化了学生的优秀的行为，鼓励学生有更优秀的表现。

但是，一味的表扬可能会使学生陷入盲目自我肯定的漩涡当中，不利于之后活动的进行，如果不加以调节的话，学生就会把表扬当作习以为常的事情，容易滋长骄傲情绪，影响学生活动质量，降低活动效率，甚至成为学生未来的学习发展的阻碍。因此，在评价时除了给予学生必要的表扬和鼓励之外，需要一些适度的"批评"，即建议，来进行中和，在学生活动过程中出现不恰当行为的时候进行必要的指正，给出具体的建议，这是有效反馈的另一重要的部分。建议的部分需要在表扬的部分之后，这样做更容易引起学生的注意，建议的内容也更容易被学生所理解，有利于提高建议反馈的有效性。和表扬反馈一样，像"你的写作报告有待加强""你的表达能力不太好"等太笼统的建议，在活动中属于无效的建议，不应该面向学生发出。同时，建议的内容不应该是针对学生本身、带有侮辱性的，例如"你太笨了""你真的太懒了""你能力太差"，这种从根源上否定学生的语言是应坚决杜绝出现的，因为它们容易使学生失去信心，对学生造成打击，产生逆反心理。有效的建议应该是基于任务本身，符合学生本身能力，在学生最近发展区之间，并且对学生之后的活动任务有方向性的指引的，语言也是更易于被人接受的。比如，"你的写作展示有些句子存在语病的问题，段落的逻辑顺序需要进行调整，把这两个问题改正一下，就能更清楚传达出你的想法"。此外，建议当中尽量避免给出具体的改进方法，给被反馈的对象自我思考的空间，这有利于提高被反馈者的问题解决能力。总之，无论是表扬还是建议都是有效反馈的必要组成部分。

2. 反馈内容要因材施评

每个学生都有不一样的个性，要做到因材施教，即每个学生都有权利得到独一无二的反馈。而"表扬＋建议"的反馈形式也要做到"因材施评"。根据不同的学生个性特点，以及在语文综合实践活动课程中的不同表现，给予不同的"表扬＋建议"。有位老师在设计"走进小说天地"这一主题活动时，在评价环节强调，要努力给予学困生引导、关怀和激励，哪怕在活动中一点点进步和收获都应充分的肯定，给予言语上的鼓励。还有位老师在"君子自强不息"主题的语文综合实践活动课程中，充分考虑学生学习的差异性，形成"一生一策"，关注学生个体的起点基础、学习条件、努力程度，不断发挥学生个性特长，提升其综合素养。这些都是因材施评的典范。对学生的个体来说，有的学生性格内向，害怕当众说话，即使有很好的想法，也不敢表现出来；有的学生性格活泼，爱表现，但缺乏耐力；有的学生自尊心很强，难以接受批评的话语；有的学生过于自信，在活动中表现出"不可一世"的状态。学生性格各有不同，这就要求教师在反馈时，针对学生的性格特点以及学生在活动表现中的不同心理状态，适当调整表扬和建议的比例，以及语气的表达。比如，对待性格内向、自尊心强的同学采取温和的表达方式，以鼓励和表扬为主；对于那些性格过度开放、需要借助外部力量加以约束的学生，可以适当地用一些严厉的态度，做出严格的要求，加大建议的比例，以规范他们的学习行为。总之，对待不同特性的学生个体，做到表扬和建议比例的个性化，进行有针对性的反馈。但需要注意的是，调整表扬和建议的比例，并不意味着对另一方的放弃，需要协调二者的关系。

3. 反馈内容要围绕主要问题

语文综合实践活动课程具有综合性的特点，学生在一个活动环节可能会涉及各项能力或不同学科的综合运用，这对评价反馈的内容又提出了进一步的要求。如果反馈内容面面俱到，容易让学生在活动中抓不到问题的重点，脱离活动目标，很难根据评价反馈改进后续的活动行为；如果评价反馈内容过于笼统，缺少细节，会导致学生在活动改进中无从下手，也难以达到提高活动效率的目的。因此，评价反馈内容需要围绕学生活动表现的主要问题展开，既不笼统简单也不事无巨细，抓住主要矛盾，做到反馈内容清晰准确。比如在"感受母亲河的文化意蕴"的语文综合实践活动课程中，其中有一个活动环节为"走进母亲河"，需要搜集关于黄河的各种资料，包括黄河的地理位置、历史故事以及与黄河有关的诗歌等文学作品，在这个过程中需要调动学生的地理、历史和语文学科知识。这一环节考查的主要是学生搜集和筛选资料的能力以及对资料分类整理的能力，教师或学生在给被评价者具体评价反馈时，应着重围绕此活动目标，反馈内容应围绕学生资料搜集是否全面准确、搜集方式是否多样、资料分类是否清楚等，而对于与活动目标无关的，像"对黄河的地理特征认识不足，地理知识欠缺"这类反馈内容表述，与本次活动内容联系不大，在反馈内容中可以适当放弃，防止学生在活动中浪费不必要的精力。同时，如果反馈内容类似于"搜集的信息不够丰富"这种内容，也会使学生在活动中产生迷惑，学生无法根据反馈内容清楚地得知是哪一方面的信息不够，会妨碍后续活动的改进。正确的反馈内容应是围绕活动目标且展示出具体细节，如"在活动中搜集的关于历史故事方面的资料数量较少，不够丰富；资料的信息来源比较单一，主要来源于课内，可以适当借助课外书籍或互联网丰富搜集信息方式"。

（二）助力评价反馈执行

在语文综合实践活动课程中落实形成性评价，仅靠优化评价反馈的内容是不够的，即使评价反馈的内容再有效，如果教师和学生在后续的活动中不善加利用，形成性评价也依旧空有形式，最终沦为一项活动流程，在活动中难以起到有效作用。因此，为保证在活动过程中对形成性评价的落实，还需要对学生是否根据反馈内容改进完善自身行为进行监督，助力评价反馈的执行。

1.提高学生评价反馈执行的自觉性

语文综合实践活动课程的活动周期长,形成性评价又是过程中的评价,因此在活动过程中势必会产生大量的评价反馈,如果单纯依靠外部力量的督促,有可能会遗漏对某一项反馈的执行,且对教师和学生的耐心是一个极大的考验,大大提高了人力成本,同时,语文能力的提高多是学生内化的过程,有些能力(如创造能力)难以在短时间内快速提高,外部的监督可能会导致监测的片面化,容易得出学生没有充分利用评价反馈改进自身行为、参与活动态度消极的结论,影响对学生在活动中的正确评判。此外,初中阶段的学生已经有一定的学习内驱力,在一定程度上,对评价反馈的后续执行,可以相信学生自觉的力量,鼓励学生自觉利用评价反馈改进自身行为。

(1)提高学生对评价反馈内容的心理认同

评价反馈在执行层面上是通过教师、同伴等向被反馈者采用口头或书面的方式进行的,反馈时要充分考虑到被反馈对象的情绪、心理,如果被反馈者不接受反馈的内容,那么评价反馈就很难起到促进学生学习的作用,形成性评价就会在本次活动中失去应有的导向、激励的功能。为提高学生对评价反馈内容的心理认同,首先,保证反馈内容的针对性、有效性,优化评价反馈内容,这点已在上文论述,此处不再赘述;其次,被评价者在接受反馈时可能会与评价者产生认知上的冲突,容易引发被评价者对反馈内容的排斥,因此,要建立和谐平等的反馈环境,形成良好的师生关系和生生关系,让评价对象在平等的交流环境中主动接受反馈内容,这有利于提高学生对反馈内容的认同度,增强学生利用评价反馈改进自身行为的动力。比如,某老师自身年纪与学生差距不大,在平时学习生活中就与学生建立了良好平等的师生关系,在开展"少年正是读书时"主题活动时,针对一学生撰写的"我的读书计划",提出该读书计划过于理想化,课外阅读时间安排过长,在实际生活中难以付诸实践,需要加以调整。学生一开始表示不理解,主动找到某老师询问原因,并寻求具体解决问题的方向。某老师指出,在学校学习期间,除了语文阅读的学习,还需考虑到其他科目的时间分配和自身的精力,要做好时间的管理,争取全面提高。在平等的交流过程中,学生逐渐理解、认同了反馈内容,在后续的活动中及时调整了自己的读书计划,且每日坚持按照阅读计划执行读书任务。在学生与学生之间互相提供评价反馈时,某老师引导、鼓励学生在给予别人意见时,注意语气温和,考虑对方的情绪和心理,重视同学关系的维护。学生听从了教师意见,整个活动进行得有条不紊,学生彼此积极接受反馈意见,并及时调整自身行为,最终高质量地实现了活动目标。

（2）提高学生执行反馈内容的内驱力

初中阶段的学生正处在自我意识快速觉醒的时期，渴望自我价值被人发现，教师要善于抓住这一时期学生的心理特征，利用语文学科人文气息浓厚的优势，积极肯定学生，鼓励学生，激发其潜在的学习动力，提高学生执行反馈内容的内驱力。当学生的自我潜力受到激发、自我人格被充分肯定后，他们追求自我进步的意识会得到进一步的强化，对评价反馈的内容也更容易接受，执行评价反馈内容的态度也会更加积极。比如在"科海泛舟"的主题活动中，教师在学生发表完畅想未来科技的想法后，鼓励学生"未来是属于你们的，我相信你们一定可以创造出一个崭新的未来世界"。在活动中，充分利用言语肯定学生、鼓励学生、拉近与学生的距离，这些话语蕴含着巨大的能量，会让学生感受到温暖、充满前进的力量，之后再提出反馈意见就更能激励学生去积极改进和完善自身行为。除了利用语言的力量之外，肢体语言的介入也可以给予学生激励，比如，在对话过程中给予学生充满肯定的目光，会让学生感受到前所未有的鼓励；轻轻拍打失落的学生的背，会让学生感受到自己得到了关心，这些情感交流的细节对学生来说也是非常大的激励。

2. 充分利用同伴合作监督

外部力量的监督虽然有一定的局限性，但不代表外部的监督是无效的。学生在长期的活动中会产生惰性心理，需要通过强有力的外部监督手段督促学生完成对评价反馈的执行。在语文综合实践活动课程中，助力评价反馈执行最有效的外部监督手段是同伴之间的互相监督。首先，社会建构主义强调知识是经由社会沟通互动而达成的共识，学习的过程是经由与他人及小群体的互动而自主建构的过程。被评价者在活动过程中收到评价反馈，并在后续活动执行评价反馈内容，这是在语文综合实践活动课程形成性评价中通过合作、互动建构自身的过程，也是学习的过程，再加上语文综合实践活动课程强调学生之间的合作交流，所以依靠外部力量监督助力评价反馈执行，必须发挥同伴合作学习的力量，建立同伴合作监督机制，这有利于在同伴监督过程中加强合作，实现共同学习。其次，学生的同伴尤其是同一合作小组的同伴是学生在语文综合实践活动课程中相处时间最长的一个群体，长期的日常相处加深了彼此之间的了解程度，利用同伴合作、监督既有助于学生合作意识的提高，又可以对学生的评价反馈执行起到监督作用。同时，同伴互相监督会促发隐形的竞争机制，带给学生适度的学习压力，有利于增加学生改进和完善活动行为的动力，提高学生执行反馈内容的效率。由此看来，利用同伴合作监督可有效助力评价反馈执行。

比如，在"文学部落"主题活动中，教师除了要求学生自主记录好自己的活动过程，还要求同一活动小组两两结对，互相配合，简单记录对方活动的整个过程，例如，读书交流过程中发言的内容、状态，创立报刊时做出的贡献等。被记录的同学需要把自己在活动中的细节向同伴如实转告，尤其是根据评价反馈内容改进的行为。一学生在转告自己执行评价反馈情况时，这样表述："收到'在正式发言时，表现得并不自信，声音较小，语言运用不规范'的评价后，积极改正，在下一次发表感想时，做好了充足的准备，提高了自己发言的音量，完善了自己的发言内容，表达相对流畅。"同时，同伴观察后续活动的实际行动，验证其告知内容的真实性，评判评价反馈执行的质量。同伴对学生过程中的活动记录指向终结性评价，直接影响最后的测评。这些工作是在小组合作交流的过程中同时完成的，并没有过多地消耗学生的精力，且学生在活动中受到外部监督，学生在执行评价反馈时多了一份敬畏之心。在同伴的监督的帮助下，全班学生高质量地完成了本次语文综合实践活动课程。

四、扩大评价对象范围，评价教师教学行为

理想状态下，在语文综合实践活动课程形成性评价中教师和学生都同时拥有两种身份——评价者和被评价者，但在实际活动评价过程中，身份的二重性在学生身上更为明显，而教师则更多承担着评价者的责任，很少被放在被评价者的位置来接受来自不同主体的评价。长期来看，这对教师专业能力的提高是不利的，只有将教师在活动中的教学工作与学生的学习行为放置在平等的位置上，共同在活动过程中接受评价和监督，让教师同学生一样根据评价结果改进自己的行为，才能更有效地在后续活动中发挥教师的指导作用。因此，为实现教师专业发展，在实际的语文综合实践活动课程形成性评价中，需要扩大评价对象范围，评价教师的教学行为。

（一）设置教师教学评价任务

评价任务是为检测学生的学习目标达成情况而设计的检测项目，评价任务的制定为达成评价目标搭建了可操作的平台。在语文综合实践活动课程形成性评价中，不仅学生要成为评价任务的执行者，而且教师也要参与到评价任务当中去。教师执行评价任务意味着教师成为被评价的对象，也受到来自不同主体的评判，这有利于推动教师专业能力的发展，促进教学相长。虽然为了保证教师的被评价者的身份，需要为教师设置评价任务，但是教师与学生的身份职责依然有本质上

的区别，教师的评价任务的主要内容应该是与活动相关的教师教学行为。

教师的评价任务需要包括以下三个教学实践方面的内容：教学计划、教学、对学生的评价。教师在实施某一个语文综合实践活动课程之前，要做出具体的教学计划，把握整个语文综合实践活动课程的全貌，有全局意识。教学计划是保证活动有序进行，避免活动随意化、混乱化的重要手段，也是重要的评价任务。教学是教师的重要"舞台"，也是评价任务的核心部分。语文综合实践活动课程教师的教学要与常态的语文课堂教学做出区分，活动中教师的教学不注重语文知识的直接传授，更多将教学重心放在指导学生学习方法、提高语文学习能力、引导学生自己发现问题和解决问题、监督学生活动完成情况等方面上，所以，有关教学的评价任务要以此为基础设定。除此之外，教师对学生的评价也是评价任务中的一个重点，教师评价的语言是否以鼓励为主、评价时机是否正确、评价反馈是否被学生接受、评价反馈是否对学生有效等都是评价任务需要考虑到的。

比如，赵教师在开展"感悟莲文化的魅力"语文综合实践活动课程时为自己设计了对应的评价任务：第一，设计"感悟莲文化的魅力"教学活动计划。教学计划中应体现学生的主体地位，在教学设计中，要注意收集、整理、分析莲花的材料，使学生对莲花的文化有一个初步的认识，探讨莲花的由来和中国的传统文化，并讨论莲花与文学、艺术、生活的密切联系；认识并学习莲花之美；通过对莲花文化的研究，可以通过文字、图片、朗诵、音乐等形式来学习。第二，在教学过程中，用语言将学生引入到探索莲文化的探索过程，激发学生的探索兴趣，布置相应活动任务；与学生共同制定评价目标和评价标准，进行搜集、分析、整理资料的方法指导和档案袋评价方法指导；监督学生活动完成进度，对活动进程过慢的小组进行督促；引导学生注重相关语文知识的积累和语文能力的运用；减少对学生活动过程的干预。第三，在教学评价方面，评价要发生在过程中，发现问题，及时反馈，采取描述性反馈形式；评价用语以鼓励性语言为主；在学生莲文化成果展示时，结合过程中的评价做出总结性评价。

（二）收集教师教学行为信息

语文综合实践活动课程形成性评价有利于改进学生活动中的行为，对教师亦是，所以教师评价应嵌入教师的日常工作中去，体现评价的过程性。然而，任何的评价都不是凭空而来的，需要对教师评价任务的完成过程进行观察记录，收集教师在完成评价任务中的表现，保证收集的评价信息的真实性，为教师评价提供充分的证据。

收集教师评价信息可以充分利用档案袋。活动前教师制定的语文综合实践活动课程计划、为活动准备的素材、活动过程中教师的教学过程、评价记录，以及活动后的自我反思等与评价任务相关的材料，都是可以放入档案袋中的材料。教师可根据活动内容和个人教学特点，自行决定档案袋的内容、分类和顺序。为了提高教师评价信息收集的效率、保证信息的完整性，也可以借助多媒体现代技术设置电子档案袋，如教师的活动计划以电子文档的形式储存，教师的教学过程和评价过程可以借助教室里的电子监控设备完整记录，以提高收集信息的效率。在收集教学计划信息时，可采用电子稿的方式保存，将每一次修改过的教学计划放在同一文件夹中，保留修改的痕迹，体现进步的过程。

学生是教师评价任务的直接对象，可以通过对学生采取检测、问卷或访谈的方式，间接了解教师的教学行为和教师的评价任务的完成情况。学生的活动成果和学生的活动感受一定程度上可以反映教师的教学影响，因此可以在活动中对学生语文知识掌握情况进行检测，收集学生撰写的活动报告，观察学生用语文知识解决问题的活动过程，询问学生对活动中的教师的指导和评价的感受等方式来进行教师教学行为信息收集。但是，学生评价往往会带有一定的主观性，利用学生间接收集教师评价信息时，容易导致对教师的评价不客观，影响评价信度。另外，学生个人知识能力的增长不完全是受到教师行为的影响，还可能受到家长、同学、书本、网络等的影响，难以真实反映教师教学成果，因此要慎重对待从学生主体收集而来的评价信息。

（三）发挥多元主体反馈作用

教师是语文综合实践活动课程形成性评价的重要主体，对教师教学行为开展评价工作同样在过程中进行，要及时反馈教师教学中的各种行为。由于教师不仅要对学生负责，还对家长、学校以及社会承担着不同的责任，因此，对教师在语文综合实践活动课程形成性评价反馈要涉及不同的主体，包括学生、家长、同事、学校领导等。

1. 发挥学生反馈的作用

学生反馈就是教师在完成评价任务的过程中，学生可以根据自己的感受对活动中教师的教学指导行为和评价行为做出直接或间接的评价，并将反馈结果反馈给教师本身。学生是教师评价任务直接面对的对象，也是与教师接触最多的主体，对活动和教师有着很高的熟悉度。通过学生反馈，对教师提出学生角度的意见，有助于教师行为的改进，促进教师专业能力的增长。语文综合实践活动课程的学生评价不是为了学生的升学，也不会影响到教师的考核，语文综合实践活动课程属于语文教学的一种特殊形态，最终的目的是促进学生将语文知识运用到实践生活中，并在实践生活中提升语文能力。因此，学生评价具有可行性和可操作性，应当重视学生反馈的作用，在对教师评价中应发挥学生主体的力量。

发挥学生的反馈作用，首先应该营造良好的班级氛围。在活动的一开始就要帮助学生构建学生是活动的核心主体、在活动中与教师的地位是平等的、教师有义务接受来自学生的评价的观念，尽量淡化学生对教师权威的惧怕，鼓励学生敢于直接就活动中教师"不当行为或言论"与教师展开辩论，当面把评价结果反馈给教师。其次，鼓励多种反馈方式。考虑到学生的个性不同，有些学生性格内向，可以采取匿名写信的方式，将自己的意见反馈给老师；考虑到反馈全面性的问题，可以采取问卷的形式，向全班发放关于教师评价任务的问卷，得到整体的反馈；考虑到反馈的深度，可以对不同层次，不同个性的学生展开访谈，进行面对面交谈，以便教师深入了解学生想法。比如，某老师在开展"有朋自远方来"的语文综合实践活动课程中，积极接受学生的评价反馈，通过提问、评价回答、跟学生交流的方式，在交流式评价中，增加与学生的互动，了解学生的情绪情感，获取学生的反馈，调整自身教学行为。

2. 发挥同事反馈的作用

同事反馈就是同为语文专业的教师，在语文综合实践活动课程过程中，通过交流沟通，反馈本次活动中教师的教学表现，以帮助教师改进和完善后续活动的教学指导。无论是学生还是教师都是语文综合实践活动课程的参与者，深度参与其中往往容易造成思维和眼光的局限，而同事却可以站在旁观者的角度，以局外人的视角，带着全局性的眼光看待问题，反馈的内容可能更具建设性。且同事有一定的知识文化基础和教学经验，提出的反馈意见常常更具专业性和针对性，可参考价值较大。同时，同事之间会产生较强的共情能力，沟通起来比较顺畅，对反馈意见也更容易接受。因此，在语文综合实践活动课程对教师行为评价过程中，发挥同事反馈作用，有利于在互动反馈中提升教师专业素质。

同事的反馈大多在日常交流和教研过程中进行，且教学背景和地位相似，可以保持相对的随意性和灵活性。同事的反馈可以发生在活动前、活动中和活动后任意的时间。比如，以"我们的语文生活"活动开展为例，某老师为本次活动的主要备课人，活动开展之前，全体语文组成员共同就该老师提出的活动目标、活动内容、活动过程等提出了大量有效的反馈意见。如活动大多局限在课本中；应鼓励学生利用课余时间走出校门，积极寻找生活中涉及的各类语文现象，可以不局限于书本中提到的招牌、对联，给学生更大的发挥空间；放手把活动方案制定的权利给学生自己。这种同事之间的良性反馈促进了语文综合实践活动课程的有效开展，有利于教师专业素质的提高，不仅使参与本次活动的学生取得进步，而且对未来学生的发展起到良好的促进作用。

3. 发挥家长反馈的作用

在语文综合实践活动课程中，教师的教学行为也应受到来自家长的评价。家长是语文综合实践活动课程中的一个重要主体，在家长身上体现着来自社会的期待。我们的语文教育应是面向大众、面向生活的教育，教师理应接受来自家长的评判。学生的反馈和同事的反馈内容大多是从语文专业的角度出发，而家长则更多地从生活和社会的视角发表反馈意见。开展语文综合实践活动课程的一个重要目的是帮助学生将书本上的语文知识与生活紧密联系在一起，家长处在生活之中，有权利站在生活的角度去评判教师的指导是否到位。发挥家长反馈作用有利于丰富反馈内容，填补一部分反馈的空白。依旧以"我们的语文生活"主题活动为例，在"寻找生活中的对联"的活动环节中，任课老师要求学生搜集家中粘贴过的新春对联，因为其认为学生对家中的对联可能更熟悉、更有感情，对学生来说搜集起来更方便，也贴近学生的生活。活动布置下去之后，有家长通过微信反映："家中新年张贴的对联大都是市面上购买的，以形式为主，对联内容质量不高，对于学习对联文化的学生来说不是一个好的选择。"除此之外，还有家长提到："对联的内容丰富，仅要求学生收集新春对联，会限制学生对对联的认识。"该老师收到这样的反馈，认为该家长的考虑是正确的，于是对学生重新做了要求：采取多种方式，尽可能地搜集种类不同、内容丰富的对联。之后学生分享的对联包括不同字数的对联，如五字、七字、九字等；不同内容的对联，如春联、贺联、行业联等。家长的反馈弥补了该老师未曾考虑到的地方，为活动的高效展开提供了建设性意见，正因如此，教师才能更好地弥补视野上的不足，学生才能在活动中获得更多的知识。

参考文献

[1] 米云林.基于核心问题的综合实践活动课程开发与实施：个人与社会（二）[M].成都：电子科技大学出版社，2021.

[2] 成尚荣，张华，柳夕浪，等.创造一个分享的世界：综合实践活动课程案例集锦[M].石家庄：河北教育出版社，2019.

[3] 杨培禾，曹温庆.综合实践活动课程论[M].北京：首都师范大学出版社，2019.

[4] 朱惠芳.蒲公英课程：综合实践活动课程的校本创意与深度实施[M].上海：华东师范大学出版社，2019.

[5] 俞丽萍.从理解到行动：综合实践活动课程的区域探索[M].杭州：浙江教育出版社，2021.

[6] 高振宇，包新中.综合实践活动课程的新时代建构：考察探究与设计制作[M].石家庄：河北教育出版社，2021.

[7] 柳夕浪.《中小学综合实践活动课程指导纲要》解读：44个问题[M].石家庄：河北教育出版社，2019.

[8] 贾万刚，刘莹，高生军.综合实践活动课程的设计与实施[M].北京：中国科技大学出版社，2020.

[9] 陈培喜.浅谈将社会实践活动与历史课程有机结合的策略[J].中学政史地，2018（8）：71-72.

[10] 余秋萍，杜玲.基于社会实践活动的初中历史核心素养培养策略[J].中学历史教学参考，2019（20）：49-52.

[11] 赵平强.基于核心素养背景下农村初中综合实践活动课程的有效开展分析[J].考试周刊，2020（A0）：19-20.

[12] 徐艳.核心素养导向的初中综合实践活动课程统整与开发初探[J].吉林教育，2020（1）：70-71.

［13］李颖.核心素养下的初中综合实践活动课程的本质及评价分析策略探究［J］.考试周刊，2022（27）：7-10.

［14］钱如良.基于提升核心素养简析综合实践基地的课程开发与管理［J］.科普童话·新课堂，2022（6）：10-11.

［15］张斌.基于核心素养的校本课程建设［J］.教学与管理，2018（6）：70-72.

［16］孙超.浅谈社会主义核心价值观在初中德育活动中的渗透［J］.中华少年，2019（5）：124.

［17］朱万虎.初中生社会主义核心价值观教育的实践策略［J］.基础教育论坛，2022（9）：8-9.

［18］刘艺慧.多元融合：学校劳动教育新视角［J］.江苏教育，2019（4）：13-14.

［19］夏小刚.融合劳动教育的初中综合实践活动课程设计与实践［J］.中国信息技术教育，2019（19）：67-69.

［20］高庆建.融合劳动教育的初中综合实践活动课程设计与实践［J］.科普童话·新课堂，2022（6）：93-94.

［21］申立菊.试析综合实践活动课程与校外课程资源融合［J］.新课程研究，2021（8）：53-54.

［22］孙垣.探索综合实践课程模式，助推学生综合素质提升：落实综合实践活动课程的做法与思考［J］.天津教育，2020（1）：59-60.

［23］王雄飞，庄重.融合劳动教育的学校综合实践活动课程开发案例［J］.基础教育课程，2020（13）：17-21.

［24］方海宏.高职院校劳动教育活动课程开发的背景、价值与策略［J］.湖北开放职业学院学报，2021（18）：38-40.

［25］何保明.基于综合实践活动课程的学校劳动教育策略与保障［J］.中小学班主任，2020（8）：44-46.

［26］魏秀娟.主动践行，构建劳动教育新生态［J］.新课程，2022（11）：14.

［27］钱松岭.培养信息社会责任素养：基于课程标准的教学［J］.中国信息技术教育，2020（12）：44-46.

［28］程玲.核心素养背景下初中英语阅读教学策略探究［J］.校园英语，2019（51）：132.

［29］张小燕. 群文阅读，提升语文核心素养的助推器［J］. 课程教育研究，2019（50）：94.

［30］郑爱霞. 核心素养下的初中语文阅读课堂的构建［J］. 课外语文，2019（36）：63-64.

［31］李忠强，王慧. 初中社会实践课程实施路径初探［J］. 中小学班主任，2021（4）：58-60.

［32］蒋家傅，张嘉敏，孔晶. 我国STEM教育生态系统与发展路径研究：基于美国开展STEM教育经验的启示［J］. 现代教育技术，2018（4）：67-73.

［33］赵慧臣，唐优镇，姜晨. STEM教育理念下中小学综合实践活动课程的实施路径［J］. 数字教育，2018，4（6）：51-56

［34］李克东，李颖. STEM教育跨学科学习活动5EX设计模型［J］. 电化教育研究，2019，40（4）：5-13.

［35］郭洪. "五维一体"：初中生自主教育的模式建构与实践路径［J］. 中国教育学刊，2021（4）：99.

［36］茆晓明. 综合性学习给语文教师带来的挑战：以《君子自强不息》为例［J］. 语文教学与研究，2020（9）：75.

［37］杨曙. 真实性评价提效语文综合性学习：以《文学部落》综合性学习为例［J］. 教学月刊，2020（Z2）：66.

后　记

综合实践活动课程是初中的必修课，与以前的课程相比，打破了学科间的界限，具有经验性、实践性和综合性的特点。综合实践活动课程提倡用新的观念去认识活动课程、艺术课程，从而达到对理性和非理性认识的统一。

在现实生活中，学生难以将所学到的知识与技巧进行转换，"学校知识"和"生活知识"之间存在着很大的距离。在教学过程中，一些常规的教学方法使学生的兴趣、动机、习惯等都没有得到应有的重视。

综合实践活动课程的出现弥补了传统教学方法的缺陷，搭建了知识与智慧的新途径。学生在实践中会发现直接体验的效果，并且对学习产生浓厚的兴趣。在与自然、社会、自我三个维度的关系中，学生会不断地建构新的认识，并在恰当的情况下提出新的问题，以达到知识、情感、意志与行动的整合。可以说，知识与智慧的结合，是对课程价值观念的重大转变。

初中综合实践活动课程是一门兼具理论性和实践性的课程，实践性、综合性、生成性是其突出的特点。本书从理论性与实践性结合的角度出发，兼顾学术性与可读性，灌注了对初中综合实践活动课程理论深层次的探究和理性思考，力求能够与时俱进、贴近现实、贴近读者。